陈先达精选集

陈先达 ◎ 著

人民日报出版社

北京

图书在版编目（CIP）数据

陈先达精选集 / 陈先达著. -- 北京：人民日报出版社，2023.5

ISBN 978-7-5115-7818-1

I. ①陈… II. ①陈… III. ①陈先达—文集

IV. ①C53

中国国家版本馆CIP数据核字（2023）第085891号

书　　名：陈先达精选集
　　　　　CHEN XIANDA JINGXUAN JI
作　　者：陈先达

出 版 人：刘华新
策 划 人：欧阳辉
责任编辑：曹　腾　高　亮
版式设计：九章文化

出版发行：人民日报出版社
社　　址：北京金台西路2号
邮政编码：100733
发行热线：（010）65369509　65369527　65369846　65363512
邮购热线：（010）65369530　65363527
编辑热线：（010）65369523
网　　址：www.peopledailypress.com
经　　销：新华书店
印　　刷：北京盛通印刷股份有限公司
法律顾问：北京科宇律师事务所　010-83622312

开　　本：710mm×1000mm　1/16
字　　数：204千字
印　　张：19
版次印次：2023年9月第1版　　2023年9月第1次印刷

书　　号：ISBN 978-7-5115-7818-1
定　　价：78.00元

目录

哲学何以难定义……………………………………001

什么是哲学……………………………………………005

哲学不能归结为人学………………………………012

哲学应打破自我意识的茧房………………………019

马克思主义哲学是科学世界观……………………025

哲学中的问题和问题中的哲学……………………034

哲学要透过经济理论问题与现实对话……………044

马克思主义哲学的政治和价值取向………………047

"经济人"假说与财富异化 …………………………053

解放生产力和共同富裕……………………………062

"屠龙"术还是"解牛"术 …………………………069

时代需要可信又可爱的哲学……………………072

论普世价值与价值共识……………………075

命运与时运……………………091

马克思主义基本原理、文本及其解读……………098

让哲学回归生活……………………111

在为祖国和人民立德立言中实现价值………114

文化自信与知识分子的社会责任…………127

文化自信与民族解放……………………134

马克思主义与中国传统文化的同与不同………140

文化自信有政治性又有学术性……………145

文化自信视角的历史审视……………………150

论文化自信的底气……………………154

历史顺向运动与历史研究的逆向思维…………168

法治与德治何以相得益彰……………………175

雄踞人类思想高峰的马克思……………………178

共产党人要念好马克思主义"真经"…………186

占据真理和道义制高点的马克思主义…………192

选择是哲学问题更是现实问题………………204

中国百年历史变革中的辩证法⋯⋯⋯⋯⋯⋯⋯⋯ 210

从社会规律认识伟大斗争⋯⋯⋯⋯⋯⋯⋯⋯⋯ 225

学会分析和解决问题的真本领⋯⋯⋯⋯⋯⋯⋯⋯ 228

"问题导向"思想方法的精髓 ⋯⋯⋯⋯⋯⋯⋯⋯ 233

在守正创新中坚定文化自信⋯⋯⋯⋯⋯⋯⋯⋯⋯ 239

发现"一切历史变动的最终原因"⋯⋯⋯⋯⋯⋯⋯ 247

历史合力下中国的道路选择⋯⋯⋯⋯⋯⋯⋯⋯⋯ 251

历史唯物主义与当代中国⋯⋯⋯⋯⋯⋯⋯⋯⋯⋯ 260

马克思主义的本质特性和当代价值⋯⋯⋯⋯⋯⋯⋯ 270

高校思政课教师的社会责任⋯⋯⋯⋯⋯⋯⋯⋯⋯ 283

谈历史的价值评价与道德评价⋯⋯⋯⋯⋯⋯⋯⋯ 292

哲学何以难定义

　　哲学存在是多元的，哲学并没有一个唯一标准样板。如果西方哲学认为只有纯逻辑的形而上的概念体系才算哲学，那中国哲学家同样可以认为只有为天地立心，为生民立命，有助于提高人的境界才是哲学；而马克思主义哲学家也可以说，只有不仅能说明世界而且能改造世界的哲学才算哲学。如果各是其是，各非其非，我看世界上就没有可称得上是哲学的哲学。这就是在所有哲学问题中，最令人困惑的问题似乎就是什么是哲学这个问题的关键所在。连黑格尔都感到对什么是哲学难以回答。罗素曾经说过，哲学是无法定义的。他说如果有人问他什么是数学，我们可以给他一个词典上的定义，说数学就是数的科学。对于任何一个具体知识学科存在的领域，我们都可以通过这种方式定义，"但是，我们不能这样定义哲学，任何一个定义都会引起争论，因为它只是体现了某一种哲学。探究哲学究竟为何物的唯一途径就是从事这些的研究"。要是问哲学家什么是哲学，我看最可能的回答是：哲学就是我写的东西，或者说，我写的东西就是哲学。这个回答虽然没有解决问题，但有一定的合理性。因为每个哲学家心目中的哲学就是写在他的哲学著作中的东西。一个哲学体系代表的就是哲学家对哲学的一种视角、一种看法。

如果我们的眼界局限在哲学范围自身，我们无法回答什么是哲学。因为哲学的确如黑格尔、罗素这些大家说的是一种历史性的存在。哲学具有历史性，它属于一定的时代。以哲学论著作为代表的哲学体系都属于一定的时代。因为时代不同，实践水平、科学水平不同，提出的问题也不同，解答的方式也不一定相同。因而哲学具有历史性。中国人有一部思想史，其中包括哲学思维发展的历史。我们国家从先秦诸子百家、魏晋玄学、宋明理学，到明末清初，大家辈出，名著如林。在西方也是，古希腊罗马哲学、中世纪的教父哲学，到法国百科全书派，到德国古典哲学，一直到当今西方各种哲学。因此从古至今，哲学所探讨的问题是变化的，他们的观点和思维各有特点。黑格尔说过，哲学史就是哲学。我们也可以反过来说，在这些范围内，哲学就是哲学史。哲学就存在于变动不居的各种哲学体系的更迭之中。

哲学也是民族性存在。哲学思维具有突出的民族性，它的思维方式、价值观念以及研究的重点都不同，例如，中国哲学具有重视人生哲学、道德哲学的传统。中国哲学并没有经历西方哲学发展的那种哲学与科学合一，以及实证科学不断从哲学中分化和独立化的过程。西方哲学注重本体论、宇宙生成论、认识论的研究，而德国古典哲学复活了西方哲学史上的形而上学传统，具有思辨哲学特色。在西方哲学史中，我们可以明显地发现哲学的认识论转向、语言学转向。可在中国哲学中虽然也有本体论、认识论问题，也有心物之辩、理气之辩、道器之辩，但重点始终是人生问题、道德问题。因而我们当然不能完全将西方的哲学观念和哲学史作为判断中国有无哲学的尺度。

哲学还是个体化的存在。哲学体系都是与哲学家个人不可分的，是以哲学家个人命名的。即使同一民族内部的各个哲学家也都各有特点。同属先秦的诸子百家各有特色，同属古希腊罗马哲学的哲学家也各有特色。他们关注的问题可能不同，或者对问题的看法不同。哲学家的观点之间会有共同之处、相通之处，否则就无所谓唯物主义和唯心主义的区分。但我们可以说绝没有两个哲学体系是完全相同的。即使同属唯心主义，它们的论证和表达方式、它们的论据会各有特色；唯物主义也一样，同属唯物主义这个派别，它们会各有特色。因此某一哲学体系可以有追随者，有信奉者，可以成为一个学派，但历史上决不会有两个一模一样的哲学体系。哲学体系总是打上个人的烙印，是独特的。马尔库塞说："哲学运思的意义，虽然不能靠个别个人去完成，但它的完满，只能经由每一个个别个人；因而，以每个个别人的实存作为它的基础。在每个个别个人的实存中，哲学的具体性，决不能托给一个抽象的主体即'单一'的东西，因此这就意味着把决定性的责任委托给某种专断的普遍性。"这种说法当然有合理的因素。哲学的主体当然是哲学家个人，在这方面，哲学与文学艺术有相似之处。但哲学又具有某种普遍性。这是哲学不同于文学艺术之处。小说和诗歌可以虚构，它不要求事实的真实性，而只要求可理解性和给人以美的感受。哲学中也有个体的体悟，有个人的风格，但内容不能诗化和艺术化，它必须包含对象性的真理性的内容。但这种内容中的某种共性必须通过个性化的方式存在。

何况哲学是一个大学科，随着社会发展和文化进步，哲学日益分化出许多二级学科，例如逻辑、美学、伦理学、科学技术哲学等，更不用说，因为实际需要而出现的交叉哲学部门，如经济哲学、文化哲学、环境哲学、生态哲学等，而且这种新哲学部门的出现是无止境的。可以说，哲学是一棵大树，各种哲学体系、各个哲学分支和新的哲学部门如同挂满树枝的果实。正因为这样，在哲学自身范围内，什么是哲学是一个无法回答的问题。我们问什么是哲学，等于追问全部哲学史，并且要概述不同的哲学分支和部门。可在哲学史范围内，哲学是变化的；哲学的各个二级学科和不同部门各有特点的。因此在哲学范围内关于什么是哲学的争论无止无休不难理解。

什么是哲学

对什么是哲学，罗素有个描述性的说法：哲学，就我对这个词的理解来说，乃是某种介乎神学与科学之间的东西。它和神学一样，包含着人类对于那些至今仍为确切的知识所不能肯定的事物的思考，但是又像科学一样诉之于人类的理性而不是诉诸权威，不管是传统的权威还是启示的权威。

哲学确实没有唯一的答案，但不能说没有答案。不同的哲学对同一问题可以有不同的回答。不仅对什么是幸福，什么是公平，什么是正义，什么是人生价值等诸如此类的问题，不同的哲学有不同的看法，而且哲学对自身问题的回答也不一样。世界是客观的，还是主观的？"存在是被感知"和"存在是不依赖人的意志的客观存在"，哪个正确？认识从哪里来？有天赋观念吗？等等。看法都是多种多样的。

如果是这样，哲学有什么意义呢？一个完全不确定的、没有正确答案的哲学，对人的认识和实践有价值吗？人类为什么需要这种没有答案的哲学呢？这里有两点值得注意：第一，哲学不能是哲学家的胡说八道。哲学可以具有科学性。也就是说，在哲学中可以区分出正确的回答和不正确的回答。从这个角度说，哲学是关于真理的学说，它不是神学。例如，人的认识只能来自实践，而不可能是头脑中自生的，天赋观念是错误的。物质世界是客观存在的世界，在人类产生以前世界就存在；人类产生以后，在改变世界，但世界并不因此成为依赖人的存在。即使人类不存在，世界仍继续存在。"尔曹身与名俱灭，不废江河万古流"。因此，世界的客观性是对世界本质问题的正确回答。这种例子我们可以举出很多。可以这样说，有些哲学问题可以有正确的答案，有些则没有，正在探索；不能笼统地说哲学没有答案，否则，哲学真像一件破披风，任何人都能披上。马克思作为一门新哲学的创始人，强调哲学应该是关于真理的学说，他反问道："哲学是不是应该照'每个地方都有自己的风俗'这句俗语所说的那样，对每一个国家都采取特殊的原则呢？哲学是不是应该在一个国家里相信 $3 \times 1 = 1$，在第二个国家里相信女人没有灵魂，而在第三个国家里却又相信有人在天上喝啤酒呢？难道存在着植物和星辰的一般本性而不存在人的一般本性吗？哲学是问：什么是真实的？而不是问：什么是有效的？它所关心的是一切人的真理，而不是个别人的真理。"

马克思把哲学看成关于真理的学说，而不是根本不可能有答案的思辨学说。这与马克思、恩格斯在哲学中的变革密不可分。马克思要创立一个不仅能说明世界而且能改造世界的哲学。如果哲学根本不可能提供真理，只会无休止地自说自话，怎么可能为无产阶级和人类解放创造一个科学地说明世界和改造世界的哲学学说呢？马克思主义哲学具有科学性和实践性。正因为它具有科学性，才能发挥认识和改造世界的指导作用。

马克思主义哲学对于哲学的一些重要问题提供了具有科学性的答案。但是，马克思主义哲学不可能提供全部哲学问题的答案。哲学领域无限宽广，我们会面对许多哲学问题，因此哲学是一个大家族，各个时代、各个国家的哲学家都会对哲学提供多样的智慧。马克思主义哲学并不是狭隘的宗派主义哲学，它能广泛吸收各种哲学智慧。马克思主义创立时，马克思、恩格斯对古希腊罗马哲学、十八世纪启蒙主义哲学、十九世纪德国古典哲学，尤其是黑格尔和费尔巴哈哲学都进行过研究。当代马克思主义哲学也应该如此，我们既要坚持马克思主义哲学，但同时也应该关注中国传统哲学，关注西方哲学尤其是现代西方哲学研究的新问题和新成就。我们为什么要关心其他哲学的成就和动态呢？在哲学研究领域，孤陋寡闻，只埋头自己的专业，就不可能有宽敞的世界眼界。世界如此之大，科学发展如此迅速，新问题如此之多，各个哲学家都会从自己的角度进行思考。其中，肯定包括新问题、思考的新视角和新方法。他山之石，可以攻玉，其他哲学的优秀成果对丰富和发展马克思主义哲学来说肯定是有益的。

哲学家是追求真理、从人们熟知而并不真知的事物中揭示秘密的人，他使人学会思考。但从有人类以来，真正的哲学家并不多，这一点叔本华也承认。他说，一个哲学家能为自己在哲学青史中留下名字，就是一件相当了不起的事情。确实，你读读中外哲学史，数数人头，并不多，即使在哲学最发达的年代，也为数有限。为什么？因为在我们理解和探索世界的过程中，具体对象

什么是哲学 /

007

是相对容易把握的，而一旦进入具有整体性和普遍性的层面，就相当困难了，因为它是人们用任何实验工具都无法观察到的，除了借助思维抽象能力，没有任何工具可用。

一个真正的学者，究竟应该是面对文本还是立足事实进行研究？面对文本，我们最多可以做一个哲学史家，而面对事实，面对世界进行思考，我们才可以成为一个哲学家，成为一个思想家。面对文本，我们可以成为一位学者或专家，但难以提供新的思想，至多产生照着说之后的读后感，真正的新思想不是来自文本，而是来自对现实的关注。叔本华打了一个很有意思的譬喻：讨论和比较别人所说过的东西不会特别帮助我们获得对事物的洞见，也不会丰富我们的知识，因为这样做始终就像把水从一个容器注入另一个容器而已。只有通过自己对事物的思考才能真正充实我们对事物的洞见知识，因为只有事物才能永远近在眼前，随时为我们提供认识的活的源泉。如果只从书本中讨生活而不关注现实，在叔本华看来，这种人就好比一次次重复地把旧瓶子倒转过来，生怕漏掉最后一滴水，而对自己脚下潺潺流过的活水却无动于衷，视而不见。他还批评说，对哲学的奇怪和糟糕的定义就是，哲学是一门由纯粹概念组成的学问。

真正的哲学的生长不能依靠编织纯粹的抽象概念，而只能以我们对外在与内在世界的观察和经验为基础。要在哲学领域里做出真正的成就，不可能通过组合概念就能实现。哲学就如艺术和文学，其源泉是我们对世界的感知和把握。而且，无论一个人怎样沉迷于仰望星空，而忽视地上的一切陈设，他也不可能在世界发展中保持冷血，始终不投入行动并切身感受世界发展带来的震撼。

在哲学研究中，我们应该区别意见和真理。意见是个人的，真理才是属于大家的。真理如磁石，它永远指向正确的方向，而意见尤其是荒谬的意见，则是错误的路牌，它把人指向错误的方向。真理具有普遍性和永恒性，它会不断丰富，但不会被推翻。即便在一段时期内由于误解或社会原因被遮蔽，但浮云难以遮日，真理归根到底会被承认。而一种错误的哲学不管它如何流行，如何符合一定时期人们的某种需要而成为显学，但终究会烟消云散，成为过眼烟云。正如一种时髦可以流行于一时，但不会永远流行。

哲学当然不可能脱离具体的科学知识，因为它必须面对科学知识，包括自然科学知识和社会科学知识。没有知识依据的玄思冥想只能是空洞的思辨。马克思主义哲学就其来源说，既包括对人类知识积累的继承，也包括对自然科学和社会科学成就的总结，这是马克思主义哲学科学性的依据。但就哲学的对象和功能来说，它并不研究具体科学，因为具体科学只研究世界某个特定领域，而哲学研究世界的整体，是以普遍规律而不是以特殊规律为对象。

不理解整体也难以理解局部，正如不理解人的结构的整体，也难以理解人的任何一个器官的功能一样。就这个意义说，哲学如同乐队指挥，尽管其不演奏任何一种乐器。一个乐队少一种乐器仍然是乐队，而没有指挥则没有乐队。一个乐队既需要乐器演奏者，也需要指挥。人类对世界的认识也一样，既需要各门具体学科，以便深入认识局部，同样也需要能把各个局部联系起来的整体思想。哲学就是从世界整体把握世界的学说，所以我们把哲学称为世界观。

叔本华曾把客体与精神活动的关系比喻为琴与琴拨子的关系，虽然人有同样的大脑但对相同的对象可以产生不同的影像。为什么会这样？人们往往误解唯物主义，认为物质第一性，意识第二性，意味着对象相同，主体意识必然相同。这是一种机械反映论的观点，而不是辩证唯物主义能动反映论的观点。物质第一性，意识第二性，在于强调人的思想不是主观自生的，它有其物质根源。那么，为什么面对相同的对象会产生不同的思想呢？这就涉及哲学基本问题的第二个方面，人的意识具有能动作用，人们在接受外界的东西时，头脑中会经过一个重新构建的过程，从而形成对同样对象的不同反映。人不仅是通过大脑反映对象，而且人们原有的前识也参与认识的形成，这个过程中有评价的作用，不同的评价会影响对对象的反映。如果这样说，唯物主义关于"物质第一性，意识第二性"，关于"存在决定意识"的观点岂非无用？不是的。它有用。因为当我们深入研究为什么对象相同而思想、意识不同，或者对象相同而形成的影像不同时，我们还要回到物质第一性，回到存在决定意识上来。因为不同的思想意识，不是从天上掉下来的，肯定有它的现实原因，这个原因不在主体自身而在主体之外的存在。用琴拨子弹琴，不同的人会弹出不同声音，原因就在于琴拨子的力度或弹琴者的手法不一样。如果没有琴拨子，琴永远不会发出声音，否则就是列宁说的发疯的钢琴，自我弹奏。

没有对象和对对象的反映，就没有思想和意识，这是唯物主义；同样的对象会产生不同的思想，这是辩证法。苏轼有诗云："若言琴上有琴声，放在匣中何不鸣？若言声在指头上，何不于君指上听？"如果不用琴，只有手指能发出琴声吗？如果只有琴没有手指，琴会响吗？都不行。主体与客体是相互作用的。

主客体关系是非常复杂的，参与反映的不仅有思想而且有心情，情绪不同对事物的反映也不同。情绪上愉快与恶劣的差异，会导致对同一样东西产生爱憎两种不同情感。这就是为什么发怒时，往往会导致认识片面性的原因。情绪不仅影响健康，而且影响认识。中国哲学强调安静，静而后能安，安而后能定，定而后能得。人只有在冷静时才能正确思考。另外，主客体关系不仅是认识论问题，也是历史唯物主义问题。因为主体和客体都是在实践基础上变化的，而不是凝固不变的。历史，就是历史主体和历史客体相互作用的过程。主客体不是抽象的，也不是静止不变的，毫无变化的主体和客体是不存在的。

哲学应该具有好奇心，没有好奇心就不会推动哲学思考。但哲学的好奇不同于"包打听"，不同于对别人别事感兴趣，哲学的好奇心意在探讨事物的本质，探讨具有普遍性的事物，而不是探讨社会新闻、张家长李家短的闲事。因此，哲学家的好奇可以称为惊奇心，而单纯好打听别人家的闲事，则只是好奇。好奇与惊奇的不同之处在于，惊奇指向求知，而好奇只对打听闲事感兴趣。

哲学不能归结为人学

什么是哲学？日本有个哲学家说，这是对哲学家最难最毒辣的问题。至今仍在就这个问题争论不休。岂止中国，国外也如此。道理很简单，不同的哲学家都把自己感兴趣的哲学问题当成哲学的全体，排斥其他。本体论者强调哲学是本体论，可认识论派据理驳斥，强调哲学是认识论。同样，方法论的提倡者们强调哲学应以思维方法为对象，是关于思维的科学。人学论者说哲学是人学，是使人成为人的学说。而反驳者说，如把自然与历史置于哲学视界之外，人就变为幻影，是不可能研究的抽象存在物。每一种学说，都把自己心目中的哲学当成哲学的唯一对象。其实本体论是哲学，但不能认为哲学是本体论。其他同理。如认识论是哲学，但哲学不能归结为认识论。人学是哲学，但哲学不能只是人学。我们不少哲学家的哲学定义，只是哲学研究的领域或一个历史时期哲学研究的重点，而非对哲学自身本质的把握。

哲学就其本质来说是世界观。这一点，马克思主义经典作家是一直这样强调的。恩格斯说过："我们党有个很大的优点，就是有一个新的科学的世界观作为理论的基础。"①马克思和恩格斯在致奥·倍倍尔、威·李卜克内西、威·白拉克等人的著名通告信中也提到反对把资产阶级和小资产阶级世界观带入党内，而要无条件地掌握无产阶级的世界观。列宁在《关于无产阶级文化》中说："现代历史的全部经验，特别是《共产党宣言》发表后半个多世纪以来世界各国无产阶级的革命斗争，都无可争辩地证明，只有马克思主义的世界观才正确地反映了革命无产阶级革命的利益、观点和文化。"②

　　哲学是世界观，这是哲学和各门具体实证科学的分界线。但世界观绝不等同于存在论或本体论。以为世界观就是人站在世界之外观世界，这是望文生义。仅仅以无人的纯自然或宇宙为对象的世界观是旧唯物主义哲学。我们面对的世界是包括人与人类社会在内的世界。自为的世界表现为人、自然、社会的辩证统一。因此本体论作为哲学是哲学考察的一方面，哲学不能归结为其中一个侧面，而是要研究人所面对的客观世界的本性和一般规律，研究人与自然、人与社会、人与自我的关系，以及认识和改变这些关系的途径和方法。由此可见哲学包括本体论、认识论、方法论。就其领域来说，它包括自然观、历史观、人生观等。可是哲学并不是在任何时候都始终是一样的，都是全面的无所不包的。由于时代的需要不同，哲学会突出不同的方面或重点。例如马克

① 《马克思恩格斯选集》第2卷，人民出版社2012年版，第10页。
② 《列宁选集》第4卷，人民出版社1995年版，第299页。

思主义哲学的成就和重点，突出表现在历史唯物主义的创立。哲学定义就包括在哲学史中。一部哲学史就是哲学研究重点的转移史，但哲学仍然是哲学，它绝不会丧失它作为世界观的特性。哲学永远不会融化为实证科学。它是对整个世界的本性和规律的研究。在哲学中任何局部性问题的研究都是从总体角度并作为总体不可分割的组成部分才具有哲学的价值。

在中国，把哲学仅仅归为逻辑分析、语言分析的观点不多见。即使研究语言哲学、逻辑哲学也是作为哲学中的一方面来研究的，并不认为哲学就是语言哲学、逻辑哲学。可人学不同。在当今中国，把哲学视为人学，而且认为从来哲学就是人学的观点是颇为新颖而受到一些同行赞许的观点。我对此一直有点不同的看法。毫无疑问，哲学所研究的问题全部与人密切相关。其实与人无关的问题，任何科学都不会感兴趣。但不能因为哲学的问题与人相关，就说自古以来哲学就是人学。这样说，既不符合哲学史实，也不符合理论。从哲学史看，无论中西，哲学都不是从人开始的。西方哲学，从自然开始，自然哲学是古希腊罗马时代的显学。在中国，古代关于道的学说、关于阴阳五行的学说也不是关于人的学说。虽然中国儒家的重点在人的道德和人际关系，但人伦不等于人学，人伦是客观的人际关系，而关于调整人伦关系的理论、原则和规范严格说是伦理道德学说或称为伦理学，而不能简化为人学。人所处的各种关系都应该研究，都各有特点和对象。研究人的经济关系的是经济学，研究人的伦理关系的是伦理学，研究人的阶级关系的是政治学，研究人的心理的是心理学，如此等等，尽管都与人不可分，但不称之为人学。当然，如果因其最终归结为人或以人为最后依托而称之为人学，等于什么也没有说。而且即使就哲学来说，如果谁要说，唯心主义是人学，因为它研究人的思维与存在的关系，依理唯物主义也是人学，因为唯物主义关于大脑是思维的器官，关于物质第一性、意识第二性都是关于人的，尽管也可言之成理，但只能看成笑谈，不能认真。而且，把普罗泰戈拉的"人是万物的尺度"的命题称为人学是勉强的。因为它本质上是个认识论命题，是以人的主体性来论证感觉相对性的相对主义的认识论命题。讲认识论不能离开人，任何认识都是人的认识，但认识论不是人学。同样说古希腊的神庙中的铭文"认识你自己"是人学命题也是脱离历史条件望文生义的解释。这是神学而不是人学。因为它的主旨在于说明，人应该认识自己的主宰是神，即人应该正确认识自己是神的奴仆。这同文艺复兴时的人文主义观点是大异趣旨的，它不是肯定人而是否定人。

其实关于人的观点古已有之，哲学不能归为人学。因为没有与人无关的哲学问题。哲学所研究的问题比人的问题要广泛得多。因为人并不是抽象的栖息在世界之外的存在物。人生活在世界上，就必然要求对世界、对人与世界的关系有个看法，这就是世界观；要求对自然、对人与自然的关系有个看法，这就是自然观；要求对自己生活其中的社会有个看法，这就是社会历史观。西方有些哲学家倡言拒斥形而上学。你尽管在哲学中可拒斥世界观，可你无法拒斥世界的存在，拒斥自然和社会的存在。因此，自古以来，无论中外，哲学都离不开世界观、自然观、历史观、人生观，决不能仅仅是人观。我们很难说，人是哲学真正的主题和核心，哲学就是探求人的本性，寻求人之为人的根本，寻求人的家园归宿和人的价值与意义。把世界、自然、社会排斥在哲学视野之外，仅仅追求生命的意义、价值、归宿和所谓人之为人的根本，哲学完全宗教化或伦理化，变成人的安身立命之学。这样哲学除了自我修养即修身养性之外，对于认识世界和改造世界是毫无意义的。这就曲解了哲学的本质并弱化了哲学的世界观和方法论的功能，最多是回到哲学是心性之学或义理之学的老路。我想，当马克思把哲学说成无产阶级的解放头脑时，决不会如此来理解哲学，即他所创立的辩证唯物主义和历史唯物主义不是为分析世界、分析资本主义社会，为消灭剥削制度和无产阶级的彻底解放锻造思想武器，而是创立一种新的人学。如果我们说，无产阶级是什么、劳动者是什么？不是人吗？由此可见，马克思主义哲学同样是人学。这样论证，所有人面对的问题七转八转都能转到人的头上来。这等于说了一句空话。人是哲学主题的真正本意倒不是说哲学问题都与人有关，而是说宇宙中最根本的是人。因为物质宇宙的奥秘集中在生命的本质之中，而生命的奥秘体现在人的本质之中。人的最终归宿是要使生命去融化宇宙，也要把生命融化于宇宙。没有很高的哲学修养和思辨能力是很难领会的。不过我还是要说，这种看法在中国古已有之。别的不说，如果我没有弄错的话，儒家生命哲学就是这种观点。例如新儒家的代表人物梁漱溟先生就强调："在宇宙大生命里头，除了人类以外，其他的生物，都已经入于一种盘旋不进的状态。不能再代表宇宙大生命的创进不已的精神……还能代表宇宙大生命创进不已的精神者，亦即还能创进不已者，只有人类。"这种人与天地同参、与宇宙一体的观点虽然具有辩证法的因素，但它是一种唯心主义的生命宇宙观。把宇宙奥秘全部放在人身上，要用生命去融化宇宙，这是对人与自然关系的错误理解，是对人类本质的错误的或者说是夸大的神秘化的理解。人是宇宙奥秘中的一种但不是唯一的。探索宇宙奥秘的各种科学家包括哲学家，他们想把握宇宙的奥秘还是要面对宇宙，而不能仅仅面对自我、面对人的生命本性。即使人的创造物包括人化自然和人的文化世界，也不是用生命化为宇宙能概括的。哲学如果不想成为毫无用处的空谈，如果要成为人类认识世界和改造世界的工具，就不能局限在人自身。这是由全部人类的实践和认识史证明了的真理。

哲学转向以人为对象，产生当今所谓人学，具有时代的特色。"二战"以后，特别是近几十年西方工业化国家由于社会矛盾的尖锐化而导致人的价值观念混乱、道德失范、人与人的关系更加疏远化，发生所谓人的生存危机或者所谓人的失落。哲学家倡言人应该寻找自我，而大力提倡人的研究或人学，试图从人学中寻求摆脱资本主义社会人的危机的出路。而在社会主义国家，一段时期由于极"左"思潮干扰，法制不健全，践踏人格、破坏社会主义应该坚持的社会主义人道主义原则的事不断发生。因而随着清算"左"的错误，对社会主义条件下人的问题研究成为哲学工作者注意的热点问题。这是一种哲学意识的进步。但这只是哲学问题研究重点的转移，而不是哲学本质的根本变化，不是哲学由世界观变为人学。哲学仍然是哲学。哲学作为世界观的本性并不会因为哲学问题的变化而变化。从哲学角度来研究的人学仍然是哲学。因为它总是从一定的哲学出来探讨人的问题。当代西方的哲学，从法兰克福学派到存在主义实际上是一种唯心主义的人本主义。它们没有超出哲学，也不可能超出哲学。

马克思主义哲学不是人学。马克思主义哲学是无产阶级的科学世界观和方法论。但马克思主义哲学中包含丰富的关于人的学说，关于人的本质、关于人的解放和全面发展的学说。马克思主义关于人的学说的特点是，它指的是现存社会即资本主义社会的现实的人解放，即无产阶级革命问题。他们没有脱离无产阶级革命抽象研究人和人的解放问题。我们说马克思主义哲学不是人学也不能归结为人学，这并不妨碍我们在当代对人的问题进行深入独立的研究。马克思主义本身是发展的，它应该研究时代突出的主题，它不能脱离时代。但马克思主义对人学的研究应该是马克思主义的，即不能离开马克思主义世界观和历史观的哲学前提。

哲学应打破自我意识的茧房

哲学是人类全部意识形态中最具抽象性和普遍性的意识形态。它的这种特性，往往容易使人以为哲学家可以撇开世界，只是咀嚼自我，单纯以自我为对象，因而哲学只不过是哲学家的自我意识。如果这样，全部哲学只有一个字—人，全部哲学史和哲学体系的变化都是自我意识的更替。在纯哲学思维范围内思考哲学，很难弄清哲学的本质。

人所研究的世界是人所面对的世界，是有人的世界，是不能离开人的世界。这当然对。正如我们说，凡认识的对象都处在人的认识范围之内，人不可能在认识之外去认识对象一样。认识之外的认识对象是逻辑矛盾。可我们决不能说，认识与被认识的关系是人与世界的唯一的绝对的永恒的关系，承认人的认识范围之外的世界就是形而上学、就是拜物教。世界是全体，世界在实践过程中进入人的实践和认识范围内的是极其有限的一部分，世界永远留下一个无穷的空间待人们去实践去认识。因此承认自在世界的客观性和不可穷尽性，是辩证唯物主义的前提。如果我们的哲学只在已知世界打圈圈，把认识与被认识的关系作为人与世界的唯一关系，就从根本上抽去了辩证唯物主义借以立足的基础，截断了人的实践和认识的来路与进路，人被困死在认识与被认识关系的范围。

而且就人与世界的认识与被认识关系来说，辩证唯物主义的基本原则也是不能违背的。不错，人是按照人的方式去认识世界的。人的实践活动、人的感性和理性、人感知对象和在理性中把握对象的方式都具有人的特点。但不能由此得出结论，人在对象中看到的只是人自身，或者说人通过世界认识的只是人类自己，因而哲学的本质就是人对自己的认识。这个结论无论对科学、对常识、对人的实践活动都是不利的。

人把自身的特点反射到自然界，在人类的幼年时期是有的。如从万物有灵论中看到的是人从自己推论到万物，或从上帝的万能和智慧的本性中看到的是人把自己的本性化为上帝。而且在一定范围内，人通过自己对象性的存在物来直观自身是可以的。在改造自然的活动中、在艺术创作中，人通过自己的活动结果反观人类自身，可以看到人的创造能力、特定时期的生产水平和审美意境。但不能把这种特定状况概括为普遍的哲学命题，即人对对象世界的认识就是人对人自身的认识，人通过对象不是发现对象自身的规律而是发现人自身。任何一个人都知道世界的客观实在性是对象世界本身的客观实在性，正如世界的辩证运动是对象自身的辩证运动一样。任何称得上是具有客观内容的哲学认识都是对对象世界（当然也包括对人自身的认识，当人被当成认识对象时，对研究者来说同样具有客观实在性）的认识。

哲学命题是具有普遍性的命题。如果哲学家从世界中看到的是人自身，世界只是人认识自己的中介物，是一面认识自我的镜子，那为什么自然科学家对自然的研究不是对自我的研究呢？人为自然立法的观点过去有过现在仍然有，全部自然科学证明自然规律是世界本身的规律、自然科学家是发现自然规律而不是为自然立法。同样，在实践和日常生活中，人要达到预期成果而不被人认为是患有妄想妄听症，一定要把自己看到的听到的直接接触的对象看成对对象的认识，而不是看成我对自我的认识。对象世界作为认识自我的中介，只有在由实践对象化的存在中才具有一定程度的合理性。即使在这个范围内，人之所以能从对象化的世界中看到自身，并不是因为对象世界是人的镜子，而是因为人通过实践把自己的目的和意愿体现在自己的创造物上，即在自然界打上人类的烙印。人正是从自己打上的烙印中看到人自身的创造力的。离开人的实践活动，离开人在自然的附加物或创造物，就不能从世界中认识人类自身。在当代，我们要正确理解人与自然、人与世界的关系，看到天人合一中某些合理的东西，但不能重复其中的唯心主义的和迷信的东西。当然，我的这种主张可能被认为很肤浅，没有哲学味道。不过全部科学、全部人的实践、全部人类的日常生活以及全部哲学史都无法接受人对世界的认识就是对自我的认识这种过于深奥的理论。我以为任何具有真理性的哲学不应该与人的常识、与人的全部实践活动相违背。

不能认为哲学对世界的认识就只是对自我的认识。哲学不能说只是自我意识。当然，哲学家是用头脑思维的，因此任何哲学体系都必然表现为哲学家的一种哲学意识，问题是这种哲学意识是从哪里来的，是仅仅源自哲学对自我的意识、对人的意识，还是在其所处的时代和社会条件下对世界的一种哲学的把握。马克思在《第179号〈科伦日报〉社论》上对这个问题做过精辟的论述。马克思承认，"哲学首先是通过人脑和世界相联系"的，没有人和人的思维就没有哲学。可是，哲学不能归结为人的能思维着的头脑即哲学家的自我意识，"哲学家的成长并不像雨后的春笋，他们是自己的时代、自己的人民的产物，人民最精致、最珍贵和看不见的精髓都集中在哲学思想里"，"哲学不是世界之外的遐想，就如同人脑虽然不在胃里，但也不在人体之外一样"。所以马克思的著名的众所周知的结论是"任何真正的哲学都是自己时代精神的精华"。[①]不仅马克思主义这样看，连唯心主义者黑格尔也是这样说的。他在《法哲学原理》中指出，哲学是被把握在思想中的它的时代。对哲学工作者来说，这似乎已经是了无新意，但却是颠扑不破的真理。

哲学决不能仅仅是哲学家的自我意识。黑格尔都不敢这样说，而是说是绝对观念的自我认识。因为黑格尔的绝对观念囊括一切，把整个世界及其发展都包括在内。可青年黑格尔派片面强调自我意识，就显得单薄力不胜任，把如此丰富的世界和多种多样的哲学思维都塞进人的自我意识就把人变为上帝，无怪其自我意识的理论曾经遭到马克思和恩格斯的猛烈抨击。

哲学史当然是哲学发展的历史，是哲学家的思想发展史。如果我们只是这样看，我们只说了一个表面的现象，说了一个众所周知的常识。哲学有自己的历史，但这种历史如何形成？它不是思想的自我运动，而是社会历史的作用。如果哲学就是哲学家

[①] 《马克思恩格斯全集》第1卷，人民出版社1956年版，第120、121页。

的自我意识，哲学史是自我意识的历史，除了能满足思辨的欲望外，对哲学和哲学史的理解必将陷入误区。哲学不能归结为人对自身的认识，哲学史也不能归结为自我意识的历史。哲学史当然是哲学发展的历史，但又不能仅限于哲学自身。应该说哲学史中的"史"字，包括从社会历史运动角度来看哲学发展的意思。当年罗素写的著名的《西方哲学史》全名就是《西方哲学史及其与从古代到现代的政治、社会情况的联系》，这个书名本身就表明了这种联系。所以哲学史不仅是哲学的历史，而且是当作历史运动的一个侧面的哲学。不从历史的现实内容角度来看待哲学，把哲学说成哲学家的自我意识，哲学家就变为不可理解的怪物，哲学史也变为毫无缘由的自我意识更替的历史。哲学的内容及其变迁都将重新陷入不可理解。

其实，从历史角度来看哲学就容易理解。懂得古希腊罗马的历史容易理解苏格拉底和柏拉图，理解18—19世纪的德国，就容易理解康德、谢林、黑格尔。哲学的差别，内在地隐含着时代的差别，可这种时代的差别一旦化为哲学的差别，肯定具有哲学的特点，即真正的哲学是以时代精神的精华的面目出现，它把一个时代所达到的科学和实践的智慧凝结其中。一部中国哲学史，同时是一部中国历史，是中国文化史、中国经济史和政治史。西方哲学史同样如此。放开眼界，从整个历史过程来考察哲学家及其思想，探求何以如此的原因和根据，我们就可以看到，哲学是处于一定社会历史条件下的哲学家们从一个侧面对世界（或者是自然或者是社会或者是人自身）的把握。哲学认识只要它仍然是认识，它就是对对象的认识。这种对象可以包括自我但决不能归结为自我。自我连同它的认识能力和认识方式都是被制约的。人是在一定条件下认识的，条件达到什么水平认识就达到什么水平。这对科学认识是真理，对于哲学认识也是真理，只是这种被制约的范围、程度、形式各有特点而已。因此，决不能认为实证科学是对世界的认识而哲学只是一种自我意识。

马克思主义哲学是科学世界观

马克思主义哲学是哲学，当然与其他哲学有共性，否则它就不是哲学。一些学者否认马克思主义哲学是哲学，否认马克思和恩格斯是哲学家，就是片面夸大它们之间的差异性；可马克思主义哲学姓马，它的确有其特点，否则它就不是马克思主义哲学。但我们应该看到，马克思主义哲学的产生是哲学领域中的一次转折性的变化，无论在对象、结构、功能方面都有自己的特点。

马克思主义哲学把无产阶级和人类解放作为自己哲学的最高目标，强调哲学是人类解放的头脑，无产阶级是人类解放的心脏。这是哲学史上的创举。无论古今中外，没有一种哲学公然把自己的政治诉求作为哲学的目标。在历史上哲学都是标榜非功利主义、超越现实的，是纯思辨的。它的政治意图往往是隐含的，甚至连哲学家自己都没有意识到。马克思主义哲学打破了这个传统，使哲学真正从天上落到地下，成为具有鲜明阶级性和实践性的哲学。这种转变对马克思主义哲学具有决定性意义。

马克思主义哲学既然要成为无产阶级解放的头脑，就必须是科学的世界观，即对世界的理解包括某些规律性的把握，否则不可能完成这个历史使命。在哲学史上，唯独马克思主义哲学明确以自然、社会和人类思维的一般规律为对象，把世界观问题从关于存在的本性问题推进到关于世界普遍规律性的研究。原本第一次这样做的是黑格尔。黑格尔把整个自然的、历史的、精神的世界描写为一个过程，即把它描写为处在不断运动、变化、转变和发展中，并企图揭示运动和发展的内在联系。但是黑格尔是以唯心主义观点处理这个问题，把它说成绝对观念的自我认识。恩格斯吸收了黑格尔的合理思想并根据19世纪的自然科学的成就，根据无产阶级的历史使命，把马克思主义哲学的对象定义为关于物质世界（包括自然、社会和人类思维）的一般规律。所以，哲学是世界观的理论形态，是哲学不同于实证科学的普遍特点，可以视为哲学的一般定义；而把哲学定义为科学世界观，定义为关于自然、社会和人类思维一般规律的学说则是马克思主义哲学的特点。

马克思主义哲学的定义，为把哲学变成一种具有科学性的学说提供了可能性。古希腊一些哲学家把哲学定义为关于存在的学说，虽然也从一个侧面揭示了哲学的本质，可是由于存在的多义性，可以对存在做各种解释，这一点人们从巴门尼德、亚里士多德以及当代各种存在主义者的理论中可以看到。正如恩格斯说的："只要我们离开存在是所有这些事物的共同点这一简单的基本事实，哪怕离开一毫米，这些事物的差别就开始出现在我们眼前。至于这些差别是否存在于一些是白的，另一些是黑的，一些是有生命的，另一些是无生命的，一些是所谓此岸的，另一些是所谓彼岸的，那我们是不能根据把单纯的存在同样地加给一切事物这一点来作出判断的。"① 存在只有在与物质相同的意义上才具有哲学价值。如果存在变为在"存在着"的意义上使用，就会变为排除所有存在物的特性，包括物质与意识的区别的概念，从而掩盖哲学上的路线和分歧。

而且把自然、社会和人类思维的一般规律定义为马克思主义哲学的对象，就有可能防止把哲学变为纯粹思辨、纯主体意见的可能性。哲学就其表现方式看，可以而且必须是哲学家个人的一种见解、一种意见，但这种见解、意见如果不包含规律性内容，没有可验证性，那也只能是哲学家个人无足轻重的一种意见而已，不具有普遍性。当一种哲学不具有任何普遍性内容，那就只能是一种私家哲学，在历史上只能是过眼烟云，激流中的泡沫而已。

正因为马克思主义哲学以物质世界的普遍规律为对象，才可能真正实现建立"世界哲学"的哲学理想。因为这种哲学具有它的普遍的适用性，即毛泽东同志所说的"放之四海而皆准"。尽管它的应用在任何地方都要与具体实际相结合，但就其适用性而言具有普遍性。没有一个社会不受辩证法基本规律、不受社会基本矛盾规律支配；没有一个人的认识可以超越实践与认识、主体与客体相互关系规律的支配。当人们承认它、应用它，它可以变成自觉的认识工具，当人们不承认它，它以一种自发的力量起作用。可以斗胆断言，在世界任何地方都可以发现新的规律，但不可能推翻已为实践证明的马克思主义哲学的基本规律。资本主义

---

① 《马克思恩格斯选集》第3卷，人民出版社2012年版，第419页。

社会可以不承认对立统一规律，但同样为各种矛盾所困扰。

"世界哲学"和"普世伦理"不一样。世界哲学是以自然、社会和人类思维的一般规律为依据的，而普世伦理是以普遍人性为依据的。要全世界的人特别是各国的政要，都认同并实行"己所不欲，勿施于人"是不可能的。不用说博爱，就是爱你的邻人都不是很多人能做到的。一切被视为所谓全世界适用的道德黄金律的东西，除了少数心存厚道的学者在忙乎，少数热心的宗教家在忙乎，也只是说说而已。不是说这些道德规范不好，不感人不动人，一旦所有的人特别是当权者都接受，不愁不能把我们的世界变成人间天堂，变为爱的世界，变为极乐世界。我想说的是，这可能只是个梦。这个梦人类做了多少年仍然是个梦，弱者的梦。只要睁开眼睛看看现实就知道。与其现在制定根本不可能实现的普世道德，倒不如老老实实告诉人们为什么世界是这样的。我以为清醒比沉睡更好，何必让政治家们讪笑哲学家和伦理学家的天真。

马克思主义哲学把无产阶级和人类解放问题作为自己哲学的任务，也改变了哲学的结构。哲学虽然是世界观，但没有一个哲学体系可以毫无遗漏地研究世界观的方方面面的问题，各个哲学体系都有所侧重。马克思主义哲学以无产阶级和人类解放为己任，因此实践这个范畴在马克思主义哲学中具有重要意义，它具有本体论功能，即把自在的世界转变为为我的世界，使自然人化；具有认识论功能；而在社会历史观中成为揭示社会生活本质和秘密的钥匙。辩证法是马克思主义哲学的活的灵魂，马克思和恩格斯非常重视"合理形态"的辩证法，它是马克思主义哲学具有革命性批判性的理论和方法论依据。在马克思主义哲学中，社会历史观处于最为重要的地位。恩格斯曾经说过：工人阶级由于封建主义的生产方式转变为资本主义生产方式而被剥夺了生产资料的任何所有权，由于资本主义生产方式的机制而一代传一代地处于这种毫无财产的状态，他们是不能在资产阶级法学幻影中充分表达自己生活状况的。只有当工人阶级不再戴着有色的法学眼镜，而是如实地观察事物的时候，他才能亲自彻底认清自己的生活状况。在这方面马克思的唯物史观帮助了工人阶级，他证明：人们的一切法律、政治、哲学、宗教等观念归根结底都是从他们的经济生活条件、从他们的生产方式和产品交换方式中引导出来的。由此便产生了适合无产阶级生活条件和斗争条件的世界观。

毫无疑问，马克思主义哲学是一块整钢，它的整体和部分不可分，但其中马克思和恩格斯在创立马克思主义哲学时最重视辩证法和唯物史观。列宁多次讲到马克思主义体系结构的这个特点。他说："马克思和恩格斯在他们的著作中特别强调的是辩证唯物主义，而不是辩证唯物主义，特别坚持的是历史唯物主义，而不是历史唯物主义。"①在另一处，列宁说："马克思和恩格斯把自己的全部注意力集中于：不是重复旧的东西，而是认真地在理论上发展唯物主义，把唯物主义应用于历史，就是说，修盖好唯物主义哲学这所建筑物的上层，这是理所当然的。"还说，马克思和恩格斯强调当时"特别缺少的东西，即辩证法，这是理所当然的"。可见，正是由于当时的思想文化背景和无产阶级的历史使命，形成了包括社会生活在内的彻底的辩证法和彻底的唯物主

① 《列宁选集》第2卷，人民出版社1972年版，第336页。

马克思主义哲学是科学世界观 /

义相统一的哲学，形成了马克思主义哲学的辩证唯物主义和历史唯物主义的结构。这种结构离开了马克思主义哲学的历史是不可理解的。

由于马克思主义哲学把无产阶级和人类解放作为自己哲学的使命，因此在马克思主义当中，不存在外在于它的独立的哲学体系。马克思和恩格斯既是马克思主义哲学的创造者又是运用者。哲学在马克思和恩格斯手中同时是一种批判性考察资本主义社会的工具，它与马克思主义的经济学和社会主义学说不可分地结合在一起。我们可以分别研究马克思主义的哲学、经济学和科学社会主义学说，这是研究的不同的视角，但绝不是各自独立的三部分。马克思和恩格斯特别是马克思的哲学观点，大量地体现在他们的经济著作和科学社会主义的著作之中。这种哲学理论和哲学应用相结合的结构方式，根本改变了历史上哲学家们最容易犯的思辨化、经院化和教条化的弊病。

也正因为马克思主义哲学把无产阶级和人类解放作为自己哲学的使命，从而赋予哲学以认识世界和改造世界的功能。这同历来的哲学包括当今西方哲学的道路是不同的。哲学是多种多样的。各种哲学只要是包含某些真理的因素或者提出了足以推动人类思维发展的问题，都是对人类文化的贡献。但是从无产阶级完成自己的历史使命，从认识世界和改造世界的角度说，马克思主义哲学的作用是无可替代的。

中国的哲学思维很发达，提供了丰富的哲学智慧。但是中国哲学重人生重道德教化，因此强调哲学安身立命和提高个人人生境界的作用，追求天人合一，追求做贤人、圣人，追求道德上的完美至善。至今新儒家们倡导的本质上仍然是中国儒家哲学的这种传统。哲学的这种功能自有它的作用。马克思主义哲学应该充分吸收中国哲学中的优秀传统，但无产阶级和劳动者不可能依靠这种哲学获得解救。同样，西方哲学虽然有重宇宙论、认识论和方法论的传统，但都没有把改造世界作为哲学的任务。当代西方哲学倡导重视现实世界，但仍然是纯哲学的。这种所谓现实世界只是相对于从柏拉图到黑格尔的理念世界而言的感性的表象的世界。它们纠正了以往过分推崇理性，以建立纯思辨的形而上学体系为目的的哲学传统，把哲学的立足点放在现实世界上。但它的现实世界并不是真实的物质性世界，并不是以物质生产为基础的社会现实，而是主体际性世界、语言世界。研究人的交往，研究语言的社会作用是必要的，但它是哲学家的哲学而不是革命者的哲学。这种研究并没有提供认识当今世界的理论和方法，更不用说凭借它来改变这个世界。他们中的一些哲学家为人类思想库增加了某些智慧，但没有根本改变传统哲学的思辨性本质。我们应该重视并充分吸收中外哲学智慧的精华，但马克思主义哲学仍然是我们真正认识和解决当今使人类陷于困境的人与自然的矛盾，认识当今各个国家、民族之间的矛盾，特别是全球化浪潮引发的种种矛盾的哲学。

与马克思主义哲学的使命相适应，它不再以建立抽象的形而上学体系，为人类提供永恒不变包医百病的绝对真理为目的。因为世界发展的一般规律，如果不与具体的不断变化的实际相结合就是僵死的教条。所以马克思和恩格斯特别强调自己哲学世界观方法论的意义，反对把自己的哲学变成剪裁事实的公式。这一

马克思主义哲学是科学世界观 /

点，与以往充当科学之哲学，或以最终的绝对真理自诩的哲学迥然不同。马克思恩格斯在《德意志意识形态》中说，对现实的描述会使独立的哲学失去生存环境，能够取而代之的充其量不过是对人类历史发展的观察中抽象出来的最一般结果的综合。这些抽象本身离开了现实的历史就没有任何价值。所谓马克思主义"放之四海而皆准"，就是从世界一般规律及其方法论而言的，而不是就具体论断和结论说的。马克思主义哲学如果失去了方法论作用，就会割断与生活的联系并丧失它的实际价值。

马克思主义哲学由于以自然、社会和人类的思维规律为对象，是一种具有科学性的哲学，同时它以无产阶级和人类解放为目标，充满对人的自由和全面发展的深切人文关怀。如果认为马克思主义立足于事实，着眼于探求规律，就企图按实证主义观点来解释马克思主义哲学是错误的；同样以马克思主义哲学的人文关怀为理由把马克思主义哲学人道主义化也谬以千里。马克思主义反对把哲学变成实证科学、把世界变成无人的世界，也反对充满悲天悯人的抽象人文关怀。马克思主义哲学不是"爱的哲学"。我们从马克思和恩格斯的《反克利盖的通告》中可以明白无误地知道这一点。在马克思主义哲学中科学性和价值性是统一的。

哲学要能正确解释世界和改造世界必须是科学的，必须包括规律性的认识。因而马克思主义哲学不能单纯以个人体悟为依据、以个人的道德境界的升华为指归。但是马克思主义哲学并不是非道德的。实际上为无产阶级和人类解放而斗争的哲学，其自身就包含着道德要求。一个真正以马克思主义世界观为指导，为绝大多数人的利益而奋斗甚至牺牲生命都在所不惜的人的道德是高尚的；这种人的胸襟坦荡，眼界宽阔，气度恢宏。马克思、恩格斯以及历史上和当代许许多多的革命者的表现证明了这一点。马克思主义哲学也不排斥体悟，实际上马克思主义哲学的应用和发挥就包含着个人的实践经验和人生经验。一个只知道背诵马克思主义哲学教科书而无任何个人体会和创见的人不可能成为马克思主义哲学家。可是马克思主义提倡的体悟不局限于个人的一己经验，更不是明心见性、面壁顿悟，而应该着眼于更广泛的群众的经验总结。

哲学是多种多样的。马克思主义哲学是哲学中的一种而不是唯一的哲学。马克思主义哲学由于它的阶级特性和历史使命，由于它的科学性与价值性的统一，迄今为止，它仍然是我们认识与改造世界的最锐利的武器。但马克思主义哲学绝不以永恒真理自命，因而它具有兼容性和开放性。马克思主义哲学追求的是真理，因而在任何哲学中只要是对问题的提问或对问题的回答中包括合理的东西都会吸收；它面对现实，面对人类不断积累的新的实践和科学知识的发展，必然要进行新的创造，因而它的体系和内容是开放的，永远是未完成的。正确处理中（中国哲学）西（西方哲学）马（马克思主义哲学）的关系，正确处理马克思主义哲学与当代现实和科学的关系，正确对待当代各种哲学提出的有价值的问题和某些看法，是当代中国马克思主义哲学工作者的历史使命，也是马克思主义哲学进一步中国化的必由之路。但是马克思主义哲学必须坚持科学世界观这一原则不能动摇。既不具有科学性又不是世界观和方法论的马克思主义哲学，是马克思主义哲学的终结。

哲学中的问题和问题中的哲学

我们应该区分哲学中的问题和问题中的哲学。哲学中的问题，是指属于哲学研究范围的问题，这是一些按其性质和问题都不同于科学和现实具体问题的问题。这是一些真正形而上的问题。而问题中的哲学，是指科学研究中和现实生活中存在的问题中所蕴含的哲学问题。这不是直接的哲学问题，而是形而下的问题，是需要哲学家从中捕捉的问题。哲学中的问题只有来自问题中的哲学才是有生命力有现实性的哲学问题。哲学与非哲学一旦绝对对立，哲学就会成为无源之水无本之木，丧失它赖以存在和成长的土壤。

问题，无论在自然科学还是在哲学中都是思维发展的推动力量，是思想创新的推动力量。科学探索总是对未知对象要问一个"为什么"，寻求对科学问题的答案。而哲学恰好是对"为什么"要再问"为什么"，是对"为什么"中普遍存在的"为什么"的探索。哲学问题不能存在于人类的实践活动中的问题之外。先有问题中的哲学才会有哲学中的问题。哲学中的问题决不会是哲学家头脑中主观自生的。马克思说，"哲学不是世界之外的遐想"，"哲学首先是通过人脑和世界相联系，然后才用双脚站在地上；但这时人类的其他许多活动领域早已双脚立地，并用双手攀摘大地的果实，它们甚至想也不想：究竟是'头脑'属于这个世界，还是这个世界是头脑的世界。"①哲学之所以是哲学，就在于它对人们实践（生活中的一切领域和各门科学）中已经存在但习以为常或从未研究过的问题进行哲学思考。这就把问题中的哲学变为哲学中的问题。

从全部哲学史来看，具有重要地位的哲学体系的创立，总是与它提出的问题和解决问题的方式相联系的。我们无法把哲学体系的建立和哲学家对哲学问题的审视分开。所有哲学体系都是关于哲学问题的体系；而所有哲学问题只有被系统地探索才能显示它的价值。

哲学的时代特色表现在哲学家立足时代提出的哲学问题之中。哲学的民族特色，表现在这个民族的哲学所探索的具有民族特色的哲学问题之中。如果从哲学中取消了问题，那就不可能有哲学发展史。一部哲学史集中表现为问题史，即不同的时代与民族的哲学所提出的哲学问题。

中国哲学的独特性表现在它有自己的独特问题，如天人问题、神形问题、义理问题、心性问题，等等；而西方哲学则注重本体问题，认识与对象问题，感性与理性问题，等等。问题的概括和论述则结晶为基本的哲学范畴。而对问题解决的系统的逻辑

① 《马克思恩格斯全集》第1卷，人民出版社1956年版，第120、121页。

论证和概念之间的关系则表现为独特的哲学体系。

但无论中国哲学问题和西方哲学问题有多大特点，总有相通的东西。我们曾争论过中国哲学究竟是哲学在中国还是中国的哲学的问题。其实，这两者并不是对立的。如果哲学在中国指的是中国哲学是西方哲学的中国版，那显然是不对的。因为中国哲学有自身的问题，它不是西方哲学在中国，即完全按照西方哲学的范畴和概念来梳理中国哲学。如果从哲学问题无所不在的角度说，应该说中国哲学也离不开具有普遍性的哲学问题，诸如本体论、认识论、人生论、社会论方面的问题。哲学是关于宇宙、社会、人生的大问题。这一点东方和西方都是相通的。但问题解决的方式、重点、范畴概念，论证方法以及语言风格，肯定各有特点。这才有哲学的民族性问题。在中国哲学中既有个性又有共性。个性是民族性，共性是哲学问题的普遍性。真正伟大的哲学思想是以民族的语言揭示具有普遍性的问题。

哲学问题是哲学的生命线。没有哲学问题，就不可能产生哲学。不提出新哲学问题就不可能创立新的哲学学派。当然哲学中也会有一些一再重复出现的问题。但即使是老问题，只要它被重新提出，必然会有新的时代背景或从中引出新的问题。哲学中最重要的是问题而不是构建体系。任何面壁虚构庞大哲学体系的做法，只能像恩格斯批评的杜林和当年的德国大学生一样，制造哲学泡沫。

可是哲学问题不同于科学问题。科学问题是具体的，一个科学问题解决了就不会再重复提出。可哲学不同，它可以不断地重复提出同样的问题。我们可以看到哲学史上许多哲学家都在解答同样的难题。世界本性、人的本性问题，因果性和必然性问题，社会规律客观性问题等，可以说是世代难题。因此，对于科学家来说，科学史是一个专门领域，并非必须学习的领域。不懂数学史照样可以研究数学，可以成为数学家，不懂物理学史照样可以是物理学家。可哲学不同，不学习哲学史、不熟悉哲学史，就无法学习哲学。因为哲学就是一种历史性的存在，人类丰富的哲学智慧存在于哲学史之中。各个伟大哲学家可以从各个角度对同一问题提供智慧，不能彼此代替。恩格斯在讲到理论思维的培养时说过："为了进行这种培养，除了学习以往的哲学，直到现在还没有别的办法。"[①] 当代西方哲学家让·伊波利特也表达了同样的意思，为了学会哲学思考，需要从过去的著作中学习，因为在哲学话语内容与哲学家所处环境之间有一种隐秘的关系。这意味着这个内容的意义在由其关系界定的成分的建构或结构中，即在它的形式中（与数学内容的情形相反），是取之不尽的。所以他强调："不能在搞哲学时脱离哲学史。就是说脱离过去的重要著作，脱离过去重要体系的历史。"哲学史上看似对同样问题的重复，实际上都是对哲学的深化和进展。没有进展，没有新意，只是重复，就不可能登上哲学的殿堂。

我们应该把哲学的本质与哲学问题区分开来。哲学的本质是相对稳定的，它决定哲学不同于其他学科的本性；而哲学中的问题是变化的。变化着的哲学问题表现的是哲学的时代特点、民族特点和哲学体系的个人特征。如果没有哲学问题的变化，哲学必

---

① 《马克思恩格斯选集》第4卷，人民出版社1997年版，第284页。

然是僵死的、固定不变的、可以公式化的范畴体系，这就失去了哲学的本性。可哲学问题的变化是在哲学范围内的变化，哲学问题的变化不改变哲学的本质。因此无论哲学中的问题如何变化，它始终属于哲学问题。形形色色的哲学定义及其分歧，不少是由于混淆哲学的本质和哲学中的问题所致。

哲学究竟有没有真理的问题，这是一个有争论的问题。不少哲学家否认哲学的真理性，强调哲学与科学的区分。西方有的学者强调，不存在哲学真理，哲学是一种思辨类型，它的价值不能用真或假来衡量。真理的价值只能与科学认知完全吻合。哲学是一种价值规范，哲学不应该模仿科学，科学应该反映对象，而哲学只拥有对于人类知识和实践的调节和规范作用。这种看法在国内也得到一些哲学家的附和与赞同。他们说，哲学没有真理与谬误的问题，只要涉及真理，就不是哲学而是科学。

上述看法的一个根本问题是没有分清哲学体系和哲学问题。哲学体系的确没有真理与谬误的区分。我们不能说柏拉图的哲学体系是真理，黑格尔的哲学体系是谬误，或者相反。我们也不能认为某个唯物主义的哲学体系是真理，或某个唯心主义哲学家的体系是谬误。哲学体系是哲学家的思想的结构，它是一个思想整体。在一个哲学体系中可能既有真理性的东西，也可能包含谬误，因为哲学体系是由一系列命题和判断组成的。哲学体系中的命题和判断是有真理和谬误之分的。不容否认，哲学中有些判断和命题属于对世界和人生的意义的价值判断，这些很难简单用真理和谬误来区分。而且可以长期争论不休，成为一个永远难解的问题。如人为什么活着，生命的意义和价值这类的问题。每个时代甚至每个人都会遇到同样的问题，都会有不同的答案。这些属于价值的问题不能简单用真理和谬误来判别。而只能就它的意义和人文价值来区分高下优劣。

所以哲学中的问题可以分为两个方面：一个方面的问题是与科学和人的认识和实践活动中的经验与事实相联系的问题，这些是可以通过人类的实践和科学来证实和证伪的。无论在本体论、认识论和历史观中都存在这类问题。这类问题虽然表现为基本规律和范畴，但能通过一定方式在人的实践中得到证实。另一个方面的问题属于价值问题，它表现的是哲学家的理想、信仰、期待、追求，总之表现的是哲学家的个人体悟和人生理想。这方面的答案没有真假问题，但有先进与落后之分。因为价值观不能是纯个人的，它总会表达一群人或某个集团的利益。所以价值观的评价标准不是真假，而是先进与落后。

哲学问题，我们可以称之为形而上问题。作为哲学的哲学问题，从哪里来？它不是单纯来源于纯哲学的研究，而是来自实践和科学、来自生活中提出的哲学难题。因而哲学问题的形成有一个由实际问题向具有普遍性的理论问题，即由形而下向形而上提升的过程。以往哲学发展的一个特点，就是不少哲学家思想的发展和继承是在哲学史范围内进行的。哲学家们重视哲学中的问题而轻视问题中的哲学。可没有问题中的哲学，哲学只能在范畴概念中自我旋转，只有最能捕捉现实中哲学问题的哲学家才是真正具有创造性、可望突破旧说的哲学家。

马克思主义哲学发展是在双重轨道中前进的。它重视哲学中的问题，继承了全人类的优秀文化遗产特别是德国古典哲学的成果，是德国古典哲学的当然继承者；可马克思和恩格斯不仅重视哲学中的问题，更重视问题中的哲学。马克思和恩格斯在创立马克思主义哲学时，的确以自己的方式回答了历史上哲学中存在的问题。但马克思主义哲学最为突出的不是研究哲学中的问题，而是问题中的哲学。一个哲学家只重视哲学中的问题而不重视问题中的哲学表明他脱离现实，脱离自己的时代。因为现实的要求和矛盾最强烈地表现在人类面对的问题之中。从根本上说，马克思主义哲学就是从资本主义社会向何处去，人类向何处去，无产阶级和人类如何获得解放，获得全面发展等等问题中的探索和解决中产生的。以历史唯物主义为例，它并不始于抽象地研究历史发展的规律，而是以探索资本主义社会的结构、矛盾和前景为依据的哲学概括。

　　《资本论》是伟大的经济学著作也是伟大的哲学著作，《资本论》中的哲学思想，就存在于对资本主义社会形态发展规律的分析之中。中国的马克思主义发展也是如此。毛泽东同志的《矛盾论》是从探索中国革命面对的矛盾中产生的，《实践论》是从面对中国共产党人应如何处理知（马克思主义基本原理）与行（中国革命的实践）关系的争论中产生的，是从反对教条主义和经验主义的斗争中需要回答的问题中产生的；《关于正确处理人民内部矛盾的问题》中一系列哲学观点，是从社会主义改造基本完成后面对的新问题新矛盾中产生的。邓小平理论、"三个代表"重要思想、科学发展观、习近平新时代中国特色社会主义思想，都充分继承和发扬了马克思主义哲学这个最显著的特点，即立足现实，把问题中的哲学变为哲学中的问题，从马克思主义哲学世界观和方法论高度对中国当代面临的重大现实问题及其解决途径，赋予浓重的理论色彩。这样既推进了马克思主义哲学，又解决了实际问题，具有最鲜明的时代特征和创造性。

当代中国的马克思主义哲学的理论工作者和研究家，一切有出息的马克思主义哲学研究者，要想真正有所成就、有所创造，必须立足现实，以我们正在做的问题为中心，把问题中的哲学变为哲学中的问题。这个过程就是真正立足实践研究马克思主义的过程。强调立足现实决不是轻视理论。问题并不直接存在于对象之中，而是存在于研究对象的主体的意识之中。客观存在的只是对象和它的存在条件与内在矛盾，它的进一步发展的障碍和方向。要把客观矛盾变为主体意识中的问题，需要哲学思维。善于捕捉问题，善于提出问题，即善于把客观现实的矛盾变为主观意识中的问题，并从现实的问题中揭示它的哲学蕴涵，这本身就是一种哲学研究过程。否则，即使面对同一现实矛盾，也并不意味着在主体意识中能形成同样的问题。因为只有真正理解现实的矛盾所在才构成问题，问题是对客观矛盾的理性把握。

在当代哲学中，真正能把现实问题中的哲学蕴涵变为哲学中的问题，必须坚持马克思主义哲学的世界观和方法论。因为问题的发现、捕捉和提出是一个思维过程。经验证明，任何人都不可能以空白的头脑提出有价值的问题。提出问题的人都有自己的思维定式和价值观念，拥有先前获得的知识和论断，一句话，拥有固有的思维传统。这种先于问题而为主体所拥有的观念，可以阻碍问题发现也可以帮助问题的发现，关键是拥有什么样的观念。正因为如此，正确的世界观和方法论对于发现问题是至关重要的。

辩证思维的一个最根本特点是创造性思维。思维的发展就是人的认识不能停留在原来的水平上，必须承认可以突破原来的成就。这就要求打破思维定式，承认认识创新的可能性。如果把已有成就视为不可超越的最终成果，往往会犯保守主义的错误。把一定时间做不到或尚未做到的事视为永远不能做到的形而上学的思维方法，就会阻碍对新的发现或发明可能性的视线。

毛泽东同志曾把马克思主义世界观比喻为望远镜和显微镜。望远镜可以看远，高瞻远瞩；显微镜可以入微，察秋毫之末。远，表明事物处在视线之外；微，表明事物还处于萌芽状态。要观远察微，首先要站得高。只有登高才能观远。在人类认识中的登高，实际上就是观察事物的立场问题。察微同样也是如此。如果持相反的立场，对同样的事物，就会视而不见、听而不闻。

要观远察微还要有规律性观念。远在视线之外和处在萌芽状态的事，往往为一般人所忽视。黑格尔讲的量变的狡猾指的就是这个意思。一个人的智慧高低就在于能否察微观远。中国古人讲的月晕知风、础润知雨，就是见微知著。海德格尔强调不在场即在直接在场的东西中看到不在场的东西，在现有的、具体的东西中看到被遮蔽的东西。这当然是一种重要的思维方法。可是没有规律性观念，没有因果观念，离开了唯物主义原则，是不可能真正做到的。

实践证明，当哲学自居为科学之科学，高踞于一切科学和实践之上，仿佛无所不能，实际上是镶嵌在科学王冠上的一颗假珍珠；相反，当马克思主义哲学只作为世界观和方法论，作为思维方法，仿佛缩小了哲学的地盘，贬低了哲学的地位，实际上却最有效地发挥了哲学的功能。马克思和恩格斯在哲学变革中把世界观和方法论功能还给哲学，从而真正为人类锻造出指导实践和认识的锐利武器。这正是马克思主义哲学作为哲学的变革和变革的哲学的力量所在。

哲学要透过经济理论问题与现实对话

在马克思主义哲学研究领域，我们都在提倡"中西马"对话，这种对话对于沟通不同民族的哲学思维，尤其是现代哲学发展及其成果，很是必要。马克思主义哲学本来是开放的思想体系，封闭僵化意味着把当代中国的马克思主义哲学变为与世界文化和本民族文化相脱离的孤立自存的哲学。这种所谓的马克思主义哲学注定会枯萎凋谢。

实际上，马克思和恩格斯在创立马克思主义哲学时，就在不断与自己的思想先驱们进行对话。我们只要读读马克思1837年11月10日在波恩大学读书时给他父亲的信，就可以知道这一点。他读法律、艺术方面的著作，特别是哲学著作，如费希特、康德，最后转向黑格尔，并说自己"养成了对我读过的一切书作摘录的习惯"。从《关于伊壁鸠鲁哲学的笔记》《克罗茨纳赫笔记》《巴黎笔记》《伦敦笔记》到晚年的《人类学笔记》《历史学笔记》等可以看到，这种习惯，马克思保留终身。笔记中既有大量摘录又有批注。摘录是前人的思想和问题，批注则是马克思寻求的回答。阅读笔记，是马克思与思想先驱和自己同时代思想家们对话的一种方式。

如果说，马克思和恩格斯尚且如此，当代中国的马克思主义哲学家更应该注重哲学对话。当代中国哲学领域中的状况是，西方哲学流派纷呈并不断被引介到中国，可以说是新一轮"西学东渐"；中国传统哲学的影响在经历"文革"寒流以后呈现出复苏现象，尤其是新儒学的影响更有变为强势话语之势。马克思主义哲学"一枝独秀"的时代已不存在。它亟须通过中西马对话来扩展自己的哲学视野、哲学问题和哲学范式。

但是中西马哲学对话有两大难题：一是难以形成共同认可的进行对话的指导思想和思维方式。虽然表面上都承认马克思主义世界观和方法论的指导，实际上一旦涉及具体哲学问题，分歧很难弥合。二是很难具有相同的问题意识。各自关注的重点不同，兴趣迥异，甚至南辕北辙。在当代中国，真正以马克思主义哲学的基本理论和方法为指导，以中国传统哲学为根，以西方优秀哲学家成果为思想资源，立足当代中国现实，形成具有中国风格、中国气魄、中国特色的当代中国马克思主义哲学，任重而道远。更何况单纯的中西马对话有它的局限性，这仍然是哲学领域中的对话，哲学家们的对话，是范畴与范畴、概念与概念、思想与思想的交流和碰撞。如果不超出纯哲学范围，那仍然是在思想的天国中徜徉。仅仅在观念王国中，思想可以复制，可以延伸，但难以有以现实问题为据的新的创造。

开展哲学与经济学的对话，是一个新的思路，是一种新的对话方式。哲学与经济学对话与纯哲学对话不同。经济学面对的永远是自己生活其中的世俗生活，或称之为市民社会。经济学理论都是为直接解决自己面对的活生生的社会经济运行和经济发展服

务的。马克思在《哲学的贫困》中说，"古典派如亚当·斯密和
李嘉图，他们代表着一个还在同封建社会的残余进行斗争、力图
清洗经济关系上的封建残污、扩大生产力、使工商业具有新的规
模的资产阶级"。还说"亚当·斯密和李嘉图这样的经济学家是
当代的历史学家，他们的使命只是表明在资产阶级生产关系下如
何获得财富"。①亚当·斯密和李嘉图，这些资产阶级生产的学术
代表与他们面对的经济现实不可分。

当然，经济学同样有基本理论、有范畴、有思维方式。但哲
学与经济学一个重大不同之处在于，经济学的范畴、概念和问题，
具有直接的现实性，是现实经济生活的直接抽象，而哲学则是间
接抽象，可以说是对各门学科抽象的再抽象。经济学离经济基
础最近，而哲学则离经济基础最远。正如马克思在同书中评论亚
当·斯密和李嘉图时说的，他们"只是将这些关系表述为范畴和规
律并证明这些规律和范畴比封建社会的规律和范畴更便于进行财富
的生产"。哲学家可以高踞哲学神圣的殿堂，而经济学必须关注实
际的现实生活。如果说，哲学家的对话是思想与思想的对话，那么
哲学家与经济学的对话则是思想透过经济理论问题与现实的对话。

因此，我们应该加强中西马哲学对话，又要超越这种对话，
特别要加强马克思主义科学体系内各学科之间的对话。

---

① 《马克思恩格斯全集》第4卷，人民出版社1958年版，第156页。

马克思主义哲学的政治和价值取向

　　马克思主义哲学是马克思主义科学体系中最重要的组成部分，它的生成、发展，具有决定意义的是它同马克思主义经济学和科学社会主义在实践基础上的互动关系。在这个意义上，在马克思主义学科内部开展哲学与经济学的对话，比纯哲学领域中的中西马的对话，在当代更重要、更具迫切性。

　　马克思之所以能创造马克思主义哲学，就是因为他没有局限在纯哲学领域；马克思之所以是伟大的哲学家，并不是仅仅继承了德国古典哲学，而同时是由于从哲学转向经济学，并积极参与社会主义工人运动和社会主义理论构建过程。马克思主义形成史证明，英国古典经济学、19世纪三大空想社会主义学说，对马克思主义哲学的创立和成熟同样起着重要思想来源的作用。没有英国古典经济学的劳动和劳动价值论，就很难由异化上升为异化劳动理论并经异化劳动理论而升华为物质生产方式在社会生活中起决定作用的唯物史观；没有19世纪空想社会主义的思想资源，马克思主义哲学就会由于缺少社会主义价值取向而成为知识论类型的哲学。

马克思主义哲学是科学性与价值性的统一。它是科学的，因为它以世界客观性为依据，以实践为基础，以规律为对象，它关于世界和人类社会历史发展的规律性揭示，具有可证性；但它又具有价值性，它不是对世界和人类社会规律的纯客观描述。它关心人类的处境，关心人类解放、人的自由和人的全面发展，其中所蕴含的社会主义人道主义的诉求，是马克思主义哲学的一个重要方面。单纯把马克思主义哲学科学化、实证化的知识论倾向不可取，它会极度弱化马克思主义哲学的吸引力和凝聚力。可以说马克思主义哲学的科学性与价值性，凝结了全部人类优秀文化遗产，尤其是19世纪哲学、经济学和社会主义学说的最丰硕成果。

在马克思主义科学体系中，马克思主义哲学不是从外引进的或附加的可以独立的部分。19世纪40年代，历史提出的课题是如何使社会主义由空想变为科学。而这一使命的实现，首先需要的是一种新的世界观，它不同于一切空想的形形色色的社会主义的那种唯心主义的和抽象人性论的世界观，没有新哲学的创立，就不可能有科学社会主义的创立。但马克思主义科学社会主义并不是哲学共产主义，它以哲学为指导但并不是哲学原则的逻辑推论，单纯由哲学前提出发是不可能推导出科学社会主义结论的。要使社会主义由空想变为科学，必须把社会主义建立在现实的基础上。所谓现实基础，就是现实的资本主义社会自身，因为社会主义无论作为理论还是实践都是通过对资本主义的扬弃和否定才可能确立和产生的。而对社会主义现实基础的分析，必须分析资本主义市民社会，而对市民社会的解剖只能求之于政治经济学，因而没有经济学说就不可能形成历史唯物主义，从而也不可能产生具有整体性的马克思主义。

马克思关于历史唯物主义最著名、最精练、最具概括性的论断出现在《政治经济学批判序言》中，这不是偶然的。马克思明确地宣称，他的这些关于社会历史发展具有普遍规律性的结论，就是从对市民社会的解剖中得出的。他以自述的方式描述了如何从经济学研究中创立历史唯物主义的思想历程："我在巴黎开始研究政治经济学，后来因基佐先生下令驱逐而移居布鲁塞尔，在那里继续进行研究。我所得到的，并且一经得到就用于指导我的研究工作的总的结果，可以简要地表述如下"。[①]接着就是关于历史唯物主义规律的经典表述。

至于科学社会主义的规律性结论和价值理想，则是从对资本主义社会的经济分析中引导出的结论。马克思主义哲学包含价值判断，但科学社会主义并不是建立在对资本主义道德评价基础上。尽管马克思和恩格斯都对他们生活其中的资本主义社会中工人阶级状况做过道义的控诉，但他们关于社会主义代替资本主义的历史必然性是以严格的经济学分析为依据的，而不是单纯基于道德义愤。早年是如此，晚年也是如此。在逝世前第二年给维·伊·查苏利奇的复信的草稿中，马克思仍然坚持的是对社会主义代替资本主义必然性的经济学分析。他说："资本主义生产一方面神奇地发展了社会的生产力，但是另一方面，也表现出它同自己所产生的社会生产力本身是不相容的。它的历史今后只是

---

① 《马克思恩格斯选集》第2卷，人民出版社2012年版，第2页。

对抗、危机、冲突和灾难的历史。结果，资本主义生产向一切人（除了因自身利益而瞎了眼的人）表明了它的纯粹的暂时性。"①尽管历史并没有实现马克思的预期，西方资本主义世界在经历过国内对抗、经济危机、世界战争冲突和灾难后，通过调整仍然处于相对稳定时期并进入发达阶段。但"二战"以后，西方发达资本主义国家的民主社会主义、第三条道路思潮的兴起，暗含的隐喻信号是明确的：生活在发达资本主义社会的政治家和思想家仍为资本主义社会种种弊端所困扰，寻求改善资本主义的新的出路。当然，从科学社会主义观点看，资本主义可以改善但不会因改善而永存。资本主义社会经济基础中的内在矛盾决定它过渡到新的更高的社会形态的必然性。这种过渡的方式、时间，以及从哪里开始，我们现在无法预料，但资本主义社会决不会因民主社会主义或所谓第三条道路而终结。社会形态发展的历史辩证法是不可抗拒的。

　　马克思主义各个组成部分作为学科的独立性是相对的，它们存在着不可分割的内在联系，彼此支撑彼此促进。一旦分割，就会失去由整体性赋予它们的马克思主义本质。在我看来，我们现在一些所谓马克思主义哲学研究或马克思主义哲学的论文失去了马克思主义哲学的特性，是西方哲学或中国传统哲学在马克思主义哲学名称下的变形。我并不反对马克思主义哲学家研究西方哲学或中国传统哲学，但我们是用马克思主义哲学来研究它们，而不是用西方哲学或中国传统哲学来重构马克思主义哲学，这两种

---

① 《马克思恩格斯全集》第19卷，人民出版社1963年版，第443页。

路径和结果是完全不同的。

马克思主义哲学的本性，要求它不可能纯学术化，在政治和价值取向上，它必须关心社会现实问题，直接或间接与无产阶级和人类解放的历史使命相联系。在当代中国必须关注中国特色社会主义经济建设中的哲学问题，否则就会把马克思主义哲学从整体中分裂出来，变为名为马克思主义哲学实为思辨哲学的哲学。同理，如果马克思主义经济学，不以马克思主义世界观和方法论为指导，不以社会主义共同理想为目的，那就不是马克思主义经济学，而是恩格斯在《政治经济学批判大纲》中关于资本主义经济学说所说的那种为资产者"发财致富的科学"；当然，科学社会主义学说，一旦没有马克思主义哲学指导，又不以中国当代经济现实分析为依据，只能陷入空想社会主义或其他什么社会主义，绝不可能是马克思主义的科学社会主义。马克思主义内部学科的适当分工，不能成为彼此割裂的理由。

马克思主义完整性形成的历史过程，也就是理论上相互促进、相互论证，逐步融为一体的理论过程。这个过程，实际上也就是马克思主义创立、成熟和发展的过程。马克思主义形成中具有标志性的著作《1844年经济学哲学手稿》，是转向解剖资本主义市民社会的第一部著作。它的明显特点是以异化劳动和私有财产为中心，通过对资本主义社会的资本、利润、工资的分析，对私有财产制度的产生、异化和异化扬弃的分析，把经济学、哲学和共产主义学说结合在一起。虽然这种结合还是初步的、不成熟的，但它是马克思主义体系完整性的雏形；而《资本论》则是它的成熟形态。《资本论》既是对资本主义社会形态剖析的经济学著作，又是大写的逻辑，是马克思主义历史唯物主义卓越运用的典范，同时是宣布资本主义私有制由于其内在矛盾必然被超越的社会主义理论的科学论证。恩格斯在评论《资本论》第一卷的价值和意义时说："马克思打算以批判迄今存在过的全部政治经济学的形式，总结自己多年研究的结果，并以此为社会主义的意图，奠定直到现在为止无论傅立叶和蒲鲁东，亦无论拉萨尔，都不能为它奠定的科学基础。"① 还说，"任何人，不管他对社会主义采取什么态度，都不能不承认，社会主义在这里第一次得到科学的论述"②。因此《资本论》并不只是经济学著作，而且是马克思主义哲学和科学社会主义著作，是融三者为一体的马克思主义著作。

当代中国特色社会主义理论体系，从根本上说，同样体现了马克思主义的整体性，其中包括哲学、经济学和科学社会主义原理与中国实际的结合。从中剔除任何一个部分都没有中国特色社会主义理论。只要仔细体会一下邓小平同志关于什么是社会主义和如何建设社会主义的理论，关于发展生产力、解放生产力、消灭剥削、消除两极分化，最后达到共同富裕的社会主义本质的定义，就体现了哲学、经济学和社会主义社会理想三者的统一。如果没有实事求是、从实际出发的哲学思维方法，没有关于所有制与分配、计划与市场、公平与效率关系等方面的新的经济学思考，没有科学社会主义关于消灭剥削，实现共同富裕的社会理想，中国特色社会主义理论就不可能产生。

---

① 《马克思恩格斯全集》第16卷，人民出版社1964年版，第242页。
② 《马克思恩格斯全集》第16卷，人民出版社1964年版，第411—412页。

"经济人"假说与财富异化

  贫穷是社会的苦难，追求财富对社会来说是一种进步的动力。社会财富的增加意味着社会的进步、生产力的发展、人的主体能力的提升；如果人人安贫乐道，不追求财富，社会总体财富如何增加、社会如何进步？反之，如果个人不能分享增加的社会财富，使自己的生活富裕，他们对财富渴求的热情就会被窒息，就不会有增加财富的动力。鉴此，小农生产方式基础上对待财富的态度，在资本主义生产方式下当然行不通，它不符合正在兴起的市场经济的需要。

  亚当·斯密作为工业革命时期新兴资产阶级的理论家很重视财富生产，他撰写的《国富论》是经济学的传世经典之作。该书旨在阐明新兴资产者如何满足个人对财富的追求，同时增加国家社会财富的总量。斯密在讲到政治经济学的目的时明确说道："第一，给人民提供充足的收入和生活资料，或者更恰当地说，使人民能够为自己提供这样一个收入或生活资料。第二，为国家和联邦提供一个足以支付所有公共开支的收入。其目的是要使人民和君主两者都富裕。""经济人"假说和"看不见的手"假说都是为此而提出的理论：前者着眼的是作为财富追求主体的人的本性，后者着眼的是从每个人追求财富的合力形成的"看不见的手"的作用，二者都是资本主义社会中个人财富和社会财富增加所必需的。

马克斯·韦伯的《新教伦理与资本主义精神》中的新教伦理与"经济人"假说本质上是一致的。不同的是后者属于经济学，而前者属于伦理学。资本主义发展既需要"经济人"的逐利本性，又需要新教伦理所张扬的道德品格。节俭、勤奋、守财、积累是资本主义财富积累最宝贵的道德杠杆，韦伯以上帝的名义使其神圣化，把增加财富视为对上帝的义务。资本主义的产生和发展当然不是宗教道德的功劳，资本主义必然从自身的生产方式中产生出这种伦理观念和"经济人"假说。

毫无疑问，追求金钱利益并非资本主义特有的。从私有财产制度产生，货币成为普遍等价物之后，追求金钱和财富就可以在各式各样的职业和人物中发现，仿佛被铸造为人的本性。但不同的是，在资本主义社会中对利润的追逐和财富的积累，不是个别人的品质而是资本的天职和本性。所谓新教伦理的精神是资本主义精神。人们追求财富的欲望同样存在于前资本主义社会，但资本主义精神却是资本主义社会的精神，是资本本性的理念化。正因为这样，新教伦理是翻译为道德的资产阶级国民经济学；反过来也可以说，资产阶级国民经济学是翻译为经济学的新教伦理。马克思在《1844年经济学哲学手稿》中就是把两者的道德观视为一体的。他说：资本主义经济学是"关于财富的科学"，又是

"关于惊人的勤劳的科学，同时也是关于禁欲主义的科学，而它的真正理想是……禁欲的但进行生产的奴隶"，还说："国民经济学，尽管它具有世俗的和纵欲的外表，却是真正道德的科学……它的基本教条是：自我克制，对生活和人的一切需要克制。你越少吃，少喝，少买书，少上剧院、舞会和餐馆，越少想，少爱，少谈理论，少唱，少画，少击剑等等，你就越能积攒，你的既不会被虫蛀也不会被贼盗的宝藏，即你的资本，也就会越大。"[①]马克思的《1844年经济学哲学手稿》是早于韦伯《新教伦理与资本主义》60多年的著作，它反对"国民经济的道德产生资本主义"的神话，而是把这种道德视为资本主义经济要求的必然反映。新教伦理的本质同样如此。资本主义财富观与资本主义经济发展不能头足倒置。这是历史唯物主义关于社会存在决定社会意识的颠扑不破的真理。

财富是劳动创造的，但是劳动不能单独构成财富的源泉，劳动始终处于一定所有制形式下，只有通过所有制才能把劳动和劳动对象结合在一起。在农业生产方式下，个人劳动与土地及其产品是紧密相连的。而在资本主义制度下财富中存在着异化，这是资本主义私有财产制度下异化劳动的必然表现。

异化劳动在创造财富中并未合理地发展劳动者的主体力量，而是使它片面化和畸形化。财富的异化不仅体现为创造财富的劳动主体的异化，还表现为分配的异化。资本主义的财富增加的一个突出现象，就是社会财富的增长与创造财富的劳动者的贫困成

[①] 《马克思恩格斯全集》第42卷，人民出版社1979年版，第135页。

正比。从社会来说，生产力发展了、经济发展了，社会的总体财富增加了，可同时却是越来越多的人陷入了贫困。劳动创造了财富，但劳动者并没有因劳动而致富，反而是不劳动者致富，少数人占有社会大量财富。

自资本主义社会诞生以后，就开始了生产力越发展、社会总体财富越增加，而相对贫困和绝对贫困人口也越增加的进程。劳动者个人财富的占有与社会财富的增加处于分离状态。马克思对资本主义条件下创造财富的劳动的异化做过生动的描述："工人生产的财富越多，他的产品的力量和数量越大，他就越贫穷。工人创造的商品越多，他就越变成廉价的商品。物的世界的增值同人的世界的贬值成正比。劳动不仅生产商品，它还生产作为商品的劳动自身和工人，而且是按它一般生产商品的比例生产的。"[1]

在农业生产方式中，农民可以有自己一小块耕地，依靠自己的劳动聊以卒岁；"稻花香里说丰年，听取蛙声一片"，是对风调雨顺、衣食暂可无虑的农家生活的彩色描绘。资本主义工业社会不同，因为劳动与劳动对象的分离而注定失去劳动对象的劳动者会因失业而落入悲惨境地。以往小农家庭无论如何贫穷，都会有几亩薄地和简陋的茅屋栖身，而在资本主义社会，被排除在劳动之外的"劳动者"不是住在贫民窟就是沦为乞丐和无处栖身的街头流浪者。

住宅问题是工业化进程中的一个严重社会问题。马克思在《1844年经济学哲学手稿》中，曾生动描写过社会财富增加而创

---

[1] 《马克思恩格斯全集》第42卷，人民出版社1979年版，第90页。

造财富的劳动者却因无房住而退回洞穴的荒谬情况："人又退回到洞穴中，不过这洞穴现在已被文明的熏人毒气污染。他不能踏踏实实地住在这洞穴中，仿佛它是一个每天都可能从他身边脱离的异己力量，如果他交不起房租，他就每天都可能被赶出洞穴。工人必须为这停尸房支付租金。明亮的居室，曾被埃斯库罗斯笔下的普罗米修斯称为使野蛮人变成人的伟大天赐之一，现在对工人说来已不再存在了。光、空气，等等，甚至动物的最简单的爱清洁习性，都不再成为人的需要了。肮脏人的这种腐化堕落，文明的阴沟……成了工人的生活要素。"① 这是私有制下高度工业化、城市化的溃烂之物。

当然，当代资本主义与一个半世纪以前的资本主义情况不同。马克思在19世纪40年代就说过："资产阶级除非对生产工具，从而对生产关系，从而对全部社会关系不断地进行革命，否则就不能生存下去。"资本主义具有一定的自我调节能力，它在发展中也在不断地对资本主义制度中的各种关系进行调整。现在失业者和无家可归者的处境比资本主义早期得到了改善，但财富中分配的异化并没有消失；相反，由于具有国际垄断性质的跨国公司在世界其他国家和地区的经济中的强势地位，资产阶级对财富的掠夺式的聚敛已经越过国界走向全球，财富分配中的异化由国内有产者和无产者的贫富对立，转变为世界性的富国与穷国的对立。尽管发达资本主义国家在世界财富中的高额收入有助于缓解国内分配中的异化，但国内贫困问题并没有因此而得到根本解决。

---

① 《马克思恩格斯全集》第42卷，人民出版社1979年版，第133页。

　　资本主义财富中的异化现象，还表现为物质财富与精神财富之间的矛盾尖锐化。物质财富的增加之所以与道德和价值观念危机相伴随，跟财富形态的转变有着不可分割的联系。物质财富是由使用价值构成的，它是实物性存在。由于货币成为一般等价物，货币成为财富；特别是在资本主义市场经济中，货币成为人与人之间联系的中介，成为任何需要和需要的满足之间的牵线者。货币的流动就是财富的流动。谁拥有货币谁就拥有财富，拥有的货币越多财富就越多。货币作为一般等价物，能够购买人世间任何东西。货币既是财富的转化形态，又是一种异化形态。世界上一切事物都有量的规定性，只有货币没有量的规定，货币的量就是无限量。拜金主义、利己主义最根本的共同点，就是对货币的不择手段的无止境、无限量的追逐。按照马克思的说法，"货币作为现存的和起作用的价值概念把一切事物都混淆了、替换了"[①]。在货币拜物教面前，事物如同映现在照相机中的人影，一切都是倒置的。当代资本主义社会所谓人文危机、道德危机、价值观念危机，充分体现了货币作为财富形态的迷人魔力。因此，一个货币异化的社会，必然是一个拜金主义的社会，也必然是一个价值观念颠倒、道德尺度失衡的社会。

　　在研究资本主义社会的财富问题时，马克思关于异化和异化劳动的思想，对于我们理解社会财富增加与贫困增加同步的现象有指导意义。资本主义社会中财富增加和分配不平等之间的矛盾、物质财富与精神财富之间失衡的问题，是资本主义社会生产

---

① 《马克思恩格斯文集》第1卷，人民出版社2009年版，第247页。

力与生产关系的矛盾的表现。但马克思主义并不因为资本主义存在着财富异化，就反对生产力的发展，阻止科技的进步，反对资本和货币在社会进步中的作用：道德不是评价社会进步的标准。

资本主义社会的进步的确血泪斑斑。它以农民失去土地、失去家园，变为大城市的贫民窟的居住者、变为流浪者为代价。马克思曾为此而抨击资本主义的不合理性，但他是向前看的，并不会因为资本主义的异化而要求历史倒转，由工业生产方式变为农业生产方式，由资本主义高楼林立的当代城市退回所谓充满田园风光和诗情画意的农家茅舍。城市代表文明和开放，而农村代表落后和封闭。农村向往城市和城市生活，农民想脱离农村和土地而往城里跑。只有当城市变为钢铁水泥筑成的高楼林立的堡垒，压抑得人透不过气时，人们才羡慕农村的自然风光；而且越是落后、越没有为现代文明"侵入"的所谓"原生态"地区，越成为人们向往的地区。这是当代文明社会的弊病，是现代化造成的自我困境。当代西方后现代主义能够滋生的原因正在于此。其实，城市，特别是超大型城市仍然是现代文明的辐射点，是经济、政治、文化的中心。我们需要的是让城市的生活更美好，而不是退回到幻想中的"农村牧歌"。

现代化是人类社会的进步，财富中的异化和异化现象是进入更高的社会形态的炼狱，故企图阻碍历史潮流前进是枉然的。马克思就曾批判过封建社会主义和小资产阶级社会主义，批评过西斯蒙第、卡莱尔等人的历史观。财富、货币、资本只要具有增加社会总体财富的活力，从中产生的种种不合理性比起平均主义来就对社会整体发展更为有利。正因为如此，《共产党宣言》中痛斥土地贵族的懒惰和对待财富的贵族态度，而对资本主义社会生产力的发展和资产阶级为增加社会财富而扩展资本的力量加以赞扬。资本主义社会生产力的发展和社会财富的大量涌现，它的合理的组织生产的方式和管理方式、经营才能，都表明资本主义社会是比以往任何社会更进步的社会。财富中虽然存在种种异化现象，但社会财富总量的增加对社会总体有利、对社会发展有利：它在为人类缩短劳动时间，增加闲暇时间，为人的自由而全面发展准备条件。

在资本主义社会，财富占有者的生活当然是无产者无可比拟也无法想象的。但在财富异化状态下，资本占有者也难免处于一种异化状态。在资本主义市场经济的恶性竞争中，尔虞我诈、钩心斗角，破产沦落甚至自杀，仍是大资产者个人难免的噩梦。马克思说过："凡是在工人那里表现为外化、异化的活动的东西，在非工人那里都表现为外化的、异化的状态。"[1]金钱无主人。财富的流转是异化状态下财富占有者不可避免的命运。"旧时王谢堂前燕，飞入寻常百姓家"，这是封建社会权贵家族衰败时的情景，而在资本主义社会中时刻都在上演这种破产的"悲剧"。在资本主义市场中上演的没有硝烟的商业战争和货币战争，丝毫也不逊于封建社会的王朝战争。

受道德沦落与价值观念危机困扰的当代西方资本主义，把目光转向中国传统文化特别是儒家文化。他们多次召开有关东方哲学的讲座、讨论会和出版专门刊物，一些大学开设东方哲学的

---

[1] 《马克思恩格斯选集》第1卷，人民出版社2012年版，第63页。

课程，力图在物质财富和科技飞跃的基础上，寻求精神的安顿空间。文化交流是文化进步的动力，中国哲学中包含许多哲学智慧，值得当代西方人认真研究和介绍。可以肯定，中国哲学特别是儒家的道德观念，对于西方过分追求物欲、沉迷金钱的社会状态中的某些人，可能会有心灵疗伤的作用，但我以为对整体社会的作用有限。东方之药难治西方之病，东方文化不可能成为西方社会制度弊病的最后"解毒药"。

西方财富的异化现象根源于资本主义制度的本质。它不是单纯的文化观念问题，而是社会发展规律问题，不能只要资本主义制度而不要这种制度的异化后果。资本主义社会形态不像一个苹果，可以切去坏的一半、留下好的一半后，仍然是资本主义。没有任何一种外来文化能使西方社会摆脱困境，解决问题的钥匙和手段只能存在于西方社会自身之中。

解放生产力和共同富裕

财富不是资本，但财富可以转变为资本。当财富支配他人劳动时，它就转变为资本形态。资本的占有是有产者与无产者的分界线，财富多少是富裕与贫困的分界线。财富与资本的区分不能混淆。认为资本主义社会的所有公民都是有产者，因为工人有汽车、有住房、有电冰箱，总之已不是一无所有的无产者，这是混淆资本与财富的界限。在传统意义上，无产者是工人阶级的另一称呼，因为他们不是凭借资本而是直接创造财富的劳动者。没有无产者即没有工人的资本主义社会，这当然是奇谈怪论；谁为资本的价值增值而劳动？难道是有产者为有产者自己生产，资本具有自我增值的魔法吗？资本主义社会的本质是资本与劳动的关系，这种关系不会因为贫困线的上下浮动而改变。

在社会主义社会，我们希望人人富裕，但并不希望也不可能人人都变为资产者。社会主义社会应该害怕的不是富裕，而是贫困。富裕只能巩固社会主义，贫困才会导致社会主义的危险。但我们也必须辩证地思考：不发展有不发展的问题，而发展又会出现发展中的新问题，富裕也是如此。富则修是错误的，但"富而不教"则会出现新问题，所谓"富二代"现象敲响的就是这种警钟。

在当代中国，私有制是社会主义基本经济结构的重要组成部分。私人资本对当代中国社会财富的创造发挥着重大推动作用。在社会主义社会，工人的主人地位不能因被雇佣而改变。以公有制为主体、多种经济成分同时发展是基本国策。社会主义国家应该保障工人有尊严地劳动，保障劳动者的福利和体面的生活。这是社会主义劳动不同于异化劳动的根本之点。如果资本与权力相结合，尤其是私有资本变为社会资本构成的主导，当然潜藏着极大危险。无视这种危险不是马克思主义者，但因此而害怕富裕也不是马克思主义者。

历史发展中常常有极为相似的现象。中国是后发展国家，中国的现代化包含极其复杂的多样性的过程。它同时面对着前现代（落后的小农生产方式）、现代（工业化和城市化）和后现代（现代化弊端的呈现和对生态文明的渴求）种种发展矛盾的交织与纠缠。在由计划经济体制向市场经济体制转型、迅速推进工业化和城市化的过程中，也会出现西方现代化过程中某些类似的现象。由于产业结构的调整，产生大量结构性下岗失业人员，以及农村人口向城市迅速聚集，无房和蚁居、蜗居现象成为迅速发展中的新的社会问题，成为财富增长中的新的贫困。

改革开放以来，我国的经济持续高速发展，社会财富总量大大增加。财富虽然是使用价值，但它的生产与分配都承载着人与人的关系。财富分配的核心是利益关系的调整。当今中国，亿万、百亿万富翁不少，位列世界富豪排名榜上的人日渐增多。这是好事，是社会财富激增的表现。只要聚财有道，不是巧取豪夺，富人增多有利于增加人们对财富追求的社会活力，可以提升人们创业的主动性和能动性。当然，对财富急剧集中的不正当渠道及其产生的拉大基尼系数的效应，我们必须认真对待。

尽管历史发展有相似现象，但不同社会中对类似现象的处理方式和后果并不相同。我们国家正在采取各种措施限制两极分化，不断完善社会保障制度，提高社会低保水平，保障失业和下岗人员的生活，解决低收入者的住房问题。

分配永远无法超越经济和文化的制约。在当代中国，财富分配中的分化现象几乎难以完全避免。经济问题是不可能单纯依靠道德解决的，道德愤慨和抨击可以促进人们关注分配问题，但不可能解决分配不公问题。处于不同地位者和不同的利益相关者，对公平的理解可以南辕北辙。公平是社会的、历史的、变化的概念，永恒的普适的公平是不存在的。

社会主义当然要求公平。公平是社会主义社会的重要道德支柱，也是社会主义制度内在本质的要求。但是社会主义社会的公平不是一个抽象的道德概念，而是由社会主义经济制度和政治制度保证的实际状态。分配的公平是结果，它是由生产力发展水平和所有制性质决定的。在社会主义中国，有尊严和体面的生活，不会也不可能单纯依靠救济、慈善事业或社会福利来保障。与一些人津津乐道的西方福利国家不同，马克思主义者清楚地意识到，在中国特色社会主义建设中，在着手完善社会保障和社会福利制度的同时，应该合理规划各种经济成分的关系，并着力巩固社会主义公有制的主体地位，增加社会主义国家的公共财富。中国的工人和农民为社会主义建设做出了巨大贡献，过去和现在都功不可没。中国社会主义的经济成就和社会财富的激增，如果不能使全体社会成员，特别是弱势群体的个人生活得到改善，就难以逐步落实"以人民为中心"和"共同富裕"的理念。只有坚持以公有制为主体、多种经济成分同时发展，并采取经济的、法律的、道德的手段和实际政策措施限制两极分化，才能在社会财富和个人财富分配之间求得某种合理的、适度的均衡。我们要求的公平是社会主义公平，它不同于不同利益集团对何者为公平的主观认定，而是以最大多数人民的根本利益和有利于社会发展为衡量尺度的现实的公平。

如果让各种所有制、各种利益集团在市场博弈中达到公平，认为机会均等就是公平，那么劳动者只能是这种所谓机会均等中的弱者。市场中的机会均等适用于进入市场的资本拥有者和投资者，资本与劳动之间则没有真正的机会均等，这是由他们各自的地位决定的。当然，社会阶层具有一定的流动性。这是指其中的成员而不是指阶层本身；阶层本身不会有整体性流动，它只能随着生产方式的改变而改变。只要雇佣关系中的资本与劳动的区分存在，资本就比劳动强势：劳动离开资本就会失业，特别是离开土地进入城市的劳动者，离开了资本就不能生存，这是资本主义市场经济的规则。社会主义市场经济有自身特点，调节劳资关系是我们的基本政策。我们应该充分发挥资本的作用，但更应该保护劳动者的权益和积极性。当然，就资本与劳动的关系来说，资本比劳动强势、聘用者比被聘用者强势，在这一点上两种经济具有相似之处。因此，市场经济下的所谓双向选择、自由择业，永远不可能越出市场经济规则的限制。

中国实行的是社会主义市场经济，以市场经济的积极作用发展社会主义，以社会主义引导市场经济。"社会主义"这四个字至关重要，可以说是中国特色社会主义市场经济的生命线。不能把消除两极分化和过大的贫富差距、共同富裕寄托于对公平的道德诉求，而应该按邓小平的社会主义本质论，走最终达到消灭剥削、消灭两极分化的共同富裕之路。这才是真正通向社会主义公平之路。

物质贫穷不是社会主义，但精神贫穷同样不是社会主义。社会主义新财富观不单关涉物质财富，还关涉精神财富。精神产品同样是满足人类需要的财富。物质财富和精神财富的消费方式和结果并不相同。物质财富的消费受到生理限制。虽然随着社会发展，生理需要已经不是消费的限制，享受和奢侈性消费成为物质财富消费的主要内容，但这种消费终究有个限度。超过人的社会的、生理的、心理的合理的物质需求，往往表现为不合理的消费。精神财富的消费则是无限的。物质财富的不合理的、过度的消费会有害于消费者自身，而精神财富的消费则使消费者素质越来越高，即越来越有教养、有文化。物质消费虽然可以拉动生产，但社会物质的过度消费会破坏生态环境、破坏资源，妨碍可持续发展。而精神财富则是一种增值性消费：消费越孕育出新的精神产品，智慧的碰撞越会产生新的智慧。一个国家的物质财富的增加，应该有利于劳动时间的缩短和闲暇时间的增加，有利于人的素质的培养和提高。物质生产任何时候都是社会存在和发展的基础，但并非投入物质生产的社会劳动总量越多越好。事实正好相反，科技革命使物质生产和精神生产的时间比例发生重大变化：精神生产在社会总生产中越来越占有重要地位。

先进文化建设是中国特色社会主义建设的重要任务，它关系到社会主义的前途和命运。在当代中国，由于经济发展和财富的增加，足疗、按摩、美容、洗浴之类的享受性和奢侈性消费扩展到小县小镇；与之相比，文化建设与全民读书的风气则发展缓慢。一个富强的社会主义国家必须有文化精神支柱。如果只有物质财富增长，我们只能是一个在国际风云际会中借机而起的"暴发户"，而不可能是高度发达的社会主义文明国家。

财富是社会性财富。财富不可能是任何一个人创造的，它凝聚的是社会集体的力量，虽然在私有制社会中财富的占有方式是家族式的，但本质上它是社会财富。虽然封建社会中也有人建立义仓、学田，但不超过宗族范围，财富是在家族中贮藏和继承。但千亩良田八百主，通过家族的兴衰，不依财富主体的意愿而发生易手流转。资本主义社会比封建社会进步，有些财富的拥有者是主动转让，采取成立基金会的方式从事各种社会公益事业，不是在家族范围内济贫，而是回归全社会。这是社会文明的进步。

社会主义新财富观主张增加社会财富，也主张增加个人财富。但对个人来说，不应当以追求财富为人生目标。"一切向钱看""只有向钱看，才能向前看"之类的口号是误导，而不是社会主义新财富观。在对待财富问题上，应当个人利益与集体利益相结合，个人财富的获得不能损害国家和集体利益。从这点上说，中国儒家以义取利、反对见利忘义的观念，与社会主义核心价值具有内在的兼容性。

　　社会主义国家的新财富观既重视个人财富，更重视社会财富；既重视物质财富，更重视精神财富；认为财富来自社会，也要回归社会。所以，我们应当坚持社会存在决定社会意识的历史唯物论，通过切实改革分配制度，以清除财富观中的拜金主义、利己主义，让财富真正成为人的劳动对象化和发展人的主体本质力量的创造物，成为全体社会成员共同享用的物质的和精神的盛宴。

"屠龙"术还是"解牛"术

哲学有什么用？这是哲学家和哲学工作者经常被问及的一个问题，也是唯有哲学需要经常面对的问题。很少有人问医学有什么用，因为医生能治病，医学包含着医术。也很少有人问物理学、化学、生物学有什么用，因为它们都能转化为技术。在自然科学中学与术是统一的，并称为科技。有人认为哲学无用，因为它无一技之长、一专之能，有学而无术。针对这种见解，我们无妨重温一下《庄子》一书中关于"屠龙"与"解牛"的两则寓言。

《庄子·列御寇》中讲道："朱泙漫学屠龙于支离益，单千金之家，三年技成而无所用其巧。"屠龙术大而无用，因为天下既无龙可屠，又无人真有屠龙之术。《庄子·养生主》记载：庖丁为文惠君解牛，不仅"恢恢乎其于游刃必有余地矣"，而且被解之牛"不知其死也，如土委地"。就此来看，与朱泙的屠龙术相比，庖丁的解牛术更为高明、非常有用。为什么？因为庖丁明白自己需要解决的问题——解牛，懂得解牛的规律——熟悉牛的骨骼结构，有好的工具——"刀刃若新发于硎"，而且谨慎小心——"吾见其难为，怵然为戒"，不搞主观主义，一切按照规律办，因此技巧高超，臻于极境。庖丁的解牛术之所以有用，是因为有道有技，以技传道，以道引技，可谓道技合一。

有的人认为哲学无用，是把哲学视为屠龙术。确实，如果哲学成为假大空，不面对实际，不能解决问题，只是空谈"哲理"，岂不是大而无用的屠龙术吗？一些人把哲学家视为谈玄论道、逞口舌之辩的禅谈家，似乎哲学家都应该是一些脱离实际的人物；如果关注现实，研究和解决实际问题，就缺少哲学味。这个印象可能源自个别哲学家，但不适用于大多数哲学家，更不适用于马克思主义哲学家。

凡称为"学"，必有所长、所专，否则何以成学？学与术是不可分的，无一用之学，岂能妄称为"学"？哲学有用，因为哲学并不是有学无术，而是有学有术。但这种术不是屠龙之术，而是解牛之术。我们应善于掌握哲学尤其是马克思主义哲学的基本原理，并把它转化为思维方法和工作方法，面对现实、分析问题，把马克思主义哲学原理真正作为解牛之术。

毛泽东同志说过："没有哲学家头脑的作家，要写出好的经济学来是不可能的。马克思能够写出《资本论》，列宁能够写出《帝国主义论》，因为他们同时是哲学家，有哲学家的头脑，有辩证法这个武器。"毛泽东同志所著的《论持久战》，以唯物辩证法分析中日矛盾，对双方的长处和短处、优势和劣势条分缕析，指出速胜论和亡国论都是错误的，科学地预见到抗战的三个阶段，并得出最后胜利必然属于中国的结论。其分析之精、判断之准，确如庖丁解牛，臻于妙境。毛泽东同志曾把马克思主义分为两类：

一类是死的马克思主义、臭的马克思主义，一类是活的马克思主义、香的马克思主义。马克思主义哲学如果脱离实际变为屠龙术，就属于前者；而注重马克思主义中国化、注重实际应用，就是解牛术，属于后者。

哲学是有用、能用的，但只有在用中才能显示作用。哲学尤其是马克思主义哲学是"不器"之用：无一技之长，而有万技之长；无一专之能，而有万专之能。学习和运用马克思主义哲学，应掌握马克思主义哲学基本原理——犹如手握解牛刀的庖丁，面对需要解决的问题——即待解之牛，按照对象自身的规律办事。这样，我们无论认识世界还是改造世界，都会像庖丁解牛一样游刃有余。

时代需要可信又可爱的哲学

任何意识形态都不能脱离它的时代，但又各有特点。如文学的时代性非常显著，而哲学的时代性比起文学就不那么明显。哲学不是以人物、情节、故事，而是以命题、概念、范畴来反映对象，因此似乎与时代无关。其实，真正的哲学家都是其所处时代的智者，他们抓住时代的问题，站在他们那个时代的高度来观察问题；真正有影响的哲学体系都直接或间接地、或多或少地解决了它那个时代所提出的问题。不同时代，有不同时代的哲学。那么，我们的时代需要什么样的哲学呢？

清末民初的著名学者王国维关于哲学说过一段很有意思的话："哲学上之说，大都可爱者不可信，可信者不可爱。"他所说的可爱不可信的哲学，是指叔本华、尼采这类反理性主义者的人本主义哲学；而可信不可爱的哲学，大概是指孔德、穆勒这类实证主义者的唯科学论哲学。王国维的分类和评价当然是一己之见，但他说的可爱与可信分家之事在哲学上是屡见不鲜的。我国五四时期的科玄论战，可以说就是这两种哲学的论战。科学派是西化派，强调以现代西方科学为基础来建立科学人生观；玄学派认为人生观不是科学所能解决的，主张发扬人文主义传统，强调天人合一。现代新儒家们大抵赞同后一种观点，反对把哲学看成科学。如熊十力就说，哲学与科学，知识与非知识，宜各划范围，分其种类，别其方法。他还说，哲学与科学的出发点与对象及领域和方法根本不同，哲学是超利害的，故其出发点不同于科学；它所穷究的是宇宙真理，不是对部分的研究，故其对象不同于科学。

在我们看来，抽象人文主义与唯科学主义都是片面的。前者可爱，因为它讲的是人与人的本性，是如何以人的态度对待人，的确沁人心脾，使人感到温暖。可这种哲学关于人及人所生活的世界的理解很多是非科学的、不可信的。而唯科学主义把人和关于人的一切都简化为类似数学中的点线面那样的东西，可以按自然科学的方法来处理，把人变为没有情感、没有欲望、没有思想的物体，的确是冷冰冰的，绝不可爱。

哲学思维是一种高度抽象化和理性化的思维。哲学思维的这种特点并不表明哲学与生活无关，也不表明它所讨论的只能是一些纯粹思辨的、冷冰冰的问题。其实，哲学的抽象性主要是指论证方式，而非哲学问题。哲学中的问题来自生活和科学，都是确实存在、具有普遍性的问题。当这些实在的、重复出现的问题上升为哲学问题时，它就具有抽象的特点，因为哲学是以普遍性的概念和范畴形式来表述和论证这些问题的。如存在和意识的相互关系、必然性和偶然性的问题等，均为生活和科学中不断碰到的问题。但这些问题在没有上升为哲学问题前，都以具体问题的形式出现。可以说，所有哲学问题在生活和科学中都有类似的特点。

由于哲学以普遍性概念和范畴形式来概括和论证这些问题，使具体问题抽象化概念化，从而产生一种假象，似乎哲学只是在抽象王国中驰骋，只能是可信而不可爱的。可整个哲学史表明，任何一个哲学体系，无论其产生的原因还是提出的问题及解决问题的方式，都是非常现实的。哲学似乎高耸于天国，可哲学家不能不食人间烟火，他们都生活在现实社会之中。哲学不管在外表上如何抽象、如何超凡入圣、如何与现实无关，实际上都可以从中捕捉到人类在实践中遇到的问题。哲学应该由人间升入天国，即进入纯概念的领域，否则就不是哲学；可哲学又必须由天国下降到尘世，要回到现实、面对现实问题，对人类的各种实践和认识发挥应有的作用。

马克思主义哲学把科学与价值结合在一起，既强调世界观的科学性、承认客观规律，又考虑人自身的要求和发展。它在世界观上强调重视规律，强调实事求是；在价值观上强调人的价值，强调亿万劳动者的利益，以人的解放、人的全面发展为目的，而且把二者有机结合在一个体系之中，从而变得既可信又可爱。我们的时代正需要这样的哲学。如果只强调马克思主义哲学的一个方面，就会陷于片面。而片面是对马克思主义哲学本质和功能的极大伤害。

论普世价值与价值共识

　　普世价值与价值共识最易混淆。价值共识可以具有一定程度的普遍性，而普世价值似乎是人人都应该认同的一种价值共识。普世价值是一种以抽象人性论为依据、以绝对的普遍性为方法的唯心主义价值观。在当代，西方和国内少数人借助强势话语霸权，把西方资本主义的核心价值称为普世价值，以达到他们西化和分化的政治目的。我们要揭露西方"普世价值"论的实质，但应充分肯定人类文明进步的成果和通过国际合作与文化交流在一定范围内和一定问题上达到价值共识的可能性。不能因为人类可能具有的价值共识而陷入普世价值的政治陷阱，当然也不能因为反对西方普世价值论而拒绝人类文明进步的积极成果，否定人类的一定程度和范围的价值共识。

拒斥西方"普世价值"

　　在对待普世价值的问题上存在两种不同的观点：一种是西方中心论的普世价值论，即把西方以资本主义私有制为基础、以个人主义为核心的价值观奉为绝对的普世价值；一种是以历史唯物主义为指导的观点，它肯定人类文明进步和文化交流的积极成果。后一种观点是对人类基本价值的肯定，是一种价值共识论，具有一定程度的普遍性和先导性，但价值共识的普遍性和先导性具有历史性、时代性和民族性。

当今西方抽象普世价值论的兴起不是突然产生的：它从宗教的普世主义，到神学家和宗教伦理学家倡导的普世伦理，再到现在成为西方强势话语的所谓普世价值，经历了很长一个历史过程。但是，作为当代强势话语的西方普世价值不同于宗教的普世主义和神学家、宗教伦理学家倡导的普世伦理，因为它具有与全球化中西方资本主义强势地位的扩张相联系的特殊的政治意图。

抽象的绝对的普世价值是不存在的，因为它包含一个不可解决的矛盾，即价值主体与价值本质的矛盾。价值不可能具有绝对的普世性。有放之四海而皆准的普遍真理，而没有放之四海而皆准的绝对的普世价值。这是真理与价值之间最重要的一个区别。因为真理是主客体的认识关系，它涉及的是认识内容的客观性问题，而价值是主客体的一种需要和满足需要的关系，它涉及的是利益、特别是核心利益关系问题。即便是放之四海而皆准的普遍真理，也要与各国实际相结合，否则就是抽象真理，而抽象真理会因为缺失具体性而转化为谬误。真理尚且如此，何况价值？

价值的绝对普世性与价值关系的具体性两者不能兼容。价值观念是主体的判断，而价值关系是不依主体意志为转移的客观关系。《红楼梦》中贾府宝玉手下的高级丫环可以对自己地位作出满意的价值认同，但无法改变她们与主子之间实际的价值关系，即主子与奴才的关系。价值认同与实际价值关系背离的情况，在阶级社会并不罕见。称颂资本主义、满足于资本主义制度的无产者，已经成为当代西方工人运动的一大障碍。如果社会主义国家把西方的所谓普世价值当成自己的价值追求，就是对自身制度的本质和利益的实际价值关系的背离。

普世价值不可能是绝对的，在当今世界不可能奉行同一种价值观。因为作为这种价值观的共同的统一的主体并不存在。现实中有个体，有由特定关系结合而成的集体，如阶级、社会、民族、国家，因而有个人价值、阶级价值、社会价值、民族价值、国家价值，但当今世界并没有以全世界所有国家为同一主体的普世价值。有人可能会说，虽然国家和民族不同，但都是人构成的，人就是普遍主体，因为人是"类"，"类"可以成为世界主体；只要承认我们都是人，必然有高于和超越各个国家、民族和阶级之上的绝对的普世价值。其实这只是抽象人道主义的老调新弹，是从马克思主义的"现实的人"重新回归"抽象的人"。马克思说过："人的本质不是单个人所固有的抽象物，在其现实性上，它是一切社会性关系的总和。"[1]他批评费尔巴哈把人的本质"理解为'类'，理解为一种内在的、无声的、把许多个人自然地联系在一起的普遍性"[2]。这是千百次被引用过的经典名言，用在剖析普世价值问题上同样恰当。

任何人都明白，迄今为止现实的人都是生活在一定国家和民族结构之中，而不是生活在一个以世界为统一主体的整体结构之

---

① 《马克思恩格斯选集》第1卷，人民出版社1995年版，第56页。
② 同上。

中。全球化并没有把全世界的人变为统一的主体，泯灭了国家和民族的差别，而是使强国与弱国的对立更加激化。即使是联合国也是各个主权国家的国际组织，而不是无国界的所谓"人"的组织或"类"的组织。对于当今世界人类而言，国家仍然是存在的边界。所以凡是主张绝对普世价值的理论家，都承认有一个抽象的类主体，而且肯定人性的普遍性，由人性的普遍性推论出绝对普世价值。

重视人类"价值共识"

我们不同意普世价值，但承认人类在一定范围内、一定问题上可以存在某种价值共识。价值共识不是脱离各个民族的价值而独立存在的抽象共相，而是在人类文明进步中、在各民族文化交流中逐步形成的对某些基本价值的认可；它是有条件的、历史的、变化的。例如，1948年12月10日联合国通过的《世界人权宣言》，就是对人权这个问题的某种价值共识。它代表宣言的签字国对一些基本的人权的认可，但这并不意味着人权宣言中列举的是超越历史和国家的普世价值。因为它具有时代性，产生于第二次世界大战之后；它表明人们对战争的反省，随着人类社会发展、人的社会地位和政治地位的提高而发生的变化。《世界人权宣言》可以看作是人类历史进步的一种纪录：其中所列举的人的权利是历史的产物，其产生和完善经历了一个历史过程。即使在西方发达国家，所谓自由、民主、人权至今仍然是残缺不全的，并没有成为人人享有的普遍价值。

20世纪下半叶由于生态危机而凸显的人与自然和谐的观念，也不可能是所谓抽象的普世价值。因为在以农业为生产方式的封建社会，甚至资本主义工业化早期，都不存在对人与自然和谐这种价值观念之需要的普遍性和迫切性。人与自然和谐、挽救人类共同居住的地球的观念，只有在当代才能成为基本价值，成为人类的价值共识。可见，人与自然的和谐作为一种价值共识具有我们时代的特点。对中国古代哲学关于天人合一的生态学解释，并不能包括天人合一的原有内容，而是当代工业化所带来的生态恶化状况的一种折光，具有明显的现代性解释特征。这也说明，普世价值是不存在的，实际可能存在的只是对人类基本价值的一种共识。

任何被大多数人认可的价值共识都具有时代性，应该符合时代的要求，是时代和社会自身实践成果在理论上的反映，而不是少数智者对绝对真理的发现，或慈悲家们救世主式地向世人宣示的约定。宗教家可以认定自己的教义具有普世性，它囊括全体世人，是救世的，是普度众生的，但宗教之间或教派之间的纷争甚至战争证明任何一种宗教都不可能具有普世性。它的普世主义不可能得到认同。任何一种宗教的普世性，只是一种宗教信仰和教义。宗教教义不具有普世性，而且彼此对立、冲突，因而产生了把各种宗教共同认可的东西确定为普世伦理的需要，普世伦理应时而生。其实，这种所谓普世伦理只能是一种底线伦理，是对人类社会规范或人类进步实际成果的一种肯定。如果这些规范具有现实基础，它可以起宣传和警世的作用。但如果企图把它作为全世界都应该遵守的道德规范，那就只能是一种良好的愿望，并无现实可能性，全人类行为是不可能通过道德约定或制定规范或发布宣言来统一的。因为人类的道德自觉，尤其是世界范围内的被认可的道德规范，是一种道德价值共识；这种共识的可能性与现实可行性，与人类社会进步、与各个国家和民族的发展水平和社会状况是不可分的。尽管道德家们、思想家们可以逞抽象思辨之伟力，找出一些似乎是人人都理应赞同和遵守的价值而称之为普世价值或者普世伦理，但它们在现实中并不具有普世性，最多是一种理想，是一种期待。

我们否定普世价值，也不赞同所谓普世伦理，但我们不能否定人类的基本价值及其可能达到的某种共识。人不是以抽象的类作为全球统一主体，也不可能从抽象的普遍人性中引申出普世价值；但人作为社会的主体，无论属于哪一个种族、民族、国家，不仅具有某些共同的自然属性，而且都要解决人与自然、人与人的关系问题，面对某些相同或相似的问题，从而逐步积累一些相似的认识、经验和体验，形成一些对人类的生存和发展具有重要意义的基本价值。它们可以存在于物质文明中，也可以存在于精神文明中。价值共识就是对不同民族创造的物质文明和精神文明中积极合理因素的某种认同。例如，在当代，民主、法治、自由、人权、平等、博爱、和谐等观念就是一些价值共识。价值共识不同于普世价值。普世价值强调的是普世性、无差别性；而价值共识的范围则可大可小，共识的程度可高可低，并且价值共识作为一种理论承诺，和它的实际状况并不都吻合。例如，法治作为一种政治制度，它的优越性是绝大多数人承认的，但对人类社会而言不具有普遍性，法治理论和制度化只是近代社会的产物。

人权承诺也是如此。人权并不是天赋的。尽管参加人权公约表明中国对维护人权与其他签约国具有共同的价值共识，但彼此之间对于什么是完整的人权概念、如何保障人权以及人权状况如何的看法，仍然可以存在差异，即在价值共识中可以存在共识和非共识的矛盾、理论与事实的矛盾。自由、民主、平等以及其他基本价值都是如此，它们既具有一定的普遍性，又具有特殊性。以中国宪法同样保障人民的自由、民主、人权这一点，来证明西方的自由、民主、人权价值的普世性是不对的。自由、民主、人权载入社会主义中国的宪法并不是源于自由、民主、人权是普世价值，而是基于社会主义制度的本质和对人类社会进步成果的一种价值共识。因此，在这种共识中必然存在着不同于西方关于自由、民主、人权观念的东西。以价值共识为依据证明抽象普世价值的存在是不对的；但以价值分歧为依据否定自由、民主、人权作为对当代人类文明共同进步的基本价值的一种共识性，也是不对的。我们应该认识到，以基本价值为依据的价值共识与抽象的绝对的普世价值，是两种不同性质的价值观。

价值共识不是约定的，不是少数天才思想家的发现，而是人类历史和社会进步逐步形成的，具有客观的历史必然性。它并非逻辑、理性必然性的产物，也不是伦理学中的应然或"绝对命令"。价值共识以各民族实际创造的多样文化中的积极因素为依托，存于各种具有民族特性的文化之中。例如，西方人可以从东方人特别是从中国传统文化中吸收一些合理的思想，正如中国人可以从西方文化思想中吸收合理思想一样。孔子的"己所不欲，勿施于人"存在了两千多年，到20世纪末才被宗教家和伦理家们定为价值共识而且是黄金规则。这是现代道德危机和价值失落引发的对东方文化的需要，而非因为天才人物突然发现了它的普世性。当中国处于半封建半殖民社会、处于被压迫被瓜分的状态时，中国传统文化中的优秀东西并未被世界认可、赞扬。尽管孔子的"己所不欲，勿施于人"在当代可以作为一种价值共识，但实际上人们的行为是否都奉行这个原则，尤其在强国与弱国之间是否遵守这个原则，则是另一回事。

当中国向西方寻求真理时，西化曾被看成中国救亡图存重建中华民族辉煌历史的唯一出路；西方文化中心论一度成为思想界的一股潮流，尤其是它的自由、民主、人权口号对当时的中国人尤其是知识分子具有极大的吸引力。而现在中国人对西方文化中所宣扬的普世价值则具有较为理性的看法。因此，当代被称为普世的价值至多是一种价值共识，它决不是普世的。

价值共识不是一时形成的，而是在各民族的文化长期交流、传播和相互学习中逐步形成的。无论具有普遍性的基本价值的形成过程如何漫长，尤其是一种理论上的共识变为现实如何艰难，人类文明进步中形成的基本价值都始终是人类文明发展的宝贵精神财富和人类追求的历史性目标。人类的历史就是由野蛮走向文明的历史。在每个历史阶段都会形成具有时代性的基本价值，成为那个时代的先进价值，并在进步人类中形成价值共识。而由马克思主义所设想的人类社会发展的目标，则更是一个漫长的充满矛盾的曲折过程。即使世界大同实现，难道人类就永远不再发展了吗？当然不会。因此不要侈言普世价值，而应该重视人类在历史进程中对价值的创造，重视不同历史时期的价值共识。如积土为山，人类就是这样一步步在创造文明中积累价值。这个过程永远不会结束。

世界上存在不同类型的文明、不同民族的文化，其文学、艺术、哲学、伦理等价值形态中都蕴含某些能达成共识的因素，因而跨民族跨文化的交流才是可能的。但没有任何一种单独文化形态可以居于普世的地位，它只包含能为其他民族所认同的因素，因此具有共识性的价值是人类各民族共同创造的积极成果。但各民族的文化并不会因为价值共识而失去它的民族特性。海纳百川，我们无法分辨出其中的名川之水，它们都已完全融为海水。可人类文化不同：人类文化交流不是形成一种独立于各民族之外的具有普世价值的文化，而是各民族立足于自身的文化吸收外来文化，丰富和发展本民族的文化；通过文化融合、吸收，你中有我，我中有你，但不会失去自己文化的民族特色。中国是具有丰富文化传统的国家，中国可以向世界展示其传统文化包括当代中国文化的优秀成果，它具有东方价值的特殊内容、意蕴和魅力；但它要为异民族文化认同、吸收和转化，才能体现其中包含的世界价值或人类价值。任何一个民族文化中的人类内容都是潜在的。民族价值中的人类性必须经过文化传播、交流、融合才能溶入世界之中。

我们拒绝西方关于普世价值的话语霸权，但肯定资产阶级自由、民主、人权观念的历史进步性和可供借鉴的因素。从人类历史来看，资产阶级革命和资本主义制度的建立是人类历史上具有革命意义的重大变化。尽管各种文化中都可能包含某些自由、民主、人权观念的萌芽和因素，但这些观念作为一种比较完整的理论、作为一种由法律规定的制度性安排，是与资本主义社会的产生不可分的。我们不要把它奉为普世价值。因为资产阶级启蒙学者关于自由、平等、博爱的理想具有资本主义的阶级性和狭隘性，尽管它是以普遍性的形式出现的；何况资本主义统治的现实，并非自由、平等、博爱社会理想的完美实现。恩格斯在《反杜林论》中说："同启蒙学者的华美诺言比起来，由'理性的胜利'建立起来的社会制度和政治制度竟是一幅令人极度失望的讽刺画。"①这是差不多一个半世纪前说的话。如果恩格斯目睹当代西方国家推行所谓"价值观外交"、所谓"人权外交"，把自由、民主、人权、平等、博爱作为对外扩张的软实力，实现它们的政治图谋，并称之为普世价值，他又将会如何讽刺这一伟大创造！的确，"传播普世价值"比资本主义早期向外扩张时所谓的"传播文明"，更具创意。

学者郑永年在关于中国在压力中复兴的文章中说，西方在利用军事同盟遏制中国的同时，还利用价值外交："如果说军事同盟体现的是硬实力，那么价值外交更多体现了软实力，这就是希望把西方的民主和人权价值观融合到西方对华政策的方方面面，尤其是经济贸易。""俄新社"在一篇题为《人权武器不合时宜》的报道中论证西方以人权为武器的实质时说："美国及其欧盟国"企图将民主或人权的标准强加于其他国家，"它与欧洲当年打着传播文明与基督教的旗帜，戕害众多生命或文明如出一辙"；还说，"在美国，为外国谋求人权是一个数亿美元的庞大产业，金钱、激情、意识形态和颠覆活动交织在一起。方法众所周知：倚

① 《马克思恩格斯选集》第3卷，人民出版社1995年版，第607页。

重许多国家的亲美反对派，或干脆自己出马打造成一个反对党，将之塑造为权利和自由的唯一捍卫者，然后对其公开援助，这即是说，美国养着全球最大的颠覆机器。"

可见，西方推行的并不是什么普世价值，而是他们自认为的普世价值，即有利于西方的价值外交的特殊价值。国内少数人嚷嚷的普世价值是建立在对中国特色社会主义的丑化基础上的。他们认定中国是极权统治的封建社会，需要重续清代开始的所谓宪政，实行一次如同西方资产阶级革命那样的所谓革命，一切推倒重来，因而西方资产阶级革命时的自由、民主、人权是当代中国必须实行的普世价值。这种普世价值论的政治色彩是不言自明的。

有一种看法认为，似乎民主、自由、人权之所以为绝对的普世价值，因为它是永恒的、符合人性的。例如，民主就是一种"类"概念，古希腊城邦制民主制、资本主义民主制、社会主义民主制都是由之产生的不同方式，是种概念。这是柏拉图和黑格尔的思维方式。实际上在具体民主制度之外并不存在作为"类"的民主，由它派生出各种民主形式。由希腊奴隶制民主到资本主义民主制度、再到社会主义民主制是一个历史进步的过程，这个过程延续了两千多年。人们关于民主的观念是对现实民主制度某些共性的理论概括，而不是由作为类的民主概念产生出作为种概念的各种具体民主制度的逻辑过程。也就是说，并不是先有作为绝对普世价值的民主，然后才产生出各种各样的现实的民主制度，而是因为有了各种民主制度，才产生出民主是人类社会进步基本价值的共识。

民主不单是一个政治概念，它还是一种国家制度。各种不同的民主制承载的是不同的国家性质。因此，自由、人权、平等、博爱并不是与民主并列的等价概念，而是受民主制即国家制度制约的。例如，在西方民主制框架下的自由，必然是有利于巩固资本主义制度的自由，因而通过无产阶级政治革命和人类解放而获得的自由，决不包含在资本主义自由概念之中；同样，其平等只能是等价交换中体现的平等，是资本主义法律面前的平等，决不包含消灭阶级意义上的平等；其博爱的最高体现就是资本主义制度下的慈善事业，而不可能"泛爱众"。与社会主义民主相关的自由、平等、人道均会因为民主制的本质区别而具有不同的内涵。西方资本主义国家所宣扬的民主，从本质上说并非是中国人民所需要的民主。我们强调的人民当家作主的民主，也不可能为西方国家所接受。毫无疑问，民主、自由、人权及其某些制度性的安排，作为人类历史发展特定阶段对人类的贡献，包括普选制、少数服从多数、非终身制、废除等级特权、尊重法治以及人民对政治的广泛参与等，都包含积极的可以吸收和借鉴的东西。但在社会主义社会，作为国家制度的民主制度的实质和内容，以及相关的自由、平等的内容，肯定会发生与社会制度的性质与文化传统相适应的变化。所以，我们对作为人类文明积极成果的自由、民主、人权、平等、法治等，可以形成一定范围和一定程度的共识；但如果抽象掉它的具体内容，使其变为超越历史和时代的抽象的绝对的普世价值，它们就会失去合理性而变为一种资本主义向外扩张的软实力。

"普世价值"并非科学概念，因为它容易制造抽象共相的理论幻觉。西方张扬的永恒不变的绝对"普世价值"是一种关于价值的唯心主义的理论，而"价值共识"具有实践意义和理论意义，它是对人类文明成果和文化交流或文化融合积极因素的肯定。普世价值是以抽象人性为依据的一种对价值的虚拟，价值共识则是对各民族文化实际贡献中有积极意义的基本价值的认可；普世价值是超历史、超时空的，价值共识是历史的、时代性的；抽象普世价值是无条件的、普世的，价值共识是有条件的、有范围的；抽象普世价值立足于观念，求助于人的理性，以应然为"绝对命令"，价值共识则立足于实践，求助于各民族实际的文化积累和社会的进步；抽象普世价值外在于其他民族的文化或凌驾于其他民族文化之上，价值共识的因素则存在于各民族文化之中，是在文化交往和传播中逐步达到的；普世价值是一种不可兑现的空头约定，而价值共识是人类社会实践经验的积累和理论升华；普世价值论者沉醉于人类可以统一于西方普世价值的幻想，而价值共识论者以"和而不同"为原则，通过价值共识形成人类的合理的具有一定共性的价值追求，同时又肯定它的差异性和多样性。

普世价值由于它的抽象的普世性而成为没有内涵的抽象共相；构成抽象普世价值内涵的用语不是一个具体概念，而只是一个词语、一个空洞的概念。例如自由、人权、平等之类，作为词语可以存在于各种语言中，但作为具体概念是不可能脱离使用者的国家和民族的实际状况的。列宁在《哲学笔记》中从费尔巴哈的《宗教本质讲演录》中摘录过两段话："我并不否认……智慧、善良、美；我只是不承认它们这些类概念是存在物，不管它们是表现为神或神的属性，还是表现为柏拉图的理念或黑格尔自我设定的概念"；"它们只是作为人们的属性而存在"。列宁对此甚为赞赏，在边注中写道："反对神学和唯心主义"。[①]普世价值论者正是通过抽象掉概念的具体内容而把它变为一个词、一个在各种语言中都可以使用的词，来证明它的普世性。

价值共识是立足于人类进步和本国情况，是与具体性不可分的具体共性。民主、自由、人权在西方政治家手中之所以能采取双重标准，就是因为它们没有真正以人类基本价值的共识为依据，因而具有主观性、随意性。我们不赞同抽象的普世价值论，但充分认识到各民族的价值观念中包含的可供交流、借鉴和融合的共同因素，承认作为人类社会进步和文明成果的基本价值的普遍意义。我们拒绝西方"普世价值"的话语霸权，但坚持改革开放，坚持借鉴人类文明包括西方文明中的积极成果。

坚持"社会主义核心价值"

普世价值由于超越了国家和民族，超越了现实，而由地上升入天国，成为与具体相剥离的共相。一个社会的核心价值则不同，它立足于现实社会，植根于这个社会的经济和政治制度之中。有什么样的社会，就会逐步形成与它不可分离的什么样的核心价值。每种社会制度都有自己的核心价值，它是这个社会得以存在的精神支柱，是这个社会从产生到巩固的标志。

核心价值的不同集中表现着社会形态和社会性质的不同。核心价值不是以抽象的人为主体，而是建立在特定的社会的经济和

---

① 列宁：《哲学笔记》，中央党校出版社1990年版，第55页。

政治制度的基础上，并且起着稳定、巩固和发展自己制度的软实力作用。在任何国家中，处于支配地位的都是它的核心价值而不是所谓普世价值。一个社会的价值可以是多元的，但核心价值则是一元的：它是这个社会制度的主导价值，是该社会统治阶级的价值观。核心价值不一定是全社会的共同价值，但由于它是处于统治地位的价值，因而可以而且必然会通过各种途径和方法在不同程度上为全体社会成员所接受。在阶级社会中，被统治者接受统治阶级的价值观，在不同程度上认同该社会的核心价值，是这个社会处于稳定时期、社会矛盾没有激化的表征。一个社会核心价值的逐步崩溃，是社会矛盾激化的结果，是社会行将崩溃的前导。中国封建社会的核心价值，就是以儒家的忠君、爱国、孝悌、仁义等为主要内容的价值观。而资本主义社会的核心价值，则是私有财产制神圣不可侵犯的观念，以及以其为基础的资本主义性质的自由、平等、博爱、人权等观念。

社会形态的变化同时也是价值观特别是核心价值观的变化。中国特色社会主义就有自己的核心价值。中国特色社会主义核心价值不同于资本主义和封建主义的核心价值。它是以马克思主义为指导、以时代性和民族性为特征、以中国特色社会主义为理想的一种新的社会主义的价值观。它既吸收中国传统文化中的精华，也吸取世界文明的成果，因而它既具有民族性又具有时代性；但它始终是社会主义的核心价值，是与社会主义的经济和政治制度性质相一致的主导价值，而不是普世价值在中国的体现，也不是中国传统价值观的现代版。在社会主义核心价值中，我们会发现人类共用的一些概念，但这并不会改变它的社会主义价值的本质。因为社会主义价值观具有社会主义特性，无论是公平、正义、自由、平等、和谐、爱国、荣辱，都不是一个超越时代和社会制度的抽象概念，而是具体概念，每一个概念中都包含着以马克思主义为指导、以社会主义制度为实质和内容的没有展开的判断；它的社会主义内容正凝集在每个概念尚未展开的特有的判断之中。

在中国特色社会主义建设中，我们的指导思想是马克思主义，是马克思主义与中国实际相结合。中国改革开放40多年的伟大成就，是马克思主义与中国实际相结合的胜利，而不是所谓普世价值的胜利；中国未来的走向是通过中国特色社会主义走向共产主义，而不是按照普世价值走向不同制度的趋同。历史并不会以西方的普世价值及西方资产阶级的自由、民主制度为终结，也不会因经济全球化而导致世界均质化。

批判普世价值论的最重要意义，就在于更加明确中国特色社会主义的前进方向和指导原则。我们要坚持社会主义核心价值，不为西方的普世价值错误理论所误导。我以为在对外交流、理论研究特别是在社会主义意识形态的建设中，应该区分普世价值、价值共识和核心价值。我们坚持社会主义核心价值，重视人类文明进步和文化交流中形成的以普遍形式出现的"价值共识"，但拒绝西方中心论的普世价值观，特别要揭穿它的西化和分化的政治图谋，顶住其以资本主义制度及其价值观念作为普世价值而对发展中国家施加的政治压力和舆论攻势。

拒绝普世价值，肯定对人类文明和社会进步中的某些基本价值可以存在一定程度和范围的"共识"，坚持核心价值——这应该是我们对待有关普世价值问题争论的基本原则。

命运与时运

"命运"问题并不神秘，关键在于正确理解。国有国运，家有家运，人有人运。国运，是一个国家和民族的盛衰兴亡；家运，是一个家族的兴旺和衰落；人运，则是各人的不同际遇。要懂国运，读读历史；要懂家运，翻翻自己的或他人的家谱；要懂人运，看看现实各色人生或历史人物的传记。

"命运"和"时运"有相通之处，却又不完全相同

"命"与"运"不存在必然联系，可"时"与"运"则密切相关。"时运"和"命运"在一定条件下可以互用，有时称之为"时运"，有时称之为"命运"。在互用情况下，命运是关于过去经历和现实际遇的一种事实判断和价值判断；而"时运"则是个人在一定历史背景下的升降沉浮。如果认为"运"决定于"命"，有一只看不见的手在冥冥中支配，这就是唯心主义。国运决定于"天"，是"天命论"；个人的命运注定于"命"，是"宿命论"。

这种"命运论"不可信，更不可取。

北宋的宰相吕蒙正写过《命运赋》，也写过《破窑赋》。吕把自己的发迹归结为个人的命好、运好。他说自己"吾昔居洛阳，朝求僧餐，暮宿破窑……今居庙堂，官至极品，位置三公……上人宠，下人拥。人道我贵，非我之能也，此乃时也、运也，命也。"按照吕蒙正的说法，他的发达是因他的命好。他说的时运也就是命运，具有神秘色彩。

2000多年前，古代哲学家墨子有过《非命》篇，是专门反驳"命定论"的。其中说，"执有命者之言曰：命富则富，命贫则贫；命众则众，命寡则寡；命治则治，命乱则乱；命寿则寿，命夭则夭"。墨子明确反对这种观点："今天下之士君子，忠实欲天下之富而恶其贫，欲天下之治而恶其乱，执有命之言，不可不非。此天下之大害也。"墨子说，命定论"是天下大害"完全正确。时至科学发达的今日，我们中还有不少人迷信命运，相信生辰八字决定人的寿夭祸福，连结婚都得合八字，真是愧对古人！

在中国用语中"时运"是一个词组。时运既包括"时"也包括"运"。如果我们把命运问题与时代结合在一起，就能给予"命运"以正确的理解。时，是大背景，个人无法决定。人只能是生活于时代中。个人的出生和生长，可以逢时，也可能背时。人无法选择自己的时代。"运"则不同，"运"与个人的机遇和奋斗紧密相连，决定于个人在时代中的主体性发挥。因此，"时"是同时代的人共有的，"运"则各种各样。套一句托尔斯泰"幸福的家庭都是相似的，不幸的家庭各有各的不幸"的名言，幸运都是一样，不幸的原因可以是多样的。

个人的"运"不能脱离时代这个大背景,没有"时",就没有个人的"运"。晚唐诗人罗隐在《筹笔驿》关于诸葛亮的一首咏史诗:"抛掷南阳为主忧,北征东讨尽良筹。时来天地皆同力,运去英雄不自由。千里山河轻孺子,两朝冠剑恨谯周。唯余岩下多情水,犹解年年傍驿流。"诸葛亮从初出茅庐,火烧赤壁,协助刘备建国于成都,有统一全国之志;可在后主时,北伐中原,六出祁山,终死于五丈原军中。后人从《出师表》读到,"臣受命之日,寝不安席,食不甘味。思惟北征,宜先入南。故五月渡泸,深入不毛,并日而食。臣非不自惜也,顾王业不可偏安于蜀都,故冒危难以奉先帝之遗意,而议者谓为非计。今贼适疲于西,又务于东,兵法乘劳,此进趋之时也。"千百年,凡诵读此文者,无不为"出师未捷身先死"的诸葛亮感叹。这不是孔明的无能,而是当时魏蜀吴力量对比的时势使然,任何人都无力回天。

我们要懂"时"与"运"的关系,
要懂国运、家运和个人命运的关系

家与国不可分,而个人既与家不可分,更与国不可分。只有国家好、民族好,个人才能有发展前途。有人说,国家可以穷困,家庭可以富裕,个人可以发展。确实,穷国有富家,也会出个别出类拔萃的人物,可这只对极少数家庭和个人来说如此。对一个国家的绝大多数人来说,不可能穷国富民,而必然是穷国穷家,穷家穷民,绝大多数是贫穷人。绝大多数人贫困的国家,必然是穷国;穷国,必然是绝大多数人贫困。覆巢之下,焉有完卵。

《论语》中说："天下有道则见，无道则隐。邦有道，贫且贱焉，耻也。邦无道，富且贵焉，耻也。"受压迫国家的人民必然是受压迫者。如果在一个受外国侵略者压迫的国家，个人卖国求荣依附外敌处于优越的上流地位，或者在一个政治腐败、虎狼当道的政权下，依附权贵飞黄腾达，这两种情况，所谓"好命运"，都应该打入孔子说的"邦无道，富且贵焉，耻也"的另册。

凡是了解中国近代史的人，了解鸦片战争、甲午战争、八国联军历史的人，了解中华民族百多年遭受苦难历史的人，都懂当时面临的不再是王朝更替、政权易姓的所谓"亡国"，而是中华民族陷于被瓜分豆剖"亡天下"的险境。中国共产党领导的革命，最大的贡献是改变了中华民族的命运，从此中国人民站起来了，把国家和民族的命运掌握在自己手中。经过70多年的建设，尤其是40多年的改革开放，中国在世界的地位发生了根本性变化，这是举世公认的。中国革命的胜利，中国社会主义的建设，中国改革开放的成就，为国家的富强和个人的发展带来新机遇，开辟了极大的可能性和才能施展的空间。国家和民族命运的巨大变化，同时也是全体中国人命运的大变化。

当然，国家的命运不能简单等同于每个人的命运。在阶级社会，个人命运往往取决于阶级命运。而阶级命运则取决于社会制度的变化。这当然不是说，每个人命运都完全决定于阶级命运。在社会变革中，原来属于统治阶级家庭成员中的个人，背叛自己的阶级和家庭，投身变革，成为新社会的创造者，在参与改变社会命运的同时，也改变了自己个人命运。资产阶级革命时的贵族，有这种人。无产阶级革命，更是如此。不用说马克思和恩格斯，只要读读中国共产党领导的革命史，看看中国共产党史上一些辉煌杰出的伟大人物的家世，就懂得这个道理。

中国革命之路不是铺满玫瑰花的彩虹之路，也不是革命浪漫曲。历史上"左"的路线曾伤及自己的同志。反"右"斗争和"文化大革命"中受害者更多，包括著名的文化人，有的蒙冤入狱，有的家破人亡。但只有国家好、民族好，个人才有前途这个真理，不会因为个人命运的不幸而被推翻。因为在中国，只要坚持中国共产党领导，坚持社会主义制度，冤假错案，不管时间长短，最终会得到平反昭雪，还以清白。我们不能忘记历史的教训，但可以放下历史的恩怨，团结起来向前看，为中华民族伟大复兴而共同奋斗。

个人与国家、民族是相向而行，还是相背而行，命运完全不同

国家、民族和个人是命运共同体，但即使在正常情况下，个人的命运也不会完全相同。没有完全一样的人生道路。社会主义社会制度，中华民族的复兴，为每个人的发展提供了一个最有利的平台，但个人的实际发展如何，不仅会有不同的机遇，更取决于个人自己的创造，特别是要看个人如何处理自己与国家、民族的关系。是相向而行，还是相背而行？这两类人的命运是完全不同的。

同样处于当代中国社会，处于相同的改革时代，每个人的具体境遇不可能完全相同。原来的同班同学，原来的同事，可以在

专业成就、职位高低，升迁快慢、富裕程度以至个人的家庭生活方面存在不同的差别。这很正常。社会主义社会中的个人，同样是具有个性和不同发展轨迹的现实个人。社会主义社会制度的优越性，表现在它为个人提供公平的竞争机会，提供充分发挥个人才能的平台和向上发展的空间，而不可能保证每个人拥有完全相同的结果。但只要充分发挥自己的主动性和创造性，与国家的发展方向相向而行，每个人都应该有机遇，都应该有希望。尽管现在仍然有不少人处于比较困难状态，这绝不是社会主义社会的常态，而是一个向前发展阶段中呈现出的时段性的差异。这是过程，而不是结果。建立一个富强、民主、文明、和谐的国家，建立自由、平等，公正、法治的社会，以人民为中心，让所有人的人生多姿多彩、各自发光，是中国共产党的奋斗目标。我相信，只要祖国的天空艳阳高照，我们身上都会洒上阳光。

当然，在我们社会中，也有少部分人是另一种命运，这就是与国家和民族命运相背而行的人。他们把自己的前途摆在与国家和民族发展的对立面，相背而行，蜕化变质，贪赃枉法，成为腐败分子，成为大大小小的老虎和苍蝇。这种人的命运注定是悲惨的。昨天座上客，今日阶下囚。真正应了陈毅同志的话，"莫伸手，伸手必被捉"。

尽管具体的个人命运各有不同，但从总体上说，中国共产党改变了中国的国运，改变了中华民族的命运，从而改变了中国人民的命运。由列强主宰中国命运，转变为由中国人自己掌握自己的命运，这是了不起的具有世界意义的中国命运之转变。任何一个稍有爱国主义和民族感情的人，都应为此自豪。看看我们当今公费或自费出国留学的人数，看看那些遍及世界旅游的人数，就明白中国革命确实改变了中国大多数普通人的命运。没有国家的富强，就没有那么多祖祖辈辈没有走出过乡里的普通人能走出国门、周游世界。这是国家和民族命运的改变，也是个人命运的改变。

"旧时王谢堂前燕，飞入寻常百姓家。"我不赞同关于贵族与流氓之类话题的炒作。其实在旧中国，具有所谓高修养高素质的"贵族之家"有几家？所谓"绅士"精神不就是为数极少的精英人物吗？屈指可数！要知道，当时全中国95%以上都是普通百姓，都是处于下层的文盲。重要的是中国革命改变了中国人民的命运，为全体人民的共同富裕，为全体人民文化素质的提高开辟了普遍的可能性。尽管我们现在仍然是发展中国家，还存在这样或那样的问题，但重要的是中国人的命运掌握在自己手中，只要紧握罗盘，坚持改革方向，一定能够为自己国家、民族和人民的命运创造更加灿烂、更加辉煌的未来！

马克思主义基本原理、文本及其解读

　　学习马克思主义有两种基本方式，一种是精读经典著作，一种是学习马克思主义基本原理。这两种方式，各有其用，相互促进，不能偏废。

　　马克思主义经典著作和马克思主义基本原理，哪个更重要？这是个伪命题。我们既重视经典著作，也重视马克思主义基本原理。没有经典著作对规律的揭示，哪来马克思主义基本原理？不掌握基本原理，如何深刻理解经典著作并杜绝对经典的错误解读？习近平总书记在中共中央政治局主持集体学习辩证唯物主义和历史唯物主义基本原理，并强调学习和运用马克思主义基本原理的重要性。这对我们如何正确对待马克思主义基本原理有指导意义。

　　马克思和恩格斯的原著，思想深邃，逻辑严密，文字优美，是传世之作。马克思和恩格斯的文本之所以被奉为经典并不包含任何个人崇拜，而是因为在他们的著作中创造了一种为无产阶级和人类解放指明方向的新的理论，即马克思主义。它的集中表

现，就是在他们著作中阐述的基本原理。

马克思和恩格斯自己并没有留下专门论述马克思主义基本原理的著作，更没留下章节清晰分明的原理式的教科书。马克思主义哲学同样如此。马克思曾打算写一本小册子集中阐述唯物主义辩证法，终未如愿；恩格斯写过一本《共产主义原理》，对有关什么是共产主义的26个问题做了回答，这是对共产主义基本原理的一种阐述，这说明马克思和恩格斯对基本原理的阐述是重视的。但他们毕生忙于专门研究、论战和从事实际工人运动，没有可能把自己全部思想理论凝缩为专门论述基本原理的著作。《反杜林论》章节分明，原理清晰，包含对马克思和恩格斯自己观点的连贯性论述。但它仍属论战性著作，并非专门阐述马克思主义基本原理的著作。我们不能因此断言，只有马克思和恩格斯著作，并没有马克思主义基本原理，基本原理是后人建构甚至伪造的。其实，马克思主义基本原理，就存在于马克思和恩格斯的著作之中，是他们在自己著作中反复出现并一再论述的具有规律性的基本观点。无论是与对手论战，还是对重大历史事件的评述，或对某个专门问题的研究，都有一以贯之的思想。这个一以贯之的"一"，就是我们必须把握的马克思主义基本原理。列宁把马克思主义定义为"马克思的观点和学说体系"，就是指明马克思和恩格斯所缔造的马克思主义就存在于他们的著作之中，是他们著作中的基本观点和学说体系。如果马克思和恩格斯的著作中不包含马克思主义基本原理，何以能成为马克思主义的经典呢？所谓经典，就是其中包含马克思主义基本原理。

马克思、恩格斯著书立说并不是为写书而写书，而是为了创立新的学说，阐述新的原理。马克思说过："我们是从世界的原理中为世界阐发新原理。"①马克思主义之所以是科学学说，正在于它们在自己的著作中创立了新原理，新的经济学原理、新的哲学原理，新的科学社会主义原理。没有新的原理的支撑，就不可能构成一种新的主义、新的学说。

马克思主义基本原理当然具有抽象性，但它不是思辨性的原理，而是一种以事实为依据，以规律为内容，以实践为标准的理论，既具实证性又具有高度的理论性。

马克思主义经济原理就是从资本主义社会常见的商品入手，从商品两重性到劳动两重性，层层剖析，揭示出资本主义经济社会形态的产生、发展和必然为新的社会形态取代的规律；科学社会主义的基本原理是立足于资本主义现实的阶级矛盾和无产阶级在生产关系中的地位，从资本主义现实矛盾出发揭示出无产阶级历史使命和解放条件的规律；而哲学原理则是对自然科学、社会科学成就的概括和总结。真正使一切资本主义捍卫者和辩护者感到头痛，感到不安的并不是马克思和恩格斯的某部著作，而是包含其中的马克思主义基本原理。原著的可怕性在于其中的原理，而非文本。

恩格斯的《卡尔·马克思〈政治经济学批判。第一分册〉》这篇关于马克思经济思想的评论，对基本原理的重要性的论述应该引起所有理论工作者的高度注意。恩格斯说，"'不是人们的意

---

① 《马克思恩格斯全集》第47卷，人民出版社2004年版，第66页。

识决定人们的存在，相反，是人们的社会存在决定人们的意识'，这个原理非常简单，它对于没有被唯心主义的欺骗束缚住的人来说是不言自明的。但是，这个事实不仅对于理论，而且对于实践都是最革命的结论。"①还说，"人们的意识决定于人们的存在而不是相反，这个原理看来很简单，但是仔细考察一下也会立即发现，这个原理的最初结论就是给一切唯心主义，甚至给最隐蔽的唯心主义当头一棒。关于一切历史的东西的全部传统和习惯的观点都被这个原理否定了。政治论证的全部传统方式崩溃了；爱国的义勇精神愤慨地起来反对这种无礼的观点。"②

有些人以不屑一顾的态度对待马克思主义基本原理，无非世界是物质的、物质是运动的、运动是有规律的，无非物质第一性、意识第二性，诸如此类，这算什么哲学！我想问这些人：对于人类正确认识世界和改造世界来说，哪种哲学比这种哲学更具科学性和实践性？当然没有。习近平总书记在中共中央政治局学习辩证唯物主义和历史唯物主义时强调的就是这些基本原理，提倡要掌握这些基本原理、学会运用这些基本原理。抛弃世界物质性原理，在当代就不能理解生态环境恶化的物质原因。如果世界不是物质的，而是依赖人的主观意识的存在，就不会存在自然对人的报复。如果蔑视世界是运动的原理，辩证思维就失去它的客观依据；如果运动没有规律，任何科学，无论是自然科学、社会科学都失去了它存在的可能性。如果不懂物质第一性、意识第二

---

① 《马克思恩格斯选集》第2卷，人民出版社2012年版，第8页。
② 《马克思恩格斯选集》第2卷，人民出版社2012年版，第9页。

性，就不能理解为什么必须实事求是；不理解社会基本矛盾原理就不理解社会主义社会为什么还需要改革，如何进行改革；不懂人民群众的原理，就不懂得为什么要强调群众路线。有些人往往容易沉迷于那种论证烦琐、晦涩不明的哲学，以为这才叫哲学。其实，马克思主义哲学的每条基本原理，看似简单，实际内容无限丰富，都具有无可辩驳的理论力量和实践力量，只是我们不少理论工作者对这一点并未达到自觉理解的水平。他们不是在原理的应用中理解原理，而是把原理当成教条。大道至简，真理是平凡的，可真理的力量是无穷的。

在当代世界，马克思主义最受攻击的正是它的基本原理。在哲学中，他们集中攻击的是辩证唯物主义和历史唯物主义基本理论，把马克思主义哲学歪曲为机械决定论、宿命论、庸俗的生产力决定论，等等；在经济学中，他们集中攻击的仍然是劳动价值论和剩余价值理论；而在科学社会主义方面则反对马克思主义关于阶级斗争和无产阶级专政的理论，反对关于人类解放的理论，把马克思主义科学社会主义理论说成是乌托邦，倡导各种旗帜的社会主义学说。他们反对某本著作，不是反对著作本身，而是反对其中的基本原理。西方资本主义代言人最痛恨的是《共产党宣言》，并非因为《共产党宣言》这本书的名称，而是贯彻其中的核心的基本理论即历史唯物主义，是其中关于阶级社会历史都是阶级斗争史、资产者和无产者、关于资本主义必然灭亡，社会主义必然胜利等基本原理。

西方有些所谓"马克思学"学家，热烈拥抱马克思的早期著作，尤其是马克思的《1844年经济学哲学手稿》，并非因为他们重视经典著作，而是他们认为其中包含可以用来反对传统马克思主义，尤其是被他们认定为保守的、退化的老年马克思主义基本原理的东西。斗争的实质仍然是围绕基本原理，而不是著作本身。我与我的学生写过一本名为《被肢解的马克思》的书，就是批判性地考察一些反对马克思主义的学派如何通过对这本原著中个别论断发展出各种各样的马克思主义，如人本主义的马克思主义、异化的马克思主义、伦理学的马克思主义、宗教马克思主义，等等。形形色色的各种马克思主义，最后落脚点仍然是对马克思主义基本原理的颠覆。至于曾经红极一时，至今仍然流行的马克思、恩格斯对立论，恩格斯是马克思和马克思主义的伪造者等等，无不是自称以对马克思和恩格斯的原著解读为依据的。他们制造恩格斯是马克思主义的伪造者，是意图从文本中寻找根据，从而彻底推翻现有的马克思主义基本原理。

没有任何真正严肃的学者能从文本的解读中发现存在两种基本原理：一种是属于马克思的马克思主义基本原理，一种是恩格斯伪造的所谓马克思主义基本原理。事实上只存在一种马克思主义的基本原理，这就是在马克思和恩格斯著作中反复出现、论述和运用并得到他们共同认同的基本原理。

任何人都不可能从马克思和恩格斯自己的独著，或者通信，或谈话中发现马克思反对恩格斯，或恩格斯反对马克思。在彼此通信中对某一问题看法会有讨论，甚至有不同的看法，研究领域也有各自关注的问题，也就是理论分工，但不存在基本原理的对立，不存在两种马克思主义。恩格斯曾明确说："当我1844年夏天在巴黎拜访马克思时，我们在一切理论领域中都显出意见完一致，从此开始了我们共同的工作。1845年春天当我们在布鲁塞尔再次会见时，马克思已经从上述基本原理出发大致完成了阐发他的唯物主义历史理论的工作，于是我们就着手在各个极为不同的方面详细制定这种新形成的世界观了。"①所有制造马克思和恩格斯对立、制造马克思主义新发现、制造传统马克思主义是被恩格斯篡改了的马克思主义的人，都声称他们是以文本为依据，可他们置恩格斯的上述明确申明于不顾，好像恩格斯的言论不属于马克思主义的文本。这种文本解读者，在我看来不是诚实的科学家，而是弗洛伊德式潜意识的马克思和恩格斯的文本解读者，仿佛他们比马克思和恩格斯本人更了解他们自己，更深入他们的潜意识。这种有选择性的、怀有偏见的断章取义的解读，引申出的完全与马克思主义基本原理相对立的结论，有多少科学价值可言呢！

在意识形态领域，马克思主义与反马克思主义凡是围绕原著的斗争，最终都会归结为其中阐述的马克思主义基本原理的正确与否的争论；凡是反对马克思主义，试图推翻所谓传统马克思主义的人，无不是以马克思和恩格斯著作中片言只语的引证为据，另立新说。我可以斗胆地说，决定马克思主义在当代命运的并不是某一本马克思主义的经典原著，或者马克思和恩格斯的某一句话，而是马克思主义的基本原理，是马克思主义的科学理论体系。所有反对马克思主义的人，都不是只反对某本著作，而是反对马克思主义基本原理。围绕马克思主义基本原理的斗争才是马

① 《马克思恩格斯选集》第4卷，人民出版社2012年版，第202—203页。

克思主义理论领域斗争的实质，而某本书、某句引语都只是斗争的引线，是重新立论的所谓文本根据，而不是目的。因此，要坚持马克思主义在意识形态中的指导地位，我们首先应该坚持和维护的是马克思主义基本原理。

任何具有马克思主义发展史知识的人都了解，在历史和现实中，文本为什么会成为西方某些人反对马克思主义基本原理的斗争领域呢？因为马克思主义基本原理是规律性的表述，没有多少可以任意解释的空间，对马克思主义基本原理的回答，只能是对或错，坚持或反对。论者的立场鲜明，界线清楚，无可隐藏，而对马克思和恩格斯的著作则存在最大的可解释空间。尤其在唯心主义解释学的鼓吹下，这种"六经注我"的方式，往往成为对马克思主义作任意解释的合法性依据。西方学者早就发现了这个秘密，发现了多种马克思主义出现的一个重要原因就存在于对文本的不同解读，而不在对原理的不同解读。赖特·米尔斯几十年前关于这个问题曾说过，"马克思没有得到人们的统一认识。我们根据他在不同的发展阶段写出的书籍、小册子、论文和书信对他做出什么样的说明，要取决于我们自己的利益观点。因此，这些说明中任何一种都不能代表'真正的马克思'。""人们对马克思的确没有统一的认识，每一个研究者必须通过自己的努力去认识马克思。"

马克思和恩格斯的著作汗牛充栋，如果按照自己的主观解读寻章摘句、断章取义，要制造一个新马克思主义，并不困难。可要推翻马克思主义基本原理，谈何容易。解读，可以借口自己对文本的不同理解，而要驳倒马克思主义基本原理，必须拿出大量事实。自19世纪中叶马克思主义产生以来，马克思主义可以说一百次、一千次号称被驳倒、被推翻，可至今马克思主义仍然岿然不动屹立于世界。社会主义在实践中可以遭遇挫折，可马克思主义仍然是指引世界方向的明灯，原因就在于没有人能举出可靠的事实推翻马克思主义基本原理。相反，世界资本主义社会现状和经济危机，包括苏联解体，无数事实都从正面或反面证实马克思主义基本原理的正确性。

恩格斯强调学习马克思原著的重要性，他劝人要读马克思的原著，掌握第一手材料，不要假手第二手材料。但是恩格斯又提出了另一个要求，这就是在读马克思的著作（当然也包括恩格斯自己的著作）时，要按照作者的原意来阅读而不能把原著没有的东西塞进去。这就牵涉到一个重大问题，即原著和原理的关系问题。我们既是从原著中掌握原理，又要以原理为指导来阅读原著。掌握基本原理是我们学习马克思主义经典著作的目的，也是我们衡量并判断对原著某句话、某段话，包括上下文的解读是否符合原意的一种标尺。在这个意义上，我们完全可以说，掌握马克思主义基本原理是我们科学理解马克思和恩格斯著作的钥匙。例如，如果只是抓住《德意志意识形态》中论述的历史唯物主义考察的"前提是人"这句话，而不顾及马克思主义关于历史唯物主义的基本原理，不顾及马克思主义关于人的全部基本原理，就有可能把历史唯物主义解读为抽象人本主义者；如果只抓住《共产党宣言》中"每个人的自由发展是一切人的自由发展的条件"这句话，而不顾及马克思主义关于个人自由与人类自由关系的原理，就有可能把马克思主义解读成个人自由优先于社会解放的自由主义者。可见，如果没有对马克思主义基本原理的深刻把握，我们往往会为种种似乎言之有文、引证有据的解读所迷惑。

我们不需要深入研究和学习马克思主义经典原著吗？当然需要。经典著作与原理相比，有它不可取代的优越性。在经典著作中，任何基本原理都不是单纯的逻辑性存在，而是与对事实的分析结合在一起的。它具有历史感、具有无可辩驳的说服力和事实依据，它是大量事实分析后的点睛之笔。即使是最著名的《1859年政治经济学批判·序言》中对于历史唯物主义基本原理的经典概括，马克思也说明了它的来龙去脉，说明如何从经济学研究中能得出这个结论的根据和缘由。而由经典著作中提炼和剥离出的基本原理，成为以概念和范畴表现的规律的逻辑抽象，往往抛开了原理的历史背景和事实论证。因此，学习经典著作不仅可以学到基本原理，而且能学到这些基本原理是如何产生，马克思和恩格斯是如何论证和运用的。如果我们可以把马克思主义基本原理比喻为宝石的话，原著则包括对矿藏的开采和提炼过程。原理的发现和形成过程，其中就包括马克思和恩格斯观察问题的立场和方法。

我们不应该这样问：一百多年以前写的著作难道不会过时吗？难道包括有对当代问题的答案吗？我们只能这样问：马克思和恩格斯的经典著作阐述的基本原理是否正确？是否已被现实证伪、被推翻？是否可以继续为当代人解决当代问题提供基本的理论和方法论指导？马克思主义经典著作的当代价值，取决于其中阐述的基本原理的当代价值。文本具有历史性，其中某个具体论断具有历史性，而马克思主义基本原理则具有普遍性和超越性。

毫无疑问，立足当代实践，结合时代提出的问题，我们能够通过重读马克思和恩格斯的经典著作，发现一些我们过去没有注意的论述，发现我们曾经发生过的某种误读。这是对原著中包含的思想的发掘和理解的深化。但必须注意，任何新的重读都不能成为推翻或颠覆马克思主义基本原理的依据，而只能是对马克思主义基本原理内容的丰富和补充。

马克思主义中国化，马克思主义在中国的胜利，是马克思主义基本原理与中国实际的结合，而不仅仅是与某一本著作的结合，与某一句话的结合。在中国继续发展马克思主义，推进马克思主义中国化，应该继续坚持马克思主义基本原理和中国实际相结合的正确方向。文本解读的局限性在于它是文本，解读的对象是文本，文本是不能改变的历史性文件；而马克思主义基本原理与中国实际相结合是不断发展着的实际，它的立足点是实践，而实践具有普遍性和现实性品格。只有实践才是推动马克思主义发展的真正动力，而解读只是能理解或重新理解。这是马克思主义基本原理与实际相结合的马克思主义中国化道路优于任何单纯文本解读的地方，也是中国马克思主义研究完全有可能和有能力超越西方"马克思学"的地方。

我们应该坚持马克思主义基本原理，但不能把马克思主义基本原理教条化。坚持和发展应该是统一的。不坚持，当然谈不上发展，如果不发展，所谓坚持往往是教条主义。教条主义是对马克思主义基本原理的背叛，因为马克思主义的精髓、马克思主义活的灵魂，是对具体问题的具体分析。马克思主义基本原理提供的是分析和解决问题的基本观点和方法，而不是答案。列宁对如何对待马克思主义基本原理提出过严格要求。他说："马克思主义的全部精神，它的整个体系，要求人们对每一个原理都要历史地，都要同其他原理联系起来，都要同具体的历史经验联系起来考察。"①原理的无穷威力取决于具体应用，取决于是否能把原理真正化为思维方法和工作方法。当原理成为方法，它就能有效地避免教条主义和思想僵化，真正发挥马克思主义基本原理的作用。

马克思主义经典著作、马克思主义基本原理、马克思主义教科书三者之间存在联系和区别。经典著作是马克思主义基本原理的文本依据；离开马克思主义经典著作，当然不存在马克思主义基本原理的逻辑表述。不同的是，原著往往是论战性的，包括多方面内容。它的重要的基本原理有时为其他次要的论述所遮蔽，甚至被掩盖在个别词句中；而基本原理则具有确定性，它虽然取自原著，但它的基础是客观规律，而它的表述方式仿佛是公理和公式。教科书是教材，它按章分节表述马克思主义的基本原理。教材可能会由于编者的水平和理解不准确出现错误，或出现重要观点的遗漏。因此，教科书的编写从来不是一劳永逸的，它应该密切结合时代的变化而增加新的内容，使教科书具有时代气息和民族特色。

马克思主义哲学可以划分为经典著作和基本原理，这是它与中国哲学、西方哲学的一个重要区别。这是它的特点，也是它的优点。当然把握不当，也可能变为它的缺点。西方哲学，从前苏格拉底哲学到当代各种哲学，有不同的思想家、不同的哲学体系，它们各自有自己的哲学思想和特殊贡献，但没有为西方各种

---

① 《列宁专题文集　论马克思主义》，人民出版社2009年版，第163页。

哲学体系普遍赞同的基本原理。它们可以涉及同一个哲学问题，但各自立说。西方哲学学派林立，哲学体系的主导地位处于不断更新和变化之中。中国传统哲学，大体相似。诸子百家，孔老庄荀各有不同，而且在发展中也会出现新的哲学家、新的哲学思想。黑格尔说的"哲学就是哲学史"，大体上概括了历史上哲学发展的特点。对人类哲学发展来说，这是好事，因为它提供多种哲学智慧，使哲学思想的花园丰富多彩。但它的缺点是使哲学难见庐山真面目，留下一个"什么是哲学"的千古难题。

马克思主义由于它的阶级性、实践性和科学性，决定它必须有经得起实践检验的基本原理，提供科学的世界观和方法论，才能发挥认识世界和改造世界的作用。只要是马克思主义，从马克思主义基本原理角度看，从基本立场、世界观和方法论角度看，都应该具有同一性。摒弃马克思主义基本原理，背离马克思主义的基本立场、观点和方法，不能称之为马克思主义。

马克思主义基本原理是开放的哲学体系，马克思主义基本原理不能固化、不能僵化，必须在实践中发展和推进。马克思主义有自己的发展史，出现过不少著名思想家。他们不是各立异说、离经叛道，而是马克思主义的继承者和发展者，是在坚持马克思主义基本原理的基础上前进的。我们应该牢记列宁的名言："沿着马克思的理论的道路前进，我们将愈来愈接近客观真理（但决不会穷尽它）；而沿着任何其他的道路前进，除了混乱和谬误之外，我们什么也得不到。"①

----

① 《列宁选集》第2卷，人民出版社2012年版，第103—104页。

让哲学回归生活

法国作家莫里哀的喜剧《醉心贵族的小市民》中有个人物茹尔丹，他是小市民，偏偏醉心于贵族，处处假装爱艺术、爱文学。他弄不清什么是散文，别人告诉他，你说的就是散文。他说，天啦，我整天说散文却不知道什么是散文！恩格斯曾引用过这个故事。他说："人们远在知道什么是辩证法以前，就已经辩证地思考了，正像人们远在散文这一名词出现以前，就已经用散文讲话一样。"①哲学也是如此。在我们的日常生活中，就存在哲学。

我们面对两种哲学：一种是生活中的哲学，一种是书本上的哲学。我们不但要学习书本上的哲学，更应注意生活中的哲学。哲学既不能没有形而上的问题即纯哲学问题，也不能没有形而下的问题即生活中的哲学问题。没有形而上只有形而下，哲学就会变为生活常识；可没有形而下，哲学就在天上，没有着陆点，永远与人的生活相分离。

---

① 《马克思恩格斯全集》第26卷，人民出版社2014年版，第150—151页。

哲学家的哲学，就是历史上或当代一些哲学家创立的哲学体系。例如，中国古代的老子、庄子，西方的苏格拉底、柏拉图、康德、黑格尔等，这些人提出了基本的哲学概念、范畴和理论体系。我们要学习哲学家的哲学，学习中国、西方、马克思主义的哲学经典著作，学习他们的哲学思想。这是非常重要的。

但我们千万不能忘记还有一种哲学，就是生活中的哲学。如果我们只懂书本上的哲学而不懂生活中的哲学，这就叫书斋哲学、书呆子哲学。德国哲学家叔本华在《论哲学和智力》一文中说过一段很深刻的话，大意是说，哲学家比任何其他人更应从直观知识中汲取素材，因此哲学家的眼睛应永远注视事物本身，让大自然、世事、人生而不是书本成为他的素材；不能把书本视为知识的源头，书本只是哲学家的辅助工具而已。当然，这不是说读书不重要，而是说要读活书、活读书。生活中的哲学不以命题、范畴的方式呈现，而是日常生活中经常发生的、能从中体悟出哲学道理的生活状态。生活中的哲学智慧是丰富多样的："变""联系""矛盾""过程"等，都是活生生的生活观念。

矛盾变化是什么？是辩证法，所以日常生活现象中的变与不变就是哲学问题。老百姓从日常生活中都知道，事物是变化的，人也是变化的。例如，古代有一个故事，说的是一个儒生找裁缝做衣服，衣服前短后长，他不乐意，说为什么前短后长？师傅说，你未发达，逢人低头，自然前面短点，便于弯腰。后来他考中状元，又找了这位师傅做衣服，变成了前长后短，他又不乐意，问为什么这次前长后短？师傅说，这次你做了官，不用低头而是挺胸、昂头，自然前面长点好。这则故事里包含的不仅有裁缝哲学，还有成衣哲学、人生哲学。

　　又如，人们从一片树叶落地就知道秋天到了，即所谓"落一叶而知秋"。这里面包含的是什么？是联系的观点，也是一种关于事物信息的观点：一个事物的变化与另一事物的变化相联系。我们可以从一个事物的变化看到与它相联系的事物变化。如果世界上事物彼此没有联系，都是孤立的，就不可能落一叶而知秋。矛盾也是如此。什么叫闹矛盾？就是把矛盾扩大、激化；但如果及时交流、化解，就能使矛盾得到解决。这些都是哲学问题。

　　关于过程的思想是最重要的哲学思想之一，恩格斯称之为伟大的哲学思想。万物发展都是一个过程，如一串葡萄很简单，但要得到葡萄，就必须经历种树、施肥、浇水、除虫等一系列过程。没有过程，就没有结果。过程通常是枯燥的，而结果往往是丰富的。人也是一样。例如，一个刚开始学钢琴的人，练琴时使人掩耳，自己也苦不堪言；而一旦成为钢琴大师，他的成果就是辉煌的。只要结果、不要过程是不可能的，要重视过程。台上一分钟，台下十年功。这就是生活中的过程哲学。

　　让哲学回归生活，不是蔑视经典、回归平庸，而是既要重视经典，更要重视生活。哲学家应善于从平凡的日常工作和生活中捕捉为人熟知但不真知的哲学问题。不是把生活作为书本的注脚，而是把书本作为生活的注脚，这样的哲学家才是贴近生活、贴近群众的哲学家。

在为祖国和人民立德立言中实现价值

习近平总书记在哲学社会科学工作座谈会上的重要讲话，对全体哲学社会科学工作者寄予殷切期望和郑重嘱托。他提出了"两个不可替代"的重要论断：哲学社会科学具有不可替代的重要地位，哲学社会科学工作者具有不可替代的重要作用。这"两个不可替代"实际上是不可分的。如果没有哲学社会科学重要地位的不可替代，就不存在哲学社会科学工作者重要作用的不可替代；如果没有哲学社会科学工作者同心协力、加快构建中国特色哲学社会科学的主体性，哲学社会科学不可替代的重要地位也无从体现、无从确立。因此，一切有理想、有抱负的哲学社会科学工作者都应立时代之潮头、通古今之变化、发思想之先声，积极为党和人民述学立论、建言献策，在为祖国和人民立德立言中实现自己的价值。

哲学社会科学的地位和作用不可替代

在当代世界，科学技术代表的不仅是科技文化，而且是一种现实的物质力量，即生产力发展水平。从一定意义上说，科学技术在生产中的运用所达到的水平，就是一个国家生产力的水平。对于一个国家和民族来说，科学技术是强盛之基，科学技术创新是社会进步的强大动力。历史表明，一个国家的社会发展水平总是与相应的科学技术发展水平密切相关的。中国封建社会经济文化发展水平在较长时间里为世界之最，科学技术也有相应的创造和发明，如造纸术、指南针、火药和印刷术"四大发明"。英国学者李约瑟以毕生之力写就的多卷本巨著《中国科学技术史》，对此有过公正精辟的论述和评价。然而，当西方社会进入资本主义时代后，中国仍然处于封建社会；资本主义生产运用新的科学技术，而中国仍然处于比较落后的手工业时代。从明朝中叶开始，中国渐渐落后于西方，其中一个重要方面，就是科学技术的落后。

新中国成立后特别是改革开放以来，我们在一穷二白的基础上制造出原子弹、氢弹、人造地球卫星这"两弹一星"，研发出载人航天飞船、高铁、"蛟龙号"载人深海潜水器等，实现了"上天游月宫，深海探龙宫"，我国科技发明和技术创新取得举世瞩目的成就。屠呦呦以青蒿素的发明获得2015年诺贝尔生理学或医学奖，更令国人、令全世界华人为之振奋。当然，我国科学技术仍须努力创新，以新的科学发现和科技发明贡献世界、耀我中华。但对于中国特色社会主义建设来说，只有科学技术的发展还远远不够；科学技术单轨独进不可能持久，因为它缺乏精神动力和文化支撑。

苏联社会主义失败的历史教训表明，单靠发展自然科学与技术不足以保证社会主义的巩固和发展。苏联的自然科学与技术不能说不发达，尤其在自然科学的基础理论和航天航空及军事科学技术领域，都能与美国一争高下。然而，苏联在哲学社会科学理论创新方面却是失败的。在指导思想上先是教条主义，后来在反对教条主义过程中逐步背离马克思主义基本原理，最后发展到公开反对和取消马克思主义的指导地位。与此相联系，全部哲学社会科学由于失去正确的指导思想而陷入混乱状态。苏联社会主义失败的原因是多方面的、复杂的，但一个重要原因是在哲学社会科学领域既缺少对现实的批判性思考和建设性成果，又缺乏抵御西方意识形态进攻的能力。如果从哲学社会科学不可替代这个角度总结，可以说，苏联的失败是因为以哲学社会科学为主要内容的意识形态大溃败。苏联"卫星上天"与"红旗落地"并存，充分证明了习近平总书记的一个重要论断，即一个国家的发展水平，既取决于自然科学发展水平，也取决于哲学社会科学发展水平。一个没有发达的自然科学的国家不可能走在世界前列，一个没有繁荣的哲学社会科学的国家也不可能走在世界前列。

当代西方发达资本主义国家的自然科学与技术最为发达，可是自然科学与技术在改变人们生产方式和生活方式的同时，也在不断使人类和人类社会自食苦果。在总体生活水平提高的同时，自然环境不断恶化，生态问题、人口问题、资源问题突出，以及城市化、市场竞争激烈带来的道德危机、价值失范和心理疾病增多，使人们认识到仅仅依靠自然科学与技术发展并不能实现幸福生活的理想。科学技术发展中的一些基本价值问题，如可持续发展问题、克隆技术中的道德问题、人工智能发展边界问题等，仅仅依靠自然科学与技术自身不可能从理论和实践上得到解决。这些问题的提出和发现，其解决的可能性和解决方式，都依赖于发展哲学社会科学。没有哲学社会科学的参与和研究，单凭发展自然科学与技术不可能解决人类面临的困境。

当然，我们也有深刻的教训。在新中国成立之初，我们不适当地取消了一些可以通过改革提高发展的哲学社会科学学科，包括社会学、人口学、政治学等，造成这些学科在我国很长一段时间处于空白期；而在"文革"中，哲学社会科学由于"左"的路线影响，对当代资本主义社会的认识、对社会主义社会的认识、对社会主义社会发展阶段及其与共产主义相互关系的认识，以及对一系列重大理论问题如生产力与生产关系相互关系规律、阶级斗争规律等的认识，思想模糊，理论界限不清。实际工作中的一些错误包括政策性错误，不能说与对哲学社会科学中若干重大理论问题认识的混乱无关。

我们党的历届领导人对自然科学与哲学社会科学同等重要的问题都作过重要论述。有关部门也通过加大经费投入和其他多种方式，积极推动我国哲学社会科学发展，并取得了重大成就。但毋庸讳言，在变化着的新的经济社会条件下，哲学社会科学发展仍然存在诸多问题。社会主义市场经济的确立，对我国经济发展起了极大推动作用。但这只"看不见的手"，也会以巨大的力量对我国哲学社会科学学科及其工作者发挥"指挥棒"作用。市场经济是以货币为中介的经济，在市场经济条件下货币是普遍的等价物。市场经济对货币的崇拜容易滋生拜金主义，也会对哲学社会科学及其工作者产生不良影响。我们强调我国实行的是社会主义市场经济，就是要通过正确处理政府与市场的关系，保证市场经济的正确走向。当前，马克思主义在一些地方和领域被边缘化，一些基础学科尤其是文史哲学科被冷落，主要是由于某些部门和理论工作者单纯追求经济效益而轻视社会效益造成的。在文化和出版事业中，劣币驱逐良币的现象并不罕见；在学术研究领域，急功近利、学风不正的现象也时有耳闻。这些都不利于中国特色哲学社会科学的繁荣，不利于出精品力作，不利于出人才，都是我们在发展社会主义市场经济中必须高度关注和大力解决的问题。有理由相信，随着社会主义市场经济更加完善和成熟，自然科学技术与哲学社会科学比翼双飞、相互推动的盛况一定能出现。

哲学社会科学是治国理政的重要思想资源和重要手段

治国理政与武装夺取政权的道路和方法是不同的。《史记》中记载了陆贾与刘邦关于如何治天下的一段对话："陆生时时前说称《诗》《书》。高帝骂之曰：'乃公居马上而得之，安事《诗》《书》！'陆生曰：'居马上得之，宁可以马上治之乎？且汤武逆取而以顺守之，文武并用，长久之术也！'"可见，马上得天下，不能马上治之，这是中国的一条历史经验。刘邦听取了陆贾的建议，重用叔孙通制定政治礼仪制度，依靠萧何等人参照秦朝法律制定《汉律九章》。汉朝之所以能成为中华民族发展史上里程碑式的王朝，应该说与刘邦醒悟到"马上得天下，不能马上治之"不无关系。

其实，何止中国历史，世界历史也是一样。尽管英国资产阶级革命、法国资产阶级革命、美国独立战争各有特点，但当资产阶级取得政权后，同样面临如何建立制度和法律的问题。他们从霍布斯、洛克、伏尔泰、孟德斯鸠、卢梭、狄德罗、爱尔维修、潘恩、杰弗逊、汉密尔顿等一批资产阶级先进思想家那里吸取思想和理论，形成了反映资产阶级政治诉求的思想和观点，制定了有利于维护资产阶级长期统治的政治制度和法律制度。恩格斯曾经称赞文艺复兴时期的那些思想家，说他们是"给现代资产阶级统治打下基础的人物"。

在人类社会发展中，任何为取得政权而进行的革命，任务都比较单一、时间相对短暂。越是激烈的、暴风骤雨般的革命，时间越短。然而，治理国家和社会是长期的，必须有一套治国理政的思想理念和观念，要逐步完善各项制度和法律。无科学制度、无完善法律的统治，必然失败。无论是建都南京的太平天国，还是占领北京的李自成的农民军，他们在短暂胜利后的败亡，都说明了这一点。因此，毛泽东同志在1949年党的七届二中全会报告中说，夺取全国的胜利，这只是万里长征走完了的第一步，只是序幕。中国的革命是伟大的，但革命以后的路程更长，工作更伟大，更艰苦。熟知中国历史的他，把取得政权只看成序幕，一定认识到治国理政和制度化建设比夺取政权更加困难、更加重要。

不仅要从中外历史中吸取经验，还要从中华优秀传统文化中汲取智慧。中国是有五千多年文明史的国家，有长期的治国理政与睦邻安邦的经验。从对外说，中国人自古就推崇"协和万邦""亲仁善邻"；对内则倡导以民为本、安民富民乐民，为政以德、清廉从政、勤勉奉公。中华优秀传统文化中丰富的哲学思想、人文精神、教化思想、道德理念等，都可以为我们治国理政提供有益启示，也可以为道德建设提供有益启发。

当代中国是中国共产党领导的社会主义国家。新中国成立后，我们就开始了从夺取政权到治国理政的根本性转折。改革开放以来，我们在一个人口众多的大国进行中国特色社会主义建设，正在为实现中华民族伟大复兴而努力。中国特色社会主义建设是一项前无古人、世无先例的伟大事业。我们面对的是新的时代、新的国际条件，而且我国经济社会发展是一个复杂的有机体，不仅包括要正确处理人与自然关系、人与社会关系，而且包括经济建设、政治建设、文化建设、社会建设、生态文明建设等诸多方面。面对如此复杂的社会问题、如此辉煌艰巨的事业，一定要坚持以马克思主义为指导，通过哲学社会科学多种学科、交叉学科、新兴学科研究提供创造性研究成果，为决策部门的顶层设计提供理论支撑。

当代中国马克思主义是在解决时代问题中不断发展的。从发展是硬道理到科学发展观，再到创新、协调、绿色、开放、共享的新发展理念；从一部分人先富起来，到强调共同富裕、依法治国、公平正义，我国经济社会发展每向前跨出一步，都会有不少理论问题需要论证和研究。可以说，中国特色社会主义道路是走出来的，不走就没有道路，也不叫中国道路。中国道路在特定阶段虽然没有详细的"路线图"，但我们有"导航仪"，那就是马克思主义。其中包括辩证唯物主义和历史唯物主义、马克思主义政治经济学和科学社会主义及其在当代中国的发展，有各门社会科学研究新成果的理论支撑。这是中国共产党不会走僵化保守的老路、不会走改旗易帜的邪路，不断加强治国理政的制度建设和能力建设，沿着既定目标前进的思想理论保证。

习近平总书记对不断加强治国理政制度建设和能力建设极为重视。他强调，必须适应国家现代化总进程，提高党科学执政、民主执政、依法执政水平，提高国家机构履职能力，提高人民群众依法管理国家事务、经济社会文化事务、自身事务的能力，实现党、国家、社会各项事务治理制度化、规范化、程序化，不断提高运用中国特色社会主义制度有效治理国家的能力。这是一项艰巨而复杂的任务。近几十年来取得了伟大成就，但也遇到不少问题。当前，全面深化改革要把治国理政的成功经验制度化、规范化、程序化，把顶层设计搞得更科学、更全面，经得起实践检验、经得起历史考验，必须繁荣发展哲学社会科学。因为改革发展每前进一步遇到的问题，都既是实际问题也是理论问题。实际问题应成为理论研究的导向，而理论研究的最新成果应成为解决实际问题的钥匙。

对担负不同方面工作的领导干部来说，应具备相应的哲学社会科学知识。各级领导干部是否具有哲学社会科学知识和素养，对于中国特色社会主义建设至关重要。不懂经济学理论的人管理经济，不懂文化理论的人管理文化，不懂管理学理论的人管理大型企业，不懂环境理论的人领导环境保护，都是搞不好工作的。有些领导干部不是不想干好，不是不想把一个地方或一个部门治理好，而是没有马克思主义的理论思维和适应工作任务的哲学社会科学知识和素养，不知道如何干。正因为如此，面对复杂多变的国际形势，面对自己承担的艰巨任务，或者"乱治"，或者陷入"无为而治""懒政""惰政",陷入无计可施、无路可走的困境。恩格斯说过:"只有清晰的理论分析才能在错综复杂的事实中指明正确的道路。"①这个论断,值得天天忙于事务而轻视理论工作的领导干部认真学习和思考。

为党和人民述学立论、建言献策

哲学社会科学不可替代的重要地位,决定了哲学社会科学工作者应充分认识自己的社会使命和责任。无论从事哲学社会科学某个专业的研究,还是从事哲学社会科学教学,只要是哲学社会科学工作者,就是中国特色哲学社会科学体系建设的主体,就承担着加快构建中国特色哲学社会科学体系的历史使命。

作为哲学社会科学工作者,我们的价值、作用和责任、贡献就体现在为之献身的中国特色社会主义伟大事业中。构建当代中国哲学社会科学话语体系,是中国哲学社会科学工作者的一项战略任务。话语权的核心是有理论支撑、有具体内涵的概念或范畴,而不是单纯的词语。中国哲学社会科学话语体系的内核,本质上是马克思主义理论体系,是中国特色社会主义理论体系通过特定话语的表达方式。如果离开马克思主义和当代中国马克思主义,所谓话语就只是一个词或词语,而且是可以表达不同内涵的词语。如自由、民主、人权、公平、正义,可以存在于各种语言中。任何人都能够应用、能够作各种解释的,不算话语而是词语;

---

① 《马克思恩格斯全集》第37卷,人民出版社1972年版,第283页。

当它成为特定阶级、集团或不同政治实体使用的话语时，必定是由某种理论支撑，表达某种利益、要求或意愿，具有特定内涵的词语。因此，关于话语内涵的争论甚至斗争，不是概念的争论，不是词语的争论，而是不同理论的斗争，是对具有某种政治和意识形态内涵的话语权的争夺。

有些人总觉得为中国特色社会主义建设服务、为广大人民服务没有学术水平，没有品位，没有个性。只有"为什么而什么"，诸如"为文学而文学""为艺术而艺术""为哲学而哲学"，总之，"为学术而学术"，才叫水平、叫学术。似乎哲学社会科学工作者的工作没有服务对象，没有社会使命，只是为了满足自己的爱好和兴趣。这种看法是错误的。毫无疑问，研究工作需要有个人的爱好和兴趣、需要激情；没有个人爱好和兴趣，赶着鸭子上架是不行的，也是不可能获得成就的。但爱好和兴趣可以成为研究的推动力，而不是研究的目的。学术研究需要自由，需要宽松的环境，需要鼓励大胆探索；没有创新精神，不突破旧的思想理论和观念，永远在思想僵化的笼子里研究，不可能有新成果、新见解。不断重复虽然保险，但不可能创新。大家都走的路是平安大道，但不会看到新的风景。学术研究的目的在于追求真理，而独立之思想、自由之精神是追求真理、大胆探索创新、平等讨论的必要条件。这种学术自由本质上是学术民主和学术主体性能动性的充分发挥。但学术自由不能理解为可以任意发表各种奇谈怪论的自由、可以向真理发起进攻的自由。有人宣称中英鸦片战争的责任在中国，不拒绝鸦片贸易就不会有战争；鸦片战争打的是腐朽的清朝统治者，而不是中国人民。按照此说，从1840年起多次列强入侵，打的都是统治者而与中国人民无关；瓜分的都是统治者的国土，而与中国人民的家园无关。我们不是听见过有的论者说吗：越是爱国主义越是卖国主义，越是卖国主义越是爱国主义。发表这种"高论"如果也叫学术自由，这种"学术自由"还是少点好。这是伪学术自由，是向学术真理进攻时的掩体和防身的盔甲。

学术为个人服务、自娱自乐的观点仿佛很高尚，其实是高尚掩盖下的低俗。英国哲学家罗素讲过一段很有意思的话。他在谈到史学能够而且应该为一般读者做些什么时说，我并不认为历史是为历史学家写的，我一直认为历史是受过教育的人的学问的一个基本组成部分；我并不认为诗歌只应由诗人朗诵，也不认为音乐只应由作曲家聆听。这位大哲学家的话是对的。哲学著作并不是一个哲学家为另一个哲学家或另一群哲学家写的，小说也不是某个作家为另一个作家或另一群作家写的。没有听众的音乐，正如没有人阅读的小说一样，等于零。如果学术研究超不出学者自己的学术圈子，哲学文章和著作只是自己的独白，或至多是少数哲学家的对话，这种学说又有多少意义呢？中国特色哲学社会科学应有自己的社会功能，有自己肩负的使命。因此，我们应超出自我，超出自己的小圈子，面对社会，面对民族，甚至面对世界。在当代中国，应该为中国特色社会主义建设、为中华民族伟大复兴服务。这是为历经百年沧桑、饱受侵略者凌辱的千千万万中国人民服务，而不是为个人服务，这种服务无上光荣。这是我们哲学社会科学工作者不可替代的原因。如果社会主义中国的哲学社会科学工作者没有服务意识，无视广大人民的根本利益，无视中国特色社会主义建设事业的需要，只是单纯满足个人的需要，这样的哲学社会科学工作者，可以说"有你不多，无你不少"。

现在有些人喜欢讲中国传统文化中士的传统、士的担当精神，借题说事，似乎谁是"体制内"的知识分子，谁就是依附权贵，就是没有中国传统士的独立精神。其实，真正中国传统知识分子或士，也就是儒家讲的君子，是有标准的，这就是讲气节、敢担当。无论是《论语》中的"士不可以不弘毅，任重而道远"，还是《吕氏春秋》中的"士之为人，当理不避其难，临患忘利，遗生行义，视死如归"，都是对士的要求。张载的"为天地立心，为生民立命，为往圣继绝学，为万世开太平"，已把中国读书人的责任提高到无可再高的地步。这才是中国传统士人的精神。

思想自由是最具吸引力、最为人们赞赏的。思想自由的本质在于思考的自由。没有人能强迫人或禁止人思考。孔子说过，三军可夺帅，匹夫不可夺志。思想最具创造力，最需要独立思考，反对禁锢。但思想自由的目的是发挥思考的创造力和创新力，发挥个人意志的能动性和爆发力。思想自由与责任不可分。有一分自由，就要承担一分责任。要自由而不要责任，不是自由而是特权。英国剧作家萧伯纳说过："自由意味着责任，这就是为什么大多数人惧怕它的原因。"但思想自由一旦为某种势力或利益集团所独享，变为它们的工具，就不再属于思想自由范围，而是属于思想特权范围。评价的标准不应是抽象的自由概念，而应是真理。谁占有真理，谁就拥有最大的思想自由。学术自由与追求真理相结合，这就是学者的责任和良心。

一些人乐于谈论西方自由主义知识分子，认为他们倡导自由。其实，他们倡导的是资本主义的自由，任何反对资本主义的观点和行为都被视为反对自由。这种所谓自由主义知识分子，实际上是资本主义制度的辩护士，是资本主义理想的崇拜者。无论是《通往奴役之路》还是《开放社会及其敌人》《历史的终结》，捍卫什么，反对什么，清清楚楚。当然，以西方自由主义为旨归的所谓自由主义知识分子，在社会主义中国没有合适的生长土壤。近年来，面对西方吹来的新自由主义之风，附和者或倡导者也多有所见。不过在当代中国，这也只能算是枝头蝉鸣，很难组成一个庞大的合唱乐队，因为这不符合中国人民的根本利益。

文化自信与知识分子的社会责任

　　我们对传统文化自信，与我们对历史上文化经典和文化名人的崇敬是不可分的。文化需要创造，创造文化并作出卓越贡献的人，是我们最为景仰的文化名人；而文化的载体是作品，尤其是传诵不衰的不朽名篇。翻开中国思想史、文学史等各类史书，无论是战国时的诸子百家、魏晋玄学、宋明理学，还是楚辞汉赋唐诗宋词元曲明清小说，都有一连串光彩夺目的文化名人和熠熠生辉的名篇巨著。一个个作出不朽贡献的文化名人，像一座座矗立在中国文化发展高峰上的塑像；而一部部名篇巨著仿佛闪耀发光的璀璨珍珠。在当代，我们同样需要培养文化名人，需要名篇巨著，为子孙后代留下宝贵的精神财富。这是新时代中国知识分子的历史使命和社会责任。习近平总书记在文艺工作座谈会上的讲话、在哲学社会科学工作座谈会上的重要讲话都发出这种号召，号召产生无愧于我们时代的名篇巨作。

　　我们有些学者喜爱谈论士的精神。中国传统的士，主要是儒家讲的君子，应该是在道德上有标准，在文化上有贡献，是立德、立功、立言的人。无论是论语中曾子的"士不可以不弘毅，任重而道远"，还是吕氏春秋中的"士之为人，当理不避其难，临患忘利，遗生行义，视死如归"，这都是对士的要求。这种要求表现在范仲淹的"居庙堂之高则忧其民，处江湖之远则忧其君"的名言中。一篇《岳阳楼记》，文以人传，人以文传，无论在文化上和人格上都足以垂范后世。至于张载的"为天地立心，为生民立命，为往圣继绝学，为万世开太平"，把士人即读书人的责任提高到无以复加的地步。我们应该继承的是这种人格精神和文化精神。今人所谓独立之人格、自由之精神之可贵，正在于它能坚持以人民为中心，不依附资本和权贵，不曲学阿世，通过学术自由和独立思考，创造出足以与我们时代要求相符合的作品，而不是孤高自许，俯视人民，与历史发展进步相背而行。"横眉冷对千夫指，俯首甘为孺子牛"的鲁迅精神应该是我们的榜样。我们不要害怕文化名人。我们不是名人太多，而是名人太少。社会主义需要的是既具有独立人格和自由思想，又具有创造性的文化名人。

如何对待传统文化的问题，党的十八大以来，习近平总书记对中国传统文化做了许多重要论述。这些是我们正确对待中国传统文化，增强文化软实力，培育和践行社会主义核心价值观的指导原则。其中一个最重要的观点，就是习近平总书记提出的创造性转化和创新性发展问题。这是我们正确对待中国传统文化的总开关，是对毛泽东同志在民主革命时代提出的对待传统文化"取其精华，去其糟粕"思想在新时代的发展。

创造性，是人类活动的本质特征，但不同领域各有特点。技术领域，创造性表现为发明，新工具取代旧工具，新技术取代旧技术；科学领域，表现为发现，发现新的规律，提出新的原理。它的进步方式不是取代，而是新领域的拓展和新原理新规律的发现。人文文化的创造性，既不是取代，也不是新规律的发现，而是原有传统文化的不断积累和创造性转化。恩格斯充分理解文化传承的这个特点，他曾经说过："在希腊哲学的多种多样的形式中，差不多可以找到以后各种观点的胚胎、萌芽。"①当然胚胎、萌芽终究是胚胎、萌芽，还必须不断地积累新的思想和进行创造性转化。在当代世界，完全停止在胚胎、萌芽阶段，重复希腊哲学的命题和思想是不可想象的。在当代中国完全停留在我们先人智慧中包含的胚胎和萌芽中，只是"拿来主义"，同样是不可想象的。

有的学者倡导研究中国传统文化要"原汁原味"。这很有道理，对于治疗任意解读经典的主观诠释是一剂良药。但"原汁原味"不能绝对化，绝对化就不存在创造性转化问题。完全的"原汁"很难，因为经典也会存在各种版本，很难说哪个就是绝对的"原汁"，古代没有著作权、没有知识保护法，各种本子的差异性会存在。原味更难，因为每个时代、不同学者会对同一论断做出不同的解读。《论语》《孟子》《大学》《中庸》这些儒家经典的注家众多，不乏歧解。可以说，对中国著名经典中不少论断都会有不同的解读。中国文化经典的凝练的语言，简单的句式，留有不同解释的多种空间。如果都要单纯追求"原汁原味"往往会争

---

① 《马克思恩格斯全集》第20卷，人民出版社1917年版，第386页。

论不休。某句话、某个命题"原汁原味"的问题留给学者们去研究吧，对中国社会主义先进文化建设来说，最重要的是适应该时代、立足现实进行创造性转化和创新性发展。也就是经过自己口腔的咀嚼，肠胃的消化，吸收营养，排除消化后的废物。这种研究方法，重点在于认真学习经典，体会和吸取其中深刻的智慧，而不是寻章摘句、断文释义。这有利于从中国传统文化中吸取其合理思想来创建社会主义核心价值观和新的道德规范。

取其精华，去其糟粕是根本原则。不能认为传统文化都是精华，不存在糟粕，凡是能传下来的都是精华，糟粕都被历史淘汰掉了。这种看法说对了一半。留下来的是精华，但也会留下糟粕。因为传统文化的流传和继承并非只决定于文化自身，而存在人的选择，尤其是处于统治地位的统治者，他们是按照自己的标准来进行文化传承和选择的。因而文化传统的演变并非与社会无关的文化自身的演变，必然同时会经历一个过滤和筛选过程。虽然什么是精华，什么是糟粕，不像苹果，烂在哪里一目了然，可以切去烂的，保留好的。传统文化是一个复杂的机体，精华与糟粕如水入泥，混在一起。因此继承传统文化不可能是简单的拿来主义，而必须经过自己的嘴咀嚼，经过肠胃的消化，这就是阅读和理解。按照创建社会主义先进文化的要求，精华与糟粕是可以区分的。传统文化中具有民族性、科学性、人民性因素的都属于精华，而一切封建的、迷信的、落后的东西都是糟粕。

有人怀疑，经过创造性转化和创新性发展的传统文化还算中国传统文化吗？如果中国传统文化无需在实践中被激活、无需转化、无需发展，表面上是尊重传统文化，实际上是贬低传统文化。一种既不能转化又不具有当代价值的传统文化是僵死的文化，是没有生命活力的文化。这样的传统文化永远与当代现实无关，而只与它产生的原来社会相关，它已在历史中死亡。其实，中国传统文化的价值正在于它是源头活水，而不是一潭死水。当然，传统文化如何实现创造性转化和创新性发展，是一个严肃的科学研究工作，不是乱批三国式的插科打诨，也不是削足适履，而是在尊重原典读懂原典的基础上，真正从中吸取智慧。在这里关键是要坚持马克思主义的基本观点和方法，中国传统文化转化和发展，与马克思主义和中国传统文化相结合，应该相携而行。既不是歪曲中国传统文化，把今人的东西挂在古人头上，又能从传统文化蕴藏的智慧中生发出与时代适应的新的诠释。

社会主义核心价值观的形成可以看成是传统文化创新和转化的一个范例。我们不是以与中国传统文化范畴一一简单对照的方式来形成社会主义核心价值观。我们是立足社会主义制度的本质和实践，通过理解传统文化思想和道德观念的基本精神和家国一体的原则，形成国家、社会、个人三者统一的社会主义核心价值观。正如习近平总书记说的："培育和弘扬社会主义核心价值观必须立足中华优秀传统文化。牢固的核心价值观，都有其固有的根本。抛弃传统、丢掉根本，就等于割断了自己的精神命脉。博大精深的中华优秀传统文化是我们在世界文化激荡中站稳脚跟的根基。"

改革开放以来，我们经历了深刻的社会变化，其中一个重要变化，就是由计划经济向市场经济转变。与此相随产生的就是面对市场经济，如何有效地调适传统文化和道德规范与当代的关系问题。市场经济有它不可替代的积极作用，在当代中国要发展生产力和解放生产力，必须实行市场经济。中国改革开放以来取得举世瞩目的成就，就与实行市场经济的改革相关，但市场经济也有它的消极面。市场经济是以货币为中介的经济。市场经济必然重视货币，一切交换都通过货币，一切都需要货币。像马克思在《1844年经济学哲学手稿》中说的，货币作为普遍等价物必然会颠倒了一切价值关系。当代西方经济学家 W. 阿瑟·刘易斯在《经济增长理论》中也看到了由传统到当代面临的道德困境。他说："因为他们不再生活在一个义务以身份为基础的社会里，而进入了一个义务以契约为基础，而且一般又以与没有家庭关系的人的市场关系为基础的社会。这样，以前，一直是非常诚实的社会可能变得非常不诚实。"正因为这样，我们强调我们建立的市场经济是社会主义市场经济。社会主义这一定语不能是包装，而必须是实质，要以社会主义制度和原则来调适传统与当代之间的种种矛盾。

当然，社会主义市场经济也不能完全避免消极面，但不能因此而否定市场经济改革，回归原来的计划经济。这里涉及一个制与治的问题。制，是基本制度，治是治理能力和治理方式。社会主义市场经济是社会主义初级阶段资源配置得比较好的制度，但不见得我们就有依法管理市场经济的方法和能力。制与治不同。当年柳宗元在《封建论》中反驳一些否定秦始皇确立的中央集权的郡县制、主张回归分封制时说，"咎在人怨，非郡邑之制失也"。秦二世而亡不在制而在治，也就是说，导致秦二世而亡的原因，在于国家治理，即二世无道，实行暴政，而不在于中央集权和郡县制。中央集权和郡县制并不必然是暴政。同理，当前市场经济条件下出现的乱象，不在于实行社会主义市场经济制度，而在于治理，也就是必须有一套治理和管理市场经济的法律和道德规范。对市场导致的两极分化，对市场失信，对各种市场乱象必须实行有效的治理。市场必须管，必须治。放任的市场经济，必然是两极分化，必然导致社会诚信缺少、道德败坏。治理市场经济与市场经济在资源配置中的决定作用并不矛盾。政府应该有政府的管理职能和治理规则，其中包括现代立法与社会主义道德教化。面对当代社会的深刻变化，我们必须适应新的历史条件，使传统文化与道德规范通过创造性转化能有效地化解传统与当代的矛盾，推动社会向前发展，而不能对建立在血缘关系和小农经济基础上的传统道德规范怀着一种温情的浪漫主义迷恋。这既不现实，也不可行。

文化自信与民族解放

一个民族的文化和民族独立不可分。民族是文化的主体，文化是民族的灵魂。与民族的衰败兴亡相伴随的是民族文化的繁荣或衰落，甚至中断。

中国之所以有一部比较完整的中华民族发展史，有5000多年连续的文明，有保存比较好的文化经典，主要是因为我们的先人在这块土地上经过艰苦的世代开拓、发展、融合，逐步发展成统一的中国。尽管在长达几千年的历史中，我们有过多种政权的并存，也有过不同民族处于统治地位，但中国始终保持着一个独立的国家存在。民族是文化的主体，国家不亡、民族不分裂，文化才不会变为无所依靠的游魂。中国只是在近代面临民族存亡危机时才出现所谓真正的文化危机。文化危机的重要表现是丧失民族自信心，是文化自卑和对传统文化的自暴自弃。这是文化的悲哀，更是民族的悲哀。

在明中期以前，中国是世界上经济最发达、也是文化最发达的国家。商周时代典籍，战国时的诸子百家，汉代雄风，盛唐气象，两宋文化之高度发展，成为世界文化史的辉煌篇章。毛泽东说过："在中华民族的开化史上，有素称发达的农业和手工业，有许多伟大思想家、科学家、发明家、政治家、军事家、文学家和艺术家，有丰富的文化典籍。"[①]中国的文化具有巨大的影响力，向周边国家辐射，在东亚形成了儒家文化圈。

在当代中国，文化自信是具有时代性的命题。它既是一种文化的自觉与自豪，是反对"西方文化中心论"，反对由于清中叶后列强入侵、中国落后于西方产生的民族自卑和文化自卑，又是吹响推动中华民族复兴的精神号角。中国历史上，从来不存在文化自卑问题。这一点，最早来中国的耶稣会传教士利马窦也承认："就国家的伟大、政治制度和学术的名气而论，他们不仅把所有别的民族都看成是野蛮人，而且看成是没有理性的动物。在他们看来，世上没有其他地方的国王、朝代或者文化是值得夸耀的。"当然，这种文化自信中存在着某种天朝大国的盲目性，但至少说明，文化自信是国家强大的表现，而自信心的丧失是附着在民族危机心灵上的文化毒瘤。

西方资本主义兴起时，中国仍然是农业生产方式占主导的社会，中国开始落后于西方。而当西方帝国主义列强以炮舰政策敲开中国的大门并连续对中国进行洗劫式的侵略和掠夺，迫使中国签订一系列不平等条约，中华民族面临民族存亡危机时，有些人丧失信心，但深受中国文化精神培育的中国人民并没有失去民族自信。鲁迅在他的著名文章《中国人失掉自信力了吗》中以匕首

---

① 《毛泽东选集》第2卷，人民出版社1991年版，第622页。

投枪式的文字，痛斥一些人丧失民族自尊心的消极言论，他满怀热情和自信地指出："我们从古以来，就有埋头苦干的人，有拼命硬干的人，有为民请命的人，有舍身求法的人，……虽是等于为帝王将相作家谱的所谓'正史'，也往往掩不住他们的光耀，这就是中国的脊梁。"

有论者断言，在近百年中国历史上，是中国共产党和马克思主义的传入，斩断了中国传统文化的血脉，导致中国传统文化的危机。这种说法当然是罔顾事实。事情正好相反。中国共产党的产生是中国历史上开天辟地的大事，马克思主义的传入，改变了中国文化的原有结构，并增添了许多新的科学元素。在以马克思主义为指导的中国共产党领导下，中国革命取得胜利，中华民族从此站起来了。中国人民革命的伟大胜利，中国人民的解放，重新恢复了中华民族生气勃勃的民族生命力和文化自信心。

任何一个客观公正的观察家都不能否认，与清末不断割地赔款、视洋人如虎相比，与北洋时期军阀混战、各自依洋人以求靠山相比，与国民党统治时期民生凋落、经济落后、政治腐败相比，正是中国共产党领导的革命胜利和中国的崛起，打破了长期处于主导地位的"西方中心"论，清洗了一些人头脑中的民族自卑感和殖民地心态，迈开了中华民族伟大复兴的步伐，并为中华民族文化复兴开辟了广阔的空间。正是在中国共产党领导下，中国传统文化大步走出国门，使在文庙中孤独自守的孔子遍游世界，孔子学院在不少国家安家。正是在当代，汉学在西方成为一门热学，学习中文、学习中国传统文化成为世界文化交往中的一种新景观。正是在当代，海外中国文化中心如雨后春笋般地出现。习近平总书记在2016年"七一"重要讲话中指出:"当今世界,要说哪个政党、哪个国家、哪个民族能够自信的话,那中国共产党、中华人民共和国、中华民族是最有理由自信的。"习近平总书记掷地有声的话,道出了一个真理:只有在中国共产党领导下获得民族的独立和解放,才能信心满满地自主选择自己的发展道路和制度,才能清除帝国主义和殖民地文化影响,复兴被列强践踏和蔑视的中国传统文化。中国共产党是中国传统文化的继承者和发扬光大者,因为正是中国革命的胜利才使处于衰落中的中国传统文化得以复兴。

文化自信,绝不是文化自大,更不是文化上闭关锁国,拒绝文化交流。这不是文化自信,反而是文化不自信的怯懦。中华民族自古就信奉和而不同原则,是最能吸收外来文化的。汉唐时如此,近代更是如此。在近代,我们努力向西方学习,我们翻译西文名著。当中国共产党还偏处陕北小城延安时,毛泽东同志就以他的世界眼光指出,"中国应该大量吸收外国的进步文化,作为自己文化食粮的原料,这种工作过去还做得很不够","各资本主义国家启蒙时代的文化,凡属我们今天用得着的东西,都应该吸收"。① 改革开放以来,我们更注重文化交流,也更有条件进行文化交流。我们在向世界介绍中国文化的同时,努力向外国学习。这些年来,中国派往外国各类留学生之多是空前的。中国提出的"一带一路"倡议,就不仅是一种经济交往,也是一种文化交往。千百年来,丝绸之路在民族文化交流中留下了许多辉煌的篇章。

---

① 《毛泽东选集》第2卷,人民出版社1991年版,第706—707页。

"一带一路"的建设，除了经济价值外，在文化交流上同样具有重大价值。

世界历史和中国历史都证明，民族的灾难也是民族文化的灾难，只有民族复兴才能为民族文化复兴开辟道路；也只有坚持民族文化精神，才不致陷于国家分裂和被奴役的悲剧境地。中国优秀文化的基本精神，在中华民族处于困境和危机时，给予革命者以前仆后继、英勇奋斗的精神支撑。一个真正爱护中华文化的人，应该珍惜我们得之不易的民族独立和解放；而一个真正爱国主义者必然从内心深处珍爱和礼敬自己的民族文化。

西方资本主义兴起与扩张在文化上的表现，最突出的是鼓吹"西方中心"论；而与民族文化危机相伴随的是一些人失去对中国文化的信心，抱有殖民地文化心态。当代中国已是处于中华民族伟大复兴征程中的中国，是建设中国特色社会主义并已取得卓越成就的中国。我们重树文化自信，应以平视态度对待西方文化。西方某些国家的政客和依附他们的学者仍然怀着旧殖民主义者的文化自大狂，把西方价值观念和资本主义制度模式化，视为放之四海而皆准的普世模式。"普世价值"论的本质就是西方文化优越论、西方民主制度普世论和资本主义制度历史终极论的大杂烩。这是以西方文化优越论为底色的资本主义制度的优越性和不可超越性的话语霸权。

国内有些学者也乐于贩卖西方的"普世价值"论。当这个问题被引向价值是否具有普世性的烦琐争论时，最容易掩盖西方"普世价值"论的政治本质。当有些论者认为反对西方的普世价值观，就是反对世界文明，就是离开人类共同发展的文明道路时，这些说法本质上仍然是沿袭统治世界几百年殖民主义的"西方中心"论翻版，只不过把当年"西方文明优越论"，变为"西方普世价值优越论"，把它作为各国必须奉为的圭臬。在当代，西方输出"普世价值"，同当年殖民主义者输出文明，异曲同工，如出一辙，目的都在于把西方制度和道路作为唯一模式来改变世界。

我们反对的是西方包藏政治图谋的"普世价值"论，而不是反对自由、民主、平等、人权、法治这些人类认可的共同价值。早在民主革命时代，中国共产党就提出"建立独立、自由、民主、统一和富强的新中国"的目标。当中国获得民族独立和解放后，中国共产党并没有违背自己的纲领和承诺，而是迈开了建立自由、民主和富强新中国的步伐。当然，道路并不平坦，我们有过挫折和失误，但我们在不断总结经验和教训中前进。六十多年来，尤其是改革开放以来，我们在自由、民主、平等和人权制度的建设方面不断完善和取得进步，我们完全有能力有信心建设既有民主又有集中，既有自由又有纪律的社会主义民主制度。

在中国特色社会主义的话语体系中，文化自信是与道路自信、理论自信、制度自信不可分的。文化自信，是更基础、更广泛、更深厚的自信。因为在中国特色社会主义道路、理论和制度中，都贯穿着中国文化的自强不息、实事求是、海纳百川、与时俱进的基本精神，都能找到最适合的中国历史和文化传统，都有最适合世情、国情、民情的道路和保障人民各种基本权利的社会主义民主制度。

马克思主义与中国传统文化的同与不同

我有位朋友是一位有成就的自然科学研究者。他向我提了个问题，如果心外无物、心外无理，吾心即宇宙，宇宙即吾心，那我们这些以客观外在世界为研究对象的科学家就用不着进行科学实践，坐在家里做足修养功夫不就行了吗？这种困惑是建立在不理解以儒学为主导的中国传统文化的特点以及心学的精华所在。不理解马克思主义的本质和以儒学为主导的中国传统文化的各自特点和运用边界，就容易陷入非此即彼，水火不容的理论困境。

在思想政治理论课堂上，教员讲人的本质是社会关系的总和，没有无缘无故的爱也没有无缘无故的恨。"同是天涯沦落人，相逢何必曾相识。"同情心、恻隐心、怜悯心、羞耻心并非与生俱来的。政治理论课讲世界的物质性，讲规律客观性，讲物质世界是不依赖人的意识而存在的客观世界，世界在人产生之前早就存在；讲要承认有天人之分，承认世界有主体与客体之分，它们只是在一定条件下统一的，而不是"天地与我并生，而万物与我为一"，等等。如果心外无物，心外无理，人类就不必认识世界，也不必改造世界。心外无物，人类实践和科学研究就没有对象；心外无理，就不必探求和研究客观规律。

可在讲授儒学经典中会讲到孟子的性善说，四端四心说，尤其是讲程朱理学和陆王心学时，会讲到离事而言理，强调理在事外；会讲到人皆有是心，心皆具是理，主张返回本心，致良知。讲到良知是天性，是本心，见父自然知孝，见兄自然知悌，见孺子入井自然知恻隐。这些是天性，内在于心，不假外求。如果思想政治理论课根据辩证唯物主义和历史唯物主义强调的是物质、客观、实践，物质第一性、意识第二性，而在中国传统文化尤其是心学中，强调的是天理、天良、本心、良知和致良知，讲到一念之动即是行，等等。如果各是其是，各非其非，我看学生思想会越学越乱，头脑变成跑马场。要正确处理思想政治理论课与中国传统经典进课堂讲授中出现的立论差异，就要讲清以马克思主义为指导的思想政治理论和中华传统文化既有相通之处，也会由于各自关注点不同而产生的论述的差异性。

马克思主义是认识世界和改造世界的哲学。承认世界的客观性、规律的客观性，主张认识来源于实践，否则，它就不能承担无产阶级和人类解放的理论指导作用。马克思主义具有科学特性，它重视客观性、规律性和可验证性。马克思主义经济学要求研究客观经济规律，科学社会主义学说要求研究社会主义取代资本主义的必然性规律，而马克思主义哲学要求研究世界的客观本质和世界发展的普遍规律与社会发展规律。当代中国马克思主义要研究中国特色社会主义发展规律。重视物质世界、重视实践活动、重视客观规律，重视科学的认识论和能动反映论，这是马克思主义学说作为科学世界观题中应有之义。马克思主义反对事理分离，离事而言理；反对心物分离，去物而言心。

中国传统文化中同样有本体论和认识论问题，儒学中的气论、墨学中的认识论和逻辑学，老庄哲学中的辩证法，与马克思主义哲学有相通相似之处。但中国传统文化的特色是以儒学为主导的人生伦理型文化，是重道德、重价值、重修养、重心性的学说。人不仅有对象性意识还有自我意识；对象性意识当然离不开对象，是一种反映性意识；可人的自我意识是人的内心世界。道德的本性是自律，人不可能离开人的内心世界而进行道德修养和道德自律。以心为体，重内心世界，强调修养是中国道德伦理型文化的立论依据。

心是什么，我们无法按人体解剖学来理解这个中国哲学问题。按生理学，人有心脏，它是人的生理器官；心脏不是思维器官，人的思维器官是大脑。在中国哲学中，心是包括知情意，包括人的道德和价值在内的主体的能动的内心世界。它是人的身体和行为的真君，是主宰。恻隐心、羞耻心、辞让心、孝心，诸如此类的所谓心，就是道德规范内化而形成的良知。良知，就是内心的道德；致良知，就是通过修养而达到最高的道德境界，而知行合一就是道德实践。一念之动就是行，必须慎独排除杂念。人人有圣人之质，但不一定能成为圣人，因为人的天良容易为私欲所蔽，必须修心。只有正心才能诚意，才能修齐治平。这是"修心"说的意义所在。

当年毛泽东在师从杨昌济先生时，熟读泡尔生的伦理学。毛泽东写于1917年的论文《心之力》就是从道德修养的视角看待心性之学的。文章劈头就是，"宇宙即我心，我心即宇宙，细微至发梢，宏大至天地。世界、宇宙乃至万物皆为思维心力所驱使。博古观今，尤知人类之所以为世间万物之灵长，实为天地间心力最致力于进化者也。夫中华悠悠古国，人文始祖，之所以为万国文明正义道德之始创立者，实为尘世诸国中最致力于人类与天地万物精神相互养塑者也。""夫闻三军可夺其帅，匹夫不可夺志。志者，心力者也。"

在中国成语中关于心字的成语甚多，这表示中国人对心的重视，对内心修养的重视。一个人，如果心术不正，没有羞耻心，必然没有道德底线，什么坏事都能干。百姓如此，当官为政者亦如此。《大学》中说："自天子以至于庶人，壹是皆以修身为本。其本乱，而未治者否矣。其所厚者薄，而其所薄者厚，未之有也。"修身的核心就是修心，即净化自己的内心世界。

我们不能离开中国哲学的语境抽象地讨论中国传统文化的特色。不能用各种关于宇宙起源和人类起源的学说来衡量"天人合一""吾心即宇宙，宇宙即吾心""心外无物、心外无理"之类的中国道德形而上学的哲学命题。按照辩证唯物主义物质本体论和科学认识论的观点，无法认同"吾心即宇宙，宇宙即吾心""心外无物、心外无理""万物皆备于我"的哲学命题。可是当我们把它看成是一种人生境界和道德追求，看成对"止于至善"的终极道德价值的追求，看成是对作为"会思想的芦苇"的人和动物的不同之处，我们就能明白中国传统文化的特色。阳明心学之所以被认为是中华优秀文化的精华，就是因为它强调人的主体性，懂得致良知的修养功夫和知行合一的道德实践原则，对于纠正当代人过度物化，具有现实价值。

马克思主义哲学反对唯心主义，但重视人的精神世界，反对庸俗的和机械的唯物主义。精神当然不能离开肉体，但精神的作用，即人的知情意和人的道德的力量是巨大的。它可以使人舍生忘死，泰山崩于前而色不变。毛泽东同志说，人是需要有点精神的。毛泽东同志著名的《愚公移山》《为人民服务》《纪念白求恩》就是赞扬一种精神。赞扬愚公"挖山不止"的坚忍不拔精神、张思德的"为人民服务"精神、白求恩的"不远万里"而来的"真正共产主义者的精神"。列宁赞扬强调精神作用的唯心主义哲学家是"聪明的唯心主义"，而把否定精神作用的庸俗唯物主义称之为"愚蠢的唯物主义"。

在世界的物质性和物质与意识的辩证关系上，我们坚持马克思主义世界观。我们不赞成"以心为体"的思想超出道德修养和安身立命的范围，取代马克思主义哲学的基本观点，但我们高度重视"心"即人的精神的能动作用。只要我们准确地把握马克思主义与中国传统文化的相通和相异之处，知道它们各自的立论依据、各自的理论功能和适用边界，就能找到一条马克思主义和中国优秀传统文化相结合的创造性发展当代中国马克思主义之路。

文化自信有政治性又有学术性

从文化自信与道路自信、理论自信、制度自信的内在相关性来说，它是当代中国现实中最重要的政治性问题。因为它是中国道路选择、理论创新和制度构建的文化支撑，是实现中华民族伟大复兴的精神支柱。脱离中国的历史和文化，难以说清中国道路的历史必然和必要性，难以说清制度的优越性和它对中国历史上治国理政智慧的继承性，难以说明中国特色社会主义理论中所蕴含的中国话语、中国风格和中国气魄。如果我们脱离中国历史和当代中国的社会现实，把文化自信问题变成一个与中国道路选择和制度建构无关的所谓纯文化学的问题，就是把沸腾着中国现实生活的活生生的时代性课题，变成一个书斋中的问题，遮蔽了它在中国现实的重要意义。

从文化本身来说，原本不存在"自信"与"不自信"的问题。任何一个民族对自己的民族文化都怀有眷恋和热爱之情。"美己之美"是文化民族性的表现。当文化自信成为一个问题，它就不会是一个单纯的学术问题，肯定有其深层的社会原因。文化自信的对立面是什么？是文化不自信，是文化自卑。在当今，为什么要提出文化自信问题，只有放在近现代中国历史发展过程和当代现实的舆论场才能理解。

中国曾经是一个半殖民地半封建国家，在新中国建立前近百年的历史中，屡遭西方帝国主义侵略，国人中曾经弥漫着一种文化自卑情绪。从技术不如人，制度不如人，最后到文化不如人。总之，中国一切不如人。连西方的月亮也比中国月亮圆。中国人民的伟大胜利，也是中华民族文化自信的伟大胜利。但是文化自卑思想，在一些人中并没有由于中国人民的胜利而完全绝种。它的现实表现就是关于道路和制度的选择问题，认为中国应该走世界文明道路，所谓世界文明之路，就是以西方基督教文明为核心的西方现代化之路。认为这条路才是世界文明之路，才是人类发展的普遍道路。认为中国特色社会主义的道路、理论和制度，完全离开了世界文明的发展轨道，是沿袭自秦始皇以来中国封建君主专制和文化专制主义之路，是自外于世界文明潮流的封建社会老路。

为什么认为西方资本主义道路就是世界文明之路，是人类的共同道路，而中国根据自己历史和深厚文化传统，自己的国情选择的道路就是非文明道路呢？说到底，就是认为西方文化优于中国文化，西方文明优于中国文明。在当代中国，凡是对自己民族文化怀有自卑心理的人，就不会有道路自信、理论自信和制度自信。这种极度的不自信的表现，就是以西方的"普世价值"作为衡量中国现实的尺度，把别人鞋子的尺码作为衡量自己的鞋子是否合脚的标准。如果说，"郑人买履"是宁愿相信鞋样而不相信自己脚的蠢人，那种鄙视自己的文化和文化传统而只相信西方文化优越，是中国曾经被半殖民的余毒未尽。如果离开中国近代百年的耻辱史，脱离当代关于中国道路选择、中国特色社会主义理论和制度构建的论断，就不可能知道为什么现在会提出文化自信问题。把文化自信问题放置在对"五四"新文化运动"中断传统文化"错误彻底"反省"的背景下，显然是一种理论误导。这不仅不理解文化自信问题的现实性，而且会导致否定"五四"新文化运动倡导科学与民主的历史进步潮流，诱发复古主义的沉渣泛起。

当然，文化自信问题不仅具有政治现实性，而且包含文化理论。其实，在现实生活中，任何一个事关全局的重大政治性的问题，必然同时会呈现为一个重大理论问题。在当代中国，文化自信问题也是一个内涵极其丰富、学理性极强的学术问题。不懂文化的本质和功能，不懂文化在人类历史中的地位和作用，尤其是不懂中国传统文化和当代文化的丰富内涵，也就难以深透地理解习近平总书记为什么把文化自信与道路自信、理论自信、制度自信并提，而且着重指出，"文化自信是更基础、更广泛、更深厚的自信"。这说明，与道路自信、理论自信、制度自信相比，文化自信有自己独特的理论内涵，它涉及的是文化能动作用，以及只有文化才具有的不可替代的特有功能。

为什么文化自信更基础、更广泛、更深厚？马克思主义的传入对中国当代文化结构的变化发生了什么样的重要影响？马克思主义与中国传统文化关系应该如何处理？中国传统文化如何实现创造性转化与创新性发展？在市场经济条件下文化建设是只应该适应市场需要呢，还是同时要具有规范和调节市场主体作用，防止资本的逐利本性对道德对思想对政治产生负面效应？文化理论问题研究越深入，对文化自信问题的重要性和现实意义的理解就会越深透，就会从政治问题进入到理论问题来思考。一个现实的政治问题只有被理论所把握，并且能从理论上给予令人信服的说明，才能真正进入广大干部头脑并为群众所理解。

文化自信更基础。文化包含着价值观与理想和信仰，它是一个民族的精神和品格，也是民族成员的素质提高和道德修养之泉。作为精神家园，它仿佛是巨大建筑物的地基和承重墙。没有地基和承重墙的建筑物是经不起任何震动和冲撞的。没有文化支撑的民族，经不起强敌入侵和政治上的狂风巨浪。在当代中国，无论是道路的选择、理论的创新和制度的构建，如果不注重文化建设，精神田园杂草丛生，就如同要建设高楼而不夯实地基一样。

文化自信更广泛。文化的主体是人，我们所有的人都是在一定的文化环境中成长起来的。文化自信问题不仅仅属于文化人，属于知识分子，属于文化工作者，而且属于全体人民，属于各个不同领域和不同职业，属于中华民族的全体成员。在社会构成的各种要素中，文化的影响最为广泛，如同空气，无所不在，无处不在，无人不在。只有建立起全民族的文化自信，我们的道路选择、理论创新和制度构建，才能从文化心理和情感上得到最广泛最大程度的认同。

文化自信更深厚。文化有不同于经济和政治的特殊功能。文化当然是由经济和政治决定的，但它的反作用又会超越经济和政治的时空限制。在社会形态变化中，生产方式和政治制度会为新的生产方式和政治制度取代，而人类文化是一种继承和积累性发展。中国封建社会的土地所有制和君主制度不再存在，可中华民族世世代代创造的文化仍然作为文化传统在发生作用。文化当然也是变化的，但一个民族的文化并不会因变化而没有传统、没有积累、没有继承。在社会结构各因素中，文化的作用是最为持久的。不仅持久而且深厚。中国文化博大精深，源远流长，既深且厚。它有长达数千年的持久性积累和发展，既有我们祖先创造的传统文化，又有近百年革命先烈创造的革命文化，还有新中国成立后在社会主义实践中创造的社会主义先进文化。它积淀着中华民族最深层的精神创造，代表着中华民族独特的精神标识，既代表过去、代表现在，又代表未来。

中国共产党是在中国文化持久而深厚积累基础上选择发展道路、进行理论创新和制度构建的。它不是浅土插花，而是在文化沃土中深根栽树，得到中国深厚文化之泉的持久的浇灌。时至今日，我们仍然学习我们的传统文化经典，尤其是儒学经典，从中吸取治国理政的经验，吸取大海般的哲学智慧。

文化自信视角的历史审视

文化和历史不可分。历史是文化之根，文化是历史之魂。历史是社会的整体性存在，是文化产生的土壤和活动舞台。因此要理解一个民族的文化，必须理解它的历史。不理解中国历史，就难以理解中国文化。习近平总书记强调，"历史是一面镜子""坚定文化自信，离不开对中华民族历史的认知和运用"。

如果我们从文化与历史的关系中考察文化自信问题，我们会发现在中国历史的长河中，我们经历过高度的文化自信阶段、短期的文化自卑阶段和当代的文化自信重建阶段。这是个马鞍形的发展过程。文化自信问题上的马鞍形，与中国历史发展的马鞍形是不可分的。中国封建社会经历了从先秦到明中期的高度发达，随后逐渐落后于西方并沦为半殖民地半封建社会，中国封建社会走向没落和解体，经过中国革命胜利后的浴火重生，中国再度和平崛起。不以中国历史为背景，我们对文化自信的马鞍形及其当代意义的理解是抽象的、非历史的。

中国是文明古国，而且是世界性的文明古国。在长达几千年历史中，中国从来不缺乏文化自信。作为世界文明古国的中国，有着灿烂辉煌的文化。毛泽东同志在《中国革命和中国共产党》中指出，"在中华民族开化史上，有素称发达的农业和手工业，有许多伟大的思想家、科学家、发明家、政治家、军事家、文学家和艺术家，有丰富的文化典籍"。①为什么有这种文化自信呢？因为自秦汉至明中期以前，中国是世界上经济最为发达、国势最为强盛的国家。在公元前后曾是与罗马帝国相对称的东方秦汉王朝；当世界经历罗马帝国的分裂，经历波斯大帝国的兴衰，经历奥斯曼帝国的灭亡，中国直到唐、明和清朝前半期，仍然是世界上经济总量最大，疆域辽阔，长期保持统一的泱泱大国。正因为有发达的农业经济的支撑，有强大的国力支撑，有统一的国家的保障，因而中国文化也最为发达，最为自信。

商周时代典籍，战国时的诸子百家，汉代雄风，盛唐气象，两宋文化之高度发展，成为世界文化史的辉煌篇章。秦始皇陵墓中发现的气势雄伟的兵马俑，汉墓中出土的马踏飞燕所显示的奋发向上、豪迈进取的精神，《清明上河图》所显示的宋代的发达的城市文明，以及古代中国穿越沙漠、扬帆远航的陆海丝绸之路，见证了中国人的高度自信。

第二阶段，文化自卑，文化自信处于低谷阶段。当西方进入资本主义社会，并开始向外扩张和殖民时期，经过长期发展并处于成熟和高峰期的中国封建社会，开始走向衰落和解体。昔日辉煌的东方大国变成了风雨飘摇朝不保夕的泥塑巨人。经历两次鸦

---

① 《毛泽东选集》第2卷，人民出版社1991年版，第622页。

片战争和中日甲午战争劫难的中国，一系列不平等条约像无数条捆住中国手脚的绳索、套在头上的枷锁和插在身上的吸血管，中华民族面临"亡国灭种，瓜分豆剖"的存亡危机。有人说，中国当时国内生产总值直到康乾时代还是世界第一。这只有统计学意义。从社会形态发展来看，中国明末和清初，犹如百足之虫，看起来还是庞然大物，实际上已落后于西方。中国的国内生产总值是由众多的劳动力生产的农业产品构成的，而西方虽然由于人口少，国内生产总值当时总量不如中国，可是它们已经开始进入工业时代，有先进的科学技术和军事力量。中华民族发生危机，国家发生危机，文化自信必然发生危机。这段时期，应该说是中国文化自卑阶段，也就是文化自信的低谷时期。

文化自信的低谷期与国家衰败是相联系的，它敲响了中国封建社会的丧钟，同时又唤醒了更多中国人。马克思在《中国革命和欧洲革命》一文中说："历史好像是首先要麻醉这个国家的人民，然后才能把他们从世代相传的愚昧状态中唤醒似的。"①的确，中国近代遭受的耻辱和苦难，既摧毁了统治者和一些人心中盲目自大的天朝大国式的愚昧，却同时唤起了具有民族情怀的先进中国人椎心泣血，奔走呼号，开启了探索中国救亡图存之路。

路在何方，中华民族复兴应该走哪条路？当时学术界能想到的只有两条路，这就是陈序经在《中国文化的出路》中说的，一条是主张全盘接受西方文化的西化之路，一条是主张返回中国固有文化维持原有封建体制之路。至于所谓折中主义的"中体西

---

① 《马克思恩格斯文集》第2卷，人民出版社2009年版，第608页。

用"本质上属于第二条路的改良和变形。实际上中国还有第三条路，这就是革命之路。孙中山领导的辛亥革命开启了这条道路，推翻了统治中国二千多年的封建帝制。但孙先生逝世过早，抱恨终天："革命尚未成功，同志仍须努力。"中国共产党人在马克思主义思想指导下继续开辟中国革命之路。中国共产党领导人民走的这条路，才真正是中华民族伟大复兴之路，也是重新树立文化自信之路。

我们当代正处在第三阶段，即实现中华民族伟大复兴阶段，也是文化自信的重建阶段。中国历史经过文化自信、文化自卑到当代文化自信的重建，仿佛是个马鞍形或者用哲学术语说是个螺旋形，但不是黑格尔的三段式，不是回到起点，不是向传统文化的复归。我们当代的文化自信，是在继承中国优秀传统文化和借鉴优秀的西方文化基础上，在马克思主义指导下重建的文化自信。这种文化自信的重建，是在新的时代、新的社会、新的基础上的重建，是与道路、理论、制度自信不可分割地结合在一起的重建，相互结合，又相互促进。不是往回走，而是往前进。

论文化自信的底气

文化自信需要有底气。文化自信的底气和文化自信是一体两面。高度的文化自信，表明我们文化底气十足；而文化底气越足，越强化我们对文化自信的自觉性和坚定性。没有底气，文化自信是空谷回音的自我呼喊；而没有文化自信，文化底气是镜花水月似有实无。要强化文化自信，我们一定要弄清我们自信的底气何在。

与文化自信相连的自信底气问题，同样是当代中国具有的重大理论和现实性问题。它是经过近代100多年灾难后，中国人重建文化自信的理论与事实依据。深入研究中华文化自信的底气，应该重视优秀传统文化的丰富内涵和特质，但又要超越文化视域。因为文化自信的底气，既在传统文化之中，又在现实之中，它离不开当代中国社会。中国传统文化是文化底气之根，中国共产党和马克思主义是文化底气的中流砥柱，中国特色社会主义伟大成就是文化底气的基础，而正确的文化政策则是维护文化底气的制度化保证。只有把文化自信的底气放在当代中国整体环境中，尤其是放在道路自信、理论自信、制度自信和文化自信的辩证关系中，我们才能以新的精神状态在中国特色社会主义新的发展阶段，在全面建成小康社会的关键时刻继续奋进。

文化自信底气来自中华文化的特质

中华传统文化是文化自信底气之根。我们的祖先为我们留下了丰富的文化遗产，包括物质文化和非物质文化。中华传统文化在发展的早期，各种思想学派精彩纷呈，多角度地体现中华智慧的全面性和丰富性。恩格斯说过："在希腊哲学的多种多样的形式中，差不多可以发现以后的所有观点的胚胎、萌芽。"[①]这个论断同样适用于中国传统文化。中国历史上思想学派众多，各有持论，各有辉煌，虽有差异，但不是彼此隔绝。《易传》云："圣人有以见天下之动，而观其会通。""天下同归而殊途，一致而百虑。"和而不同，海纳百川，中华传统文化是由各派思想从各种角度切入的关于宇宙人生、治国理政、立德树人相异相成的大智慧，取之不竭、常用常新。

以儒学为主导的中国传统文化的本质是人文文化，它最关注的是现世而非来世，是人间而非天堂——它是人的文化，而非神的文化。宗教的超越性和神圣性往往引导人们与现实相脱离，马克思是极力反对神性化的文化的，他说："废除作为人民的虚幻幸福的宗教，就是要求人民的现实幸福。要求抛弃关于人民处

---

① 《马克思恩格斯全集》第20卷，人民出版社1971年版，第386页。

境的幻觉，就是要求抛弃那需要幻觉的处境。"①中国历来不是政教合一、皇权与神权共治的国家。传统中国的治国理政，立德教民，是依据思想家的教导和智慧，而非神谕或上天启示。在中国，战国时期诸子百家和历代思想家的学说主要是现实的智慧，而无关来世。范仲淹的"居庙堂之高则忧其民，处江湖之远则忧其君"和张载的"为天地立心，为生民立命，为往圣继绝学，为万世开太平"体现的都是这种世俗精神、人世情怀。

中华传统文化的现实关怀，并非没有超越性和神圣性。中华传统文化把为国家为民族而勇于牺牲作为最高价值，其自身就包含超越性，即超越个人的利益，心中有"大我"而不是"小我"；具有神圣性，因为它怀有崇高的理想和信仰，杀身成仁，舍生取义，以身殉道、以身殉国，而不是临难图苟免，贪生怕死。中华民族没有发生过宗教战争，也没有宗教殉教者、没有对宗教战争杀戮者的赞美，有的则是对为国牺牲者的歌颂。屈原的《九歌·国殇》就是对战死沙场的勇士们的歌颂，"旌蔽日兮敌若云，矢交坠兮士争先""带长剑兮挟秦弓，首身离兮心不惩"。习近平总书记指出："中国人看待世界、看待社会、看待人生，有自己独特的价值体系。中国人独特而悠久的精神世界，让中国人具有很强的民族自信心，也培育了以爱国主义为核心的民族精神。"②

中华文化是极具生命力和创造性的文化，一部中华文化史，同时是一部中华文化思想创造史。在历史上，历代都有杰出的思

---

① 《马克思恩格斯选集》第1卷，人民出版社2012年版，第2页。

② 习近平：《在布鲁日欧洲学院的演讲》，《人民日报》2014年4月2日第2版。

想家从不同方面对中华文化积累作出自己的贡献，如积土为山，汇河成海。在中华文化史上，不同时代各有特色和高峰，人才辈出，各领风骚。各个时代都有各自作出突出贡献的思想家和传世经典文本。至于楚辞、汉赋、唐诗、宋词、元曲、明清小说，都是代表自己时代性的文化珍品。中华文化的创造性和时代性特征，中华文化的生命力，是我们文化自信的底气。我们的文化博大精深，历经5000多年发展从未中断，全赖这种创造力。一种没有创造力的文化，就是没有生命力的躯体。尤其处在发展迅速、风云变幻、竞争激烈的当代世界，一个国家仅仅拥有丰富的文化遗产而无创造性，不能创造出与时代相符合的当代文化，不会拥有足以自信的文化底气。文化遗产是历史，它代表先人的创造和智慧。一个民族的文化不仅要源远，还要流长；不仅要根深，还要叶茂；不仅要有传统性，还要有现代性。因为传统文化遗产能否保存，能否发挥它泽被子孙后世的作用，不能只依靠祖先的荫应，而应该是后世子孙的继承、发展和创造。历史证明，民族文化遗产无论怎样丰富，后代都不可能坐享其成。这是北非、西亚曾经辉煌的文明古国的当代命运告诉我们的真理。文化自信的底气不仅来自传统的辉煌，而且更有赖于现实的灿烂。

中华传统文化世俗性和家国情怀的继续发扬与升华，以及它的创造性和生命力，在当代体现为红色文化和社会主义先进文化。近百年来体现为革命的红色文化和社会主义先进文化。红色文化承载着多少代共产党人和革命者的心血，无论是昂首阔步戴镣长街行，或是被暗暗处决，或者是战死沙场，都是在为理想和信仰而牺牲。这种为国家为民族为人民而牺牲的理想和信仰，是神圣的和超越自我的。红色文化是用奋斗和鲜血书写成的有字的和无字的文化。有字的，是先烈们的著作和充满理想和激情的牢狱书信。像《革命烈士诗抄》和方志敏《可爱的中国》中那些令天地变色、世人泪奔的临刑高歌的绝命诗；无字的，是革命人民和共产党人前仆后继战斗中所包含的奋斗精神。习近平总书记非常重视红色文化，多次指出，"中国革命历史是最好的营养剂""历史是最好的教科书"，强调"要把红色资源利用好、把红色传统发扬好、把红色基因传承好"。而以社会主义核心价值观为主导的社会主义先进文化，是以人民利益为中心的文化，是为了人民过上最美好生活的文化。可以这样说，当代中国文化自信的底气，既来自我们传统文化博大精深的丰富性与和而不同的包容性和创造精神，也来自体现自强不息民族精神的红色文化的革命性、社会主义文化的先进性和导向性。在当代，如果不重视红色文化和社会主义先进文化作为中华文化重要构成这一现实，就很难全面理解当代中华文化的底气由何而来。

中国共产党和马克思主义是自信底气的中流砥柱

在当代中国，研究文化底气问题，绝不能无视中国共产党作为中国革命和社会主义建设的领导核心地位。中国共产党是中国工人阶级的先锋队，它在中国处于三座大山压迫下时，肩负起推翻旧中国、建立新中国的历史使命，其中就为文化重建和复兴提供了可能性；在新中国成立后，它肩负起全面建设新中国的历史使命。中国共产党不仅发展经济，强国富民，对国家的发展和人民的福祉负责，还要在实践上重建文化自信。毛泽东同志曾经预言："随着经济建设的高潮的到来，不可避免地将要出现一个文化建设的高潮。中国人被人认为不文明的时代已经过去了，我们将以一个具有高度文化的民族出现于世界。"①党的十八大以来，习近平总书记提出实现中华民族伟大复兴的中国梦，并在"7·26"重要讲话中强调"在新的时代条件下，我们要进行伟大斗争、建设伟大工程、推进伟大事业、实现伟大梦想"。实现"四个伟大"同样要求实现中华文化的复兴。

近百年的苦难历史证明，如果没有中国共产党，就不可能有重振中华民族和中华文化的有组织的政治力量；没有中国共产党领导的革命，就不可能有新中国，就不可能找到重新树立文化自信的道路。如果中国仍然保持旧的社会和旧的制度，中国就不可能是现在的中国，就不可能有现在的文化自信的底气。在研究文化自信底气问题时，绝不能无视中国共产党不仅是中国革命的领导者，而且是文化建设的领导者，是文化自信底气的中流砥柱这一现实。

社会上曾经刮起小股"民国风"，认为民国时期的文化名人代表了中华民族的文化自信和文化底气。这是一叶障目而不见泰山。从辛亥革命推翻帝制到中华人民共和国成立近40年，是中国由乱到治的社会大变革的过渡时期，是一个混乱而又向前迈进的时期。民国时期总体上经济落后、政治专制、教育落后，文盲遍于国中，但由于社会处于转折时期，在文化上出现过一些名人。但在一个落后的中国，极少数文化名人或曰文化精英，并不能代

---

① 《毛泽东文集》第5卷，人民出版社1996年版，第345页。

表当时中国具有文化自信和文化底气。文化自信的本质是民族自信，是整体民族的精神状态。我们敬重其中一些人对中华文化的贡献，但仅凭旧社会极少数文化精英，而无视中国共产党领导的革命胜利和国家重建、社会重建、文化重建，就不可能懂得当代中华文化自信的底气究竟从何而来。中国共产党是中国革命的中流砥柱，也是中华文化复兴的中流砥柱。在当代中国，党政军民学、东西南北中，党是领导一切的，是总揽全局、协调各方的最高的政治力量。削弱或否定中国共产党的领导，中华民族会再度丧失文化自信的底气。办好中国的事情，关键在党。正因为这样，十八大以来，我们党高度重视党建，从严治党，惩治腐败，务必不辜负全国人民对党的信任和期待。

与中国共产党不可分的就是马克思主义在意识形态领域的指导地位。马克思主义的指导地位，究竟是有利于创新性发展中华传统文化，还是阻碍中华传统文化的发展？在有些人看来，马克思主义是西方学说，是异质文化，在中国，马克思主义与中华传统文化的"文化冲突"不可避免，它是近代中华文化传统断裂的根本原因。其实，就文化而言，马克思主义的传入，提供了用科学态度审视中华传统文化，辨别精华与糟粕，正确处理继承与创新、传统与现代化的科学态度，有力反对文化虚无主义、反对全盘西化主义和复古守旧的保守主义，从理论上阐述了中华传统文化的精神特质和可继承性。毛泽东同志曾提出："从孔夫子到孙中山，我们应当给以总结，承继这一份珍贵的遗产。"[1]"我们信奉

---

[1] 《毛泽东选集》第2卷，人民出版社1991年版，第534页。

马克思主义是正确的思想方法，这并不意味着我们忽视中国文化遗产和非马克思主义的外国思想的价值。"①党的十八大以来，习近平总书记对如何对待中华传统文化作过一系列重要论述。事实证明，马克思主义不是贬低中华传统文化，而是提升中华传统文化在世界文化中的地位，是中华文化沿着正确方向发展的导向和推进器。

只要不怀政治偏见的人都可以看到，如果从中国文化生态中排除马克思主义，中国传统文化的创造性转化和创新性发展就不可能。如果仍然是对历史上传统的解释理论和研究方法亦步亦趋，就不可能别开生面，讲出新道理、新思想、新体系，形成中华传统文化研究的新高峰。如果排除马克思主义在意识形态领域的指导地位，当代中国将呈现出这样一幅文化图景——占统治地位的仍然是帝国主义文化、封建主义文化，或保守的国粹主义和西化主义相结合的非骡非马的杂拌文化，而不可能是以马克思主义为指导，以中华优秀传统文化为根，并充分吸收西方优秀文化的具有中国特色的社会主义先进文化。如果这样，中国的文化将会倒退一百年。

尤其重要的是，马克思主义在中国的传播，当它被中国化成为毛泽东思想，成为中国特色社会主义理论时，就不再是所谓"异域文化"，而是当代中国文化最重要的内容。中国化的马克思主义，不仅内容是与中国实际、与中国历史和文化的结合，而且就语言风格和气魄而言都具有中国文化的特色。我们只要读读

---

① 《毛泽东文集》第3卷，人民出版社1996年版，第191页。

毛泽东同志的《实践论》《矛盾论》《关于正确处理人民内部矛盾的问题》，读读习近平总书记系列重要讲话中的引经据典所显示的中国风格，就能明白中国化的马克思主义既是马克思主义的，又是中国的。因此，马克思主义的指导作用、马克思主义的中国化，不是外在于中国文化之外的异质文化，而是中国当代文化的内在灵魂和指导思想，是中国传统文化永葆青春和活力的思想支撑。没有马克思主义与中华文化的结合，在近代西方殖民文化和帝国主义文化的强势攻击下，中华文化很难有文化自信的底气。

在研究中国文化自信底气时，我们不能忘记构建中国特色哲学社会科学的重要性，要充分认识到繁荣和发展中国特色哲学社会科学，对增强中华文化自信底气有着无可替代的作用。没有现代理论支撑和对中华传统文化阐述的参与，对中国传统文化精髓的理解往往不易到位，不易得到具有时代性和科学性的阐述。中国传统文化讲仁爱、重民本、守诚信、崇正义、尚和合、求大同等许多价值观念，要使其与现时代相适应，获得新生命力，必须有相关的哲学社会科学学科深入阐述它的内容并充分展开有理有据合乎逻辑的理论论证，而不是停留在高度浓缩的格言式的命题上。

我们既要充分发挥哲学社会科学对中华传统文化的科学阐述作用，又要充分发挥中华传统文化在构建中国特色哲学社会科学的思想资源和启迪作用。这两者是不可分割的。不能因为维护中华传统文化的人文特质，而拒绝与当代中国哲学社会科学的联姻，拒绝承认中国传统人文文化中可以提供包含科学性的智慧。中华传统文化博大精深，其中包含极其丰富的符合自然规律和社会规律的内容。不能认为一提中华传统文化内涵的科学性问题，似乎就是否定中华文化的人文本质。这种科学性与人文性绝对对立的看法是偏颇的。把中华文化的人文性紧锁在"袖手论道""空谈心性"范围内，是对中华传统文化精髓的误读。

中国特色哲学社会科学的构建，不仅要立足中国实际，面对当代中国问题，而且应该充分利用中华传统文化的思想资源和历史上的实践经验。无论是马克思主义哲学、马克思主义经济学、马克思主义法学、马克思主义史学理论、马克思主义政治学或社会学、管理学、人口学，都可以从中国传统文化中吸取智慧和启发。中国哲学中包含丰富的唯物主义和辩证法思想以及关于人和人性的探索；中国经济史和经济学说思想史、中国法制史和司法实践史、中国政治制度史和历代治国理政学说，以及著名思想家著作中与上述学科的相关论述和历史上的实践经验，都可以通过批判地总结、吸收和改造，成为构建中国特色哲学社会科学的思想资源。构建当代中国特色哲学社会科学，如果割断它与中华传统文化的关系，只能永远当西方相应学科的理论和话语的搬运工，具有中国特色的本土化的哲学社会科学就难以建立。

以马克思主义为指导，是中国哲学社会科学区别于西方哲学社会科学的本质特征。以马克思主义为指导，从世界观和方法论来说，就是坚持辩证唯物主义和历史唯物主义。哲学基本问题和唯物主义与唯心主义的区分，是有关世界本体和认识来源及标准问题，而不是到处可贴的标签。从来没有一个马克思主义哲学家把它作为文化划分的标准，说某个民族文化是唯心主义的文化，某个民族文化是唯物主义的文化。

历史上哲学家的历史地位和对文化的贡献，不是简单由唯物主义和唯心主义区分来定位的，而决定于它的体系中包含的哲学智慧。列宁曾经说过："聪明的唯心论比愚蠢的唯物论更接近于聪明的唯物论。"掩埋在泥土中的珍珠仍然是珍珠。唯心主义辩证法大师黑格尔就比旧唯物主义尤其是比庸俗唯物主义对人类思想贡献大得多。正如同旧唯物主义尤其是庸俗唯物主义的错误，并不在于它是唯物主义，而在于它在唯物主义名义下包裹着的哲学缺点和错误。"朱子学"和"王学"都是具有国际性影响的学说。在当代中国，程朱理学和陆王心学对人作为人的道德教化和修身养性，提供了一种具有中国特色的"修养论"和"工夫论"，有助于人的主体性确立和道德素质的优化。这是继承儒家哲学重视"成人之学"，培养理想人格的哲学的一贯传统，而"致良知"和"知行合一"又是新的发展。但我们不能把程朱理学或陆王心学的命题无限地外推，把它从道德和人格的"修养论"和"工夫论"变为"宇宙论"和"认识论"，把"理一元论"和"心一元论"置于马克思主义的辩证唯物主义之上。

理论和实践成就是文化自信底气的基础

在当代中国，中国特色社会主义道路自信、理论自信、制度自信、文化自信是相互依存和相互促进的。我们要在它们的相互关系中研究文化自信的底气。文化自信是最持久和最深厚的自信，它起精神支撑作用，贯穿于道路、理论和制度的自信之中。但我们也应该看到，中国特色社会主义道路、理论和制度的成就，中华民族迎来了从站起来、富起来到强起来的历史性飞跃，极大地增强了文化自信的底气。

新中国成立以来，特别是改革开放以来，我们在坚持中国特色社会主义道路、理论和制度中取得的成就，无比增强了我们文化自信的底气。习近平总书记指出："当今世界，要说哪个政党、哪个国家、哪个民族能够自信的话，那中国共产党、中华人民共和国、中华民族是最有理由自信的。"[①]的确，中国道路、中国理论、中国制度的伟大成就，无比增强中国人文化自信的底气。一个处于半殖民地半封建社会的中华文化，与一个成为世界第二大经济实体、和平发展中的中华文化相比；一个经济落后不断挨打，处于世界边缘时期的中华文化，和日益走向世界政治舞台中心的中华文化相比，哪个更具文化自信的底气，这是不言而喻的。国家的强大、民族的复兴，是文化底气的经济、政治支撑。

当年，德国学者斯宾格勒在《西方的没落》中，为什么对文化抱着一种悲观主义态度呢？因为西方文化的没落，其实是西方资本主义制度开始没落的映射。资本主义制度在几百年的发展史中，对人类作出了重大贡献，但它逐渐走过了辉煌鼎盛时期。斯宾格勒的文化悲观主义其实是西方社会的资本主义制度开始走向没落的一种预言。文化的活力不可能离开社会经济和政治制度的支撑。中华文化自信的底气，正在于中国道路向世界贡献的现代化的新方案、新式的人民当家作主的民主制度以及不同于西方

---

① 习近平：《在庆祝中国共产党成立95周年大会上的讲话》，《人民日报》2016年7月2日第2版。

"普世价值论""历史终结论"和"文明冲突论"的社会发展理论。

当然，中国特色社会主义道路正在往前走，还需要不断总结经验；中国特色社会主义理论体系，要永远保持与时俱进的品质；中国特色社会主义制度需要在实践中不断完善；我们还存在不少社会问题需要解决，需要不断深化改革。中国特色社会主义已经进入新的发展阶段，处在全面建成小康社会的决战时刻。随着中国特色社会主义建设不断取得新成就，我们文化自信的底气将会进一步提升。

文化政策是增强文化自信底气的制度化保证

无论是经济建设、政治建设，都需要正确的路线和政策。文化建设也是一样。文化建设正反两方面经验教训，使我们对制定正确文化政策的急迫性和重要性有深切的体会。因为执政党如何对待传统文化，实行什么样的文化政策，对于能否正确处理文化自信中的传统与现代关系至关重要。

从理论上来说，无产阶级对待民族文化传统与资产阶级相比更具科学态度、更具宽阔的眼界和胸怀。当年资产阶级革命的启蒙主义先驱，在继承和吸收古希腊罗马的人文主义方面发挥了重要作用。但随着资产阶级革命的胜利，资产阶级上升为统治阶级，他们最感兴趣的不再是文化传统，而是证券交易所和利润，是对职位与收入的担忧和极其卑鄙的向上爬的思想。恩格斯在历数资产阶级对待传统文化的不屑态度后说，"德国工人运动是德国古典哲学的继承者"。

当无产阶级还处于被统治地位时，继承民族文化传统只能是一种理论，而不可能是一种现实的政策。中国共产党从自身经验中认识到，传承和发展自己民族的优秀传统文化，不能只停留在理论上，必须变成一项具有理论性和约束性的国家政策，由全党和全社会各相关机构共同实行。中共中央办公厅、国务院办公厅印发的《关于实施中华优秀传统文化传承发展工程的意见》，就表明我们国家对中华传统文化传承和发展重要性与迫切性的认识提到一个新的高度。《意见》对实施中华优秀传统文化传承发展的重要意义、基本原则、总体目标、保障措施以及如何把优秀传统文化融入整个国民教育体系、如何保护传承文化遗产等，都有明确而具有指导意义的规定。中国共产党把中华优秀传统文化的传承和保护，以及使之成为国民教育的组成部分提高到国家文化战略层面，并作为一项各级党委政府和相关机构的责任，提高了全国人民传承发展传统文化的自觉性。坚决执行这一政策，有助于提高文化自信的底气。

中华文化的丰富性及其创造性发展，是中华文化发展上的客观现实。文化自信和文化底气问题是对中华文化的历史唯物主义分析。这是一种超越纯文化的角度，对当代文化自信和底气问题置于社会的总体性分析。这种分析方法比单纯就文化谈文化自信，更会令人信服地认识到，中国共产党的领导和以马克思主义为指导、中国特色社会主义制度的建立和改革，对文化自信底气的增强具有重大的价值和意义。

历史顺向运动与历史研究的逆向思维

历史是由过去向当代走来，研究历史是由当代向过去走去。历史之流是顺时针的，是由前向后，由古及今；而历史研究却是逆时针的，是回溯性，由后向前，由现在追溯以往。这就是产生克罗齐的"一切真正的历史都是当代史"著名命题的原因。这个命题影响至深，至今仍是历史学研究追求真实性和科学性时争论不休的"卡夫丁峡谷"。

实际上，克罗齐的论断中包括了两个问题：一个问题是，任何历史学家都在自己的时代从事历史研究和著述，历史学家的观点、视角、兴趣、关注点，都不可能跳出自己的时代，即每个历史学家所处的"当代"。历史研究的兴趣、关注的问题和研究动机都受自己时代的影响。根本与现实需要无关，为历史而历史的研究是毫无意义的。我们只要比较汉代贾谊的《过秦论》和唐代柳宗元的《封建论》与毛泽东同志的"劝君少骂秦始皇"和"百代都行秦政法"的评价，就可以看到历史的价值评价确实具有时代性。从这个角度来理解克罗齐的论断，无疑对历史研究是有启发的。

历史学家都生活于特定时代和确定的历史条件下，他们无法超越自己的时代和历史条件去研究和认识历史。历史学家对历史事件和人物的判断都具有一定的时代局限。全部人类认识就个人而言，谁能超越自己的时代和历史条件呢？难道自然科学家能超越自己的时代和历史条件吗？不能。恩格斯说过，人都是在一定条件下认识事物，条件达到什么程度认识才能达到什么程度。谁能由于自然科学家的时代和历史条件性而否认自然科学的科学性呢？没有。可见，一门学科的科学性问题并不仅在于认识主体的条件性问题，而同时是认识对象的客观性问题，在于主体认识和客观事实符合的程度问题。

另一个问题是，历史判断的当代性能不能变为被研究的历史事实和历史人物的当代性呢？按照历史唯物主义观点，不能。历史认识的当代性涉及的是历史研究的主体及其历史价值观的当代性。历史研究主体的时代性是变化的，他们的历史价值观是不断变化的。因此"当代性"是研究者的一种永恒的话语，任何时代都是自己的"当代"，都是研究者生活其中的"当代"。可历史事实和历史人物是"过去"，他们有自己发生的确定的时代和真实的内容。我们可以改变观察历史的观点，但不能改变历史事实，也不能把古人从古代拉到当代。

对历史的价值判断永远不能取代对历史的事实判断。习近平总书记在谈到对历史人物评价时，坚持的就是历史唯物主义观点。他在2013年12月26日纪念毛泽东同志诞辰120周年座谈会上的讲话中指出："对历史人物的评价，应该放在其所处时代和社会的历史条件下去分析，不能离开对历史条件、历史过程的全面认识和对历史规律的科学把握，不能忽略历史必然性和历史偶然性的关系。不能把历史顺境中的成功简单归功于个人，也不能把历史逆境中的挫折简单归咎于个人。不能用今天的时代条件、发展水平、认识水平去衡量和要求前人，不能苛求前人干出只有后人才能干出的业绩来。"

任何历史书写者都属于特定的历史时代。人的生命有限，对历史事实不可能亲见亲闻，而历史书写的对象或通史，或断代史中的事件或人物，属于另一个过去了的时代，甚至久远。片面强调一切历史都是当代史，必然会把人类的全部历史当代化或当成当代的历史。如果每一代历史学者都是按照书写者自己的时代、观念、思想重构过去，而且是永远不断地重构过去，那"历史真实性"将永远笼罩在不断变化、永远不可信的"当代性"的迷雾之中。以这种历史观指导历史写作，往往会自觉或不自觉地沦为历史的伪造者，尽管自认为是合理地构建过去。有位学者说得好：谁会在乎历史学家的马后炮呢？我们应当提醒那些学者不要沉迷于自己的观点便忘了当时的可行性。克罗齐的论断对追求历史绝对真实性的历史学可以说是猛击一掌，它能够促进历史学家更谦虚地看待自己的历史结论，更加实事求是地进行历史研究。但它的副作用也是不言而喻的。"一切历史都是当代史"论断的绝对化、片面化，必然导致相对主义和历史虚无主义。

如果根据没有任何历史学家能跳出自己时代，回到历史书写的年代，所谓历史事实只能是"当代"作者写入书中的所谓事实，每代历史学家都能通过写作把历史变为"自己的当代史"，那就等于宣布历史事实无"彼时""彼地"，永远只有"此时""此地"。这样的历史不是历史自身，而是历史研究者心中的历史。坚持"一切历史都是当代史"，必然要把历史学从科学研究中驱逐出去，变为当代人的创作，这种历史观最容易助长历史附会、影射史学。历史现实化，现实历史化，这对两者都有百害而无一利。影射史学，是史学科学性的祸害。

"一切历史都是当代史"虽然以反对历史本体论为前提，吊诡的是它照样是建立在唯心主义历史本体论的基础上的。克罗齐明确宣称，历史进程"生于思想而又回到思想，它通过思想的自知性而成为可知的，它绝不需要求助于外在于自己的任何事物去理解它自己"，"除非我们从这样一个原则出发，就是认定精神本身就是历史，在它存在的每一瞬间都是历史的创造者，同时也是全部过去历史的结果，我们对历史思想的有效过程是不可能有任何理解的。所以，精神含有它的全部历史，历史和它本身是一致的"。可见，对克罗齐来说，历史事实并不是真正的历史事实，他在所谓事实上看到的只是思想的光芒。只有思想才是历史研究的起点和终点。如果没有唯心主义历史本体论的支撑，"一切历史都是当代史"的论断，就难以自圆其说。

"一切历史都是当代史"，等于人类没有真实历史，没有真实发展过程，永远只有当下。尽管克罗齐关于一切历史都是当代史，或者说所谓批判历史哲学把历史科学的可能性集中于历史认识论问题的研究，对历史科学的发展有促进作用，它有利于推动历史研究者更谦虚地处理历史事实和自己历史判断的关系，深入探求能够更真实揭示历史真实性的方法和途径，但以对历史的主体判断代替历史自身的客观性，带来的是历史科学性的灭顶之灾。

在分析克罗齐的"一切历史都是当代史"时，我们一定要明白，对历史人物和历史事件的评价，有两种不同的评价主体。一个是历史学家，另一个是人民。历史学家是学者的评价，是学术的评价；而人民的评价是百姓的评价，是人心的评价。它们可能一致，也可能截然相反。就当代来说，我们可以发现对太平天国、对义和团、对鸦片战争、对新中国成立前后的新旧社会、对中国革命、对毛泽东同志等截然相反的评价。我们重视学者有真实学术见解的评价，但不能把一些学者的具有偏见的评价以学术之名凌驾于人民的评价之上，甚至否定人民的评价。历史是人民创造的，最终具有评价决定权的是人民。人民的评价代表人心向背，代表历史发展方向。我可以断言，历史学家对开元之治、贞观之治、康乾盛世的评价，总不如当时人民的切身感受来得真实和亲切。因此研究历史，不仅要看正史，还要看野史，看时人笔记，看当时关于人民的生活的真实记载。曾经有少数所谓学者违背十一届六中全会《关于建国以来党的若干历史问题的决议》，对毛泽东同志进行无耻中伤和造谣诬蔑，他们和党的决议、和全国老百姓对毛泽东同志的评价相对立。一个有学术良知的历史学家在评价历史人物和重大历史事件时，一定要坚持以人民为中心，站在人民的立场。以人民为中心和实事求是是一致的，相反往往会歪曲事实，只有以人民为中心，才能接近历史的真实。任何在重写历史的名义下，在追求历史真实性名义下，与人民相反的评价，以历史的启蒙者自居，众人皆醉我独醒，实际上只是旧时代的回音。以克罗齐的"一切历史都是当代史"的观点为据，帮不了忙。

本来，历史回溯性思维应该更有利于我们认识历史，因为我们可以站在更高的水平上研究历史。马克思说过："对人类生活形式的思索，从而对这些形式的科学分析，总是采取同实际发展相反的道路。这种思索是从事后开始的，就是说，是从发展过程的完成的结果开始的。"①回溯性思维或说向后思维，对历史研究来说是一种必需的不可少的思维方式，不是它的缺点，而是它的优点。这正像人体解剖对于猴体解剖是一把钥匙一样。不仅马克思这样看，一个真正对历史理论有研究的学者也会这样主张。布洛赫也发表过类似的看法。他说："如果认为，史学家考察历史的顺序必须与事件发生的先后完全吻合，那真是个极大的错误。虽然，他们事后会按历史发展的实际方向叙述历史，但在一开始，却往往如麦特兰所言是'倒溯历史'的，这样更为便利。任何研究工作，其自然步骤往往是由已知推向未知的。"只是由于唯心主义采取的怀疑历史客观性的观点作怪，把"回溯性"视为历史可信的障碍。历史唯物主义立足于历史的唯物主义和辩证法，认为正确的历史分析并不会因为历史是从后思维而不可信。离开历史发生的场景，事物的真相和历史人物的历史作用随着时间的推移表现得更充分，材料可以更多，真相更清楚，后人可以站在历史发展的结果上，摆脱事变发生时的种种利害关系，观察

---

① 《马克思恩格斯文集》第5卷，人民出版社2009年版，第93页。

更客观，站得更高，分析更为透彻。研究方法和叙述方法不同。无论是研究经济学还是历史学都一样。研究往往是从最发展的形态开始，即从后开始，而叙述则按照历史顺序。因为"对现实一无所知的人，要了解历史也必定是徒劳无功的"。

法治与德治何以相得益彰

坚持依法治国和以德治国相结合，是中国特色社会主义法治道路的一个鲜明特点。二者分别用"依"和"以"，用语准确，不能换位。历史上，儒家主张以德治国，但其本质是依德治国。依德治国要求性善，儒家倡导性善，但这只是一种贯彻自己学说的立论而已。因此，我们不能依德治国。依法治国也不能换成以法治国。如果以法治国，法就可能蜕变为统治工具，统治者自己则置身法外；依法治国，意味着在法律面前人人平等，都得遵守法律。我国封建社会有丰富的法律文化和诸多法律，如秦律、汉律、唐律等，可以取其精华、加以借鉴，但封建社会不是法治社会，因为其法律只是用来统治老百姓的。

在封建社会，非圣则非法。所谓以孝治天下就是以道德为法，不孝是会受到严惩的。曹操诛建安名士孔融，罪名就是"不孝"。可见，依德治国的标准难以厘定，因为道德以价值为圭臬，具有较强的相对主义色彩。这说明，治国必须依法，做到有法可依，建设法治国家和法治社会。

　　道德与法律是有界限的。道德重在化民、教民，有道德的人会自觉遵法守法。个人主义者或利己主义者容易突破道德底线做违法的事，但有个人主义或利己主义思想并不违法。法律要论迹，提供犯罪事实；道德要论心，提倡慎独慎微。我们应当用道德教化民众，用法律厘定罪与非罪的界限。只有这样，才能从道德与法律两方面治理好国家和社会。

　　在现实生活中，道德要求往往高于法律规定。比如，法律没有规定不孝敬父母是犯罪，但子女不赡养父母可以通过法律来解决。孝不只是赡养和义务，而且是敬，是一种对父母的敬爱之情。只依法交赡养费而不敬爱，不能算孝。正如孔子所说："今之孝者，是谓能养。至于犬马皆能有养，不敬，何以别乎？"我们不能用法律条款反对道德教化，也不能用道德观念绑架法律。法律是现实的，其判决可以通过强力机关执行；道德观念则是一种理想、一种价值观、一种做人的标准。就社会功能而言，道德不同于法律。法律主要是事后处理或惩罚，而道德教育可以提高人们的道德自觉。有道德的人，不是由于害怕法律惩罚而不犯法，而是由于道德内化为良心自觉而遵守法律。道德不是威慑力量，而是教化力量。可以说，道德是一种自觉行为，甚至是一种勇气。见义勇为、杀身成仁、舍生取义，这些行为都是道义力量使然，而不是法律条款的规定。

　　在社会主义社会，依法治国和以德治国可以形成强大合力，释放强大正能量。争论哪个更重要，实在没有必要。从道德角度说，我们提倡国家、民族利益高于一切，这种集体主义、爱国主义并不违反法律中有关个人权利保障的条款。维护个人合法权利属于法律范畴，为了集体利益而牺牲个人权利并非法律规定，属于道德范畴，它们都是社会主义社会所需要的。相反，如果将依法治国和以德治国对立起来，则是有害的。例如，认为提倡集体主义、爱国主义就是不尊重个人权利，以私权神圣为由反对提倡集体主义、爱国主义，这样的论断和做法都是错误的，其实质是混淆了法律和道德的不同功能。

　　道德规范不能脱离时代和社会制度。在社会主义条件下，为树立正确价值观，出于国家稳定和社会和谐的考虑，在对公众进行思想道德教育时，有分析地强调责任优先于权利等道理是正确的。相反，将权利置于责任之上、将自由置于国家安定团结之上、将个人置于集体之上，在实践中会带来许多危害。我们不能用法律规定来反对道德教化，不能简单认为凡是法律不禁止的都是可以做的。法律不可能无所不包，规定人的全部行为。我们需要的既是法治社会，又是具有高尚道德的社会。社会主义法律应当维护个人权利，社会主义道德应当倡导个人利益服从集体利益、提倡无私奉献。这就是法律与道德相得益彰的辩证思维。

雄踞人类思想高峰的马克思

恩格斯称马克思为"当代最伟大的思想家"。马克思是个像普罗米修斯一样的盗火者，他为在黑暗中摸索的无产阶级和被压迫民族指明了解放的方向。恩格斯在给马克思的信中曾经说过："目前首先需要我们做的，就是写出几本较大的著作，以便给许许多多非常愿意干但自己又干不好的一知半解的人以一个必要的支点。"①马克思就是这种撬动旧世界的理论支点的创造者，这是对无产阶级解放事业彪炳千秋、永载史册的伟大贡献。

马克思的思想不仅属于无产阶级，也是全人类的文化遗产。因为马克思创立的学说中包含的对世界发展规律、对人类社会发展规律的认识，大大丰富了人类积累的智慧宝库，为人类知识增加了最具创造性的新内容。并且为人类对自然、社会、人类自身的认识提供了世界观和方法论指导，从而为人文社会科学的科学化奠定了思想理论基础，为人类认识和科学进步提供了新的推动力量。

---

① 《马克思恩格斯全集》第27卷，人民出版社1972年版，第18页。

历史为无产阶级和人类贡献了一位世纪天才马克思，马克思以后的人类历史又见证了马克思主义的曲折光辉历程，见证了马克思作为伟大思想家的远见卓识和求实睿智的科学精神。马克思是被反动统治者迫害、驱逐的德国流亡者，一生贫困多病，儿子夭折，连寄信的邮票钱都没有。可这一切都没有阻止他为创立无产阶级和人类解放的理论而进行研究和写作的革命激情。卷帙浩繁的《马克思恩格斯全集》就是明证。只活了65岁的马克思，为人类留下的思想财富如此丰富，这在人类历史上是少见的。我们纪念作为伟大革命导师的马克思，同时要纪念作为伟大思想家的马克思，牢记马克思是马克思主义学说的创立者。

当年与马克思、恩格斯同时代的人创造的学说，不少已经成为历史陈迹。当代西方没有任何一个理论家能为解决西方资本主义矛盾提出一个有效的理论说明和解决方法。马克思并非高官政要，也非富可敌国的亿万富翁。就是这样一个穷困多病的人，逝世时惊动了整个欧洲，当时不少报刊发表社论和文章对他表示敬意，不少工人组织对他表示哀悼。在人类历史上为穷人说话表示哀怜的思想家并不少见，摇晃"穷人乞食袋"的各种社会主义流派也很多，但唯有马克思不是用怜悯，不是用眼泪，不是用抽象人道主义原则表示同情和抚慰，而是真正用科学理论揭示他们的处境并为他们指出解放的途径。马克思是用真理征服世界，用真理改造世界。只有真理的力量才是不可战胜的。

黑格尔说过："伟大的灵魂——哲学史上的英雄们的身体，他们在时间里的生活，诚然是一去不复返了，但他们的著作（他们的思想、原则）却并不随着他们而俱逝。"历史上不少著名思想家逝世了，但是其思想不会死，因为它通过文字对象化为著作，可以为后人所研究、吸收和借鉴。但我们需要特别强调的是，作为思想家的马克思对历史和现实产生的影响，和历史上一些著名思想家的不同之处在于他同时是一个革命家，是一个实践者。马克思的著作不只是藏于世界各个图书馆的典籍，不只是待人阅读和研究的经典。马克思永远是活着的马克思。英国学者特里·伊格尔顿说得对："与政治家、科学家、军人和宗教人士不同，很少有思想家能真正改变历史进程，而《共产党宣言》的作者恰恰在人类历史发展进程中发挥了决定性作用。历史上从未出现过建立在笛卡尔思想之上的政府，用柏拉图思想武装起来的游击队，或者以黑格尔的理论为指导的工会组织。马克思彻底改变了我们对人类历史的理解，这是连马克思主义最激烈的批评者也无法否认的事实。就连反社会主义思想家路德维希·冯·米塞斯也认为，社会主义是'有史以来影响最深远的社会改革运动；也是第一个不限于某个特定群体，而受到不分种族、国别、宗教和文明的所有人支持的思想潮流。'"全世界马克思主义的信仰者之多，超过任何一种思想理论。英国共产党总书记罗伯特·格里菲思在回答记者提问时说："无论是有组织的工人运动、知识分子运动，还是工会组织，甚至今天的工党，都深受马克思主义思想的指导和影响。可以说，马克思主义一直活跃在英国。"

当然，马克思主义是在斗争中发展的。马克思主义这样一种改变社会形态、改变世界政治格局的理论，必然触犯一切旧有统治者和有产者的利益。它的存在和发展，不可能无风无浪水波不惊。树欲静而风不止。一个半世纪以来反对马克思主义的思潮和学说从来没有停止过。在当代，我们应该特别注意那种把马克思主义与马克思对立起来的观点。有论者往往引用马克思说的"我只知道我自己不是马克思主义者"作为立论根据。其实，这是马克思对自称马克思主义者的法国工人党中的一些极"左"分子的批评。恩格斯在批评德国党内的一些大学生的幼稚行为时，也曾引用过马克思这句话，并且明确指出马克思这段话真实意义是为了区分"龙种与跳蚤"。

马克思主义和马克思是不可分的。马克思是马克思主义的缔造者。没有缔造马克思主义的马克思，也许是个律师，大学教授，或者只不过是名不见经传的普通知识分子，而不是现在遍及亚非拉受到人们景仰的伟大革命家和思想家；同样，没有马克思，就不可能产生马克思主义的科学体系。马克思逝世多年后，恩格斯曾深情地说："马克思比我们大家都站得高些，看得远些，观察得多些和快些。马克思是天才，我们至多是能手。没有马克思，我们的理论远不会是现在这个样子。所以，这个理论以他的名字命名是理所当然的。"①

马克思主义作为科学体系是唯一的，不存在两种根本不同的马克思主义。马克思主义是发展的，但发展着的马克思主义仍然是马克思主义。在马克思逝世后，马克思主义中会出现不同流派，当代就存在各种名称的马克思主义。但历史和实践是思想理论的过滤器，它会不断把风靡一时但终究经不起实践检验的所谓"马克思主义"抛向被历史逐渐遗忘的角落，例如所谓宗教马克思主义、存在主义的马克思主义、弗洛伊德主义的马克思主义

① 《马克思恩格斯选集》第4卷，人民出版社2012年版，第248页。

或现象学的马克思主义，等等。虽然遗声未绝，但没有多大影响力。我们并非对不同观点的马克思主义流派采取一概排斥的狭隘宗派主义态度。我们坚持马克思主义理论体系的科学性和纯洁性，但我们也会仔细倾听和分析不同的观点。例如西方马克思主义就是当代西方最为流行的一个学派。它们的理论视野和理论风格可能与我们不同。可我们并不把它视为异类。西方马克思主义并非统一的具有完全相同观点的学派，但其中不少学者由于生活在西方社会，他们对西方社会的问题和矛盾可以就近观察，有切身的体会，因此在他们的著作中会有些有价值的思想；但由于他们生活在资本主义处于主导地位的社会环境之中，由于历史和传统的影响，由于种种西方现代哲学思潮的激荡，更由于没有革命需要的推动，因此他们容易走向单纯文本的研究，走的是纯学术化、讲台化的道路。我们对西方马克思主义中的各个个人，对他们的观点和政治立场要采取具体分析的态度。既不是一概赞同，也不是简单拒绝。它山之石，可以攻玉。和而不同的原则对我们处理西方马克思主义同样适用。

我们反对把马克思以后的马克思主义与马克思的思想割裂开来，并不意味着我们认为马克思以后的所有自称的马克思主义者都是马克思思想真正的信仰者和实践者。其中确实存在龙种和跳蚤区别的问题。在当今世界的所谓马克思主义者中，有坚定的马克思主义者，但也会有自称的马克思主义者，更有打着马克思主义旗号的假马克思主义者。我们应该区分"龙种"和"跳蚤"，但这不能成为否定作为科学理论体系的马克思主义和马克思思想的不可分割的内在联系，不能成为以所谓回到真正的马克思的原典作为否定马克思以后全部马克思主义的根据。把马克思之后的全部马克思主义归为与马克思思想不同的另类，这实际是在马克思和马克思主义科学体系之间的断源截流，既否定了马克思思想的当代性，也否定了当代马克思主义存在的合理性与必要性。如果只有马克思的经典而没有马克思主义，就不可能指导革命运动和建立社会主义制度。马克思蕴藏在经典中的具有规律性的思想必须成为"主义"，成为一门具有科学性、连贯性、系统性的科学学说才能发挥重大指导作用。毛泽东同志说过，"主义譬如一面旗子，旗子立起来了，大家才有所指望，才知所趋赴"。如果没有由马克思经典中具有规律性观点构成的马克思主义的旗子作为指导，只是存在着卷帙浩繁的著作和手稿，世界社会主义革命和运动就不可能是现在这个样子。

如果马克思以后的马克思主义都不是真正的马克思主义，那么真正的马克思主义在哪里？据说存在于马克思著作的原典中。这种说法貌似有理，其实似是而非。马克思的著作和马克思主义科学理论不应该是简单的互证或互斥关系，并不是马克思著作中的每句话都能成为基本原理。马克思主义基本原理是马克思经典著作中反复论述的具有规律性的观点，而且经过并且经得起实践检验和证明的，况且马克思以后的马克思主义的创造性发展和实践创造，不是所有的都能够或都应该从马克思文本中找依据。毛泽东同志曾经批评过这种本本主义的研究方法。如果把衡量马克思主义的标准求之于马克思的文本而不是实践，一切求之于本本，很容易陷入把马克思著作中的片言只语，甚至马克思自己已经删除的，或者手稿中的某个角落中寻找出的一句话，作为反对马克思主义基本原理的根据。这是我们现在常见的一种把马克思和马克思主义割裂开来的做法。我一直不同意那种把手稿置于正式出版的著作之上，把一稿置于二稿之上，把二稿置于三稿之上，把已删除的置于正式文字之上，甚至把其中任何一个论述作为衡量马克思主义基本原理正确与否的标准。从思想史角度看，研究马克思的思想发展，研究马克思何以成为马克思主义缔造者的艰难探索历程，可以采用历史的比较研究法，但是研究马克思主义基本原理不能这样。因为马克思缔造的马克思主义基本原理，经历过自我信仰的清算，经历过和恩格斯的讨论与交换意见，经历过和对手的论战，是艰难探索的结果。

马克思的经典著作和马克思主义基本原理是共存共生和相互促进的关系。掌握马克思主义基本原理提供的观点和方法，可以指导我们更深入地学习马克思的经典著作，理解它的精神实质，区分规律性的论述和个别词句，而且结合实践通过反复学习阅读经典，可以有新的体会，有助于创造性地发展马克思主义；而认真学习经典著作，可以加深我们对马克思缔造的马克思主义基本原理的理解，理解马克思为什么提出这个原理，它的理论依据和事实依据是什么，从马克思著作对原理的论述中学会他们分析问题的立场、观点和方法，从而加强实际运用的能力。

中国共产党最重视马克思主义经典著作学习。在延安时期，毛泽东同志就为干部指定过经典著作必读书目。在社会主义革命和建设时期曾经多次指定必读书目。这个传统一直延续至今。习近平总书记非常重视马克思主义经典著作的学习。他在多次讲话中强调马克思主义经典著作学习的重要性，强调要通过经典著作学习，掌握马克思主义的立场观点方法。

我们重视马克思主义经典著作的研究，重视中国马克思学说的建立，重视对经典著作的历史研究和正确诠释，不是立足于寻找马克思和恩格斯、青年马克思和老年马克思、马克思主义与马克思之间的对立，在所谓空隙处、矛盾处做文章。任何一个熟悉人类思想史的人都能理解，马克思和恩格斯是两个人，都是有个性的伟大思想家，他们之间不可能不存在语言、风格的各自特点，存在学术上的分工，甚至某个观点的差异和探讨，关键在于他们基本观点上的一致性，才可能成为马克思主义学说的共同创造者；一个思想家的青年时代和老年时代的思想也不可能不存在变化，思想之路并非笔直的而是一个探索过程，关键在于是否存在一以贯之的思想内核和基本观点。一个真正伟大的思想家的思想发展历程是日渐成熟，而不是越来越倒退。思想倒退不可能真正成为伟大的思想家。至于马克思主义和马克思思想的关系更不是固守经典亦步亦趋的关系。马克思并不是马克思主义科学体系的完成者而是奠基者。马克思主义是一个开放的创造性体系，马克思主义不是终极真理，而是永远处于发展之中。马克思的经典著作不可能包括他逝世以后所有马克思主义的发展的内容，但发展着的马克思主义的思想源头是马克思的思想。正如列宁所说的："沿着马克思的理论的道路前进，我们将愈来愈接近客观真理（但决不会穷尽它）；而沿着任何其他的道路前进，除了混乱和谬误之外，我们什么也得不到。"①

----

① 《列宁选集》第2卷，人民出版社2012年版，第103—104页。

共产党人要念好马克思主义"真经"

习近平总书记指出：马克思主义就是我们共产党人的"真经"，"真经"没念好，总想着"西天取经"，就要贻误大事！强调马克思主义是我们共产党人的"真经"，要求共产党人念好自己的"真经"，充分体现了共产党人与马克思主义"体"与"魂"的关系。我们一定要按照习近平总书记的要求，深刻感悟和把握马克思主义真理力量，谱写新时代中国特色社会主义新篇章。

在马克思诞辰200多年、《共产党宣言》发表170多年的今天，仍然有人总想着"西天取经"，甚至说马克思主义是政治的、官方的、非学术性的，所以没有学术含量。这真是奇谈怪论。我们共产党人要念好马克思主义"真经"，以提高马克思主义理论研究的学术性为抓手，原原本本学习和研读马克思主义经典著作，努力把马克思主义立场、观点、方法学到手，作为自己的看家本领。

马克思主义当然是政治的。它是为工人阶级进行政治斗争而产生的，非政治的马克思主义从来没有过。至于官方的马克思主义倒不是从来就有的，而是工人阶级取得政权以后才出现的。在社会主义国家，马克思主义之所以具有官方性，是因为它在社会主义意识形态中处于主导地位，从思想和理论上捍卫社会主义制度。在社会主义中国，马克思主义是我们党的指导思想，代表国家意志和人民根本利益，岂能是非官方的意识形态？如果马克思主义成为非官方的、超政治的所谓价值中立的学说，倒是一件不可思议的事情。更应看到，在社会主义国家，如果马克思主义被边缘化甚至在党和国家的指导地位被取消，那就是一条自我毁灭之路。因为，如果共产党抛弃或背离马克思主义的指导，就必然接受形形色色的资产阶级思想。东欧剧变、苏联解体，就是活生生的例子。习近平总书记强调："历史是最好的老师，它忠实记录下每一个国家走过的足迹，也给每一个国家未来的发展提供启示。"[①]教训犹在，殷鉴不远。中国共产党决不会重蹈这个覆辙。

有人提出，回归马克思经典著作研究就是回归纯学术研究。这属于似是而非的说法。马克思主义鲜明的政治性，正是源于马克思经典著作的政治性。马克思经典著作具有鲜明的政治性和明确的阶级性，马克思是为工人阶级和人类解放而进行研究和著述。马克思首先是个革命家，这就决定了马克思经典著作不可能是非政治性的，因而对马克思经典著作的研究同样是有政治性的。只要读读西方一些学者从马克思经典著作中断章取义得出的反对马克思主义的结论，就不难发现对马克思经典著作的研究完全可以有两种不同的立场和态度。马克思经典著作是共产党人的思想武器，而不是超政治的"象牙塔"。我们要认真学习和研究

---

① 习近平：《在德国科尔伯基金会的演讲》，《人民日报》2014年3月30日第2版。

马克思经典著作，掌握和精通马克思主义基本原理，进而用马克思主义的立场、观点、方法分析问题、解决问题。

列宁说过，建筑在阶级斗争上的社会是不可能有"公正"的社会科学的。一些人认为西方学者公正无邪，不偏狭于阶级，唯真理而求索。这实在是一种天真的善良愿望。相反，一些严肃的西方学者却不这样看，如美国经济学家、诺贝尔经济学奖获得者索洛说："社会科学家和其他人一样，也具有阶级利益、意识形态的倾向以及一切种类的价值判断。但是，所有的社会科学的研究，与材料力学或化学分子结构的研究不同，都与上述的（阶级）利益、意识形态和价值判断有关。"应该说，这是坦诚而真实的。在阶级社会和有阶级存在的社会，正如列宁所说，"没有一个活着的人能够不站到这个或那个阶级方面来"。在当代西方世界，难以找到纯而又纯、非政治性的社会科学著作。例如，哈耶克的《通往奴役之路》、福山的《历史的终结》、亨廷顿的《文明的冲突》等，哪有单纯的学术性而没有政治性？为什么马克思主义的政治性就妨碍学术性，成为一些人妄图将其驱逐出学术领域的根据呢？

在一些人看来，研究马克思主义没有什么学术性，只有研究中外某个大思想家的著作才叫学术研究。这是对什么是学术的错误理解。对中外著名思想家的研究当然具有很高的学术性，需要专门人才进行深入研究，并正确诠译和解读其思想，以便继承其智慧。以习近平同志为核心的党中央高度重视中华优秀传统文化创造性转化、创新性发展的原因，也正在于此。可以说，在当代哲学社会科学中，马克思主义不仅具有高度政治性，而且具有高度学术性，因为它是建立在揭示世界发展普遍规律和人类社会发展规律基础之上的学说。

马克思、恩格斯特别重视自己研究的学术性。恩格斯说过，"社会主义自从成为科学以来，就要求人们把它当做科学来对待，就是说，要求人们去研究它。"①他在讲到马克思《资本论》研究时还说过，"政治经济学不是供给我们牛奶的奶牛，而是需要认真、热心为它工作的科学。"②马克思、恩格斯以毕生精力从事马克思主义科学理论的创造，这是人类历史上最艰巨最困难的学术工作。他们留下的卷帙浩繁的著作和手稿，以无可辩驳的事实证明了这一点。应该说，对马克思和马克思思想的研究，即便是一个水平很高的研究者，穷其毕生精力也很难全面掌握这个丰富的思想体系。

自马克思主义产生后，马克思主义研究逐渐成为一门显学。不仅马克思主义革命者和理论家们深入研究马克思主义，而且马克思主义的反对者也对马克思主义进行研究。不管是马克思主义者还是不同意甚至反对马克思主义的学者，都无法绕开马克思和马克思主义。马克思主义是学术宝库，是哲学社会科学的一座巍巍学术高峰。当然，并不是研究马克思主义理论就天然具有学术性。一门学说的学术性和研究者的学术水平是不能等同的。实际上，在任何学科中，研究者的水平都是参差不齐的，有高峰，有平原，也有低谷。每门学科都有大学者，也有成就一般甚至毫无

① 《马克思恩格斯选集》第3卷，人民出版社2012年版，第38页。
② 《马克思恩格斯全集》第16卷，人民出版社1964年版，第235页。

成就的人。这无关学科的学术性，而是与研究者个人的资质、条件与努力有关。马克思主义理论工作者在增强政治意识的同时，应该努力提高自己研究和教学的学术含金量。很多有成就的研究者就是这样做的。只要不心存偏见就可以看到，马克思主义理论研究水平和思想理论课的水平在逐年提高，出版的著作和学术论文的学术含量也在不断增加。当然，与理论创新和实践发展的要求相比还有较大距离，广大马克思主义理论工作者仍需不断努力。

中国共产党历来高度重视马克思主义理论研究的学术性问题。这是因为，坚持马克思主义在意识形态领域的指导地位，坚守社会主义意识形态阵地，有力回击反马克思主义思潮，提高人们正确理解社会问题和辨别各种错误思潮的能力，都必须提高马克思主义研究的学术水平。在马克思主义研究领域，光凭口号是无济于事的，正如枪里没有子弹是不可能克敌制胜的。只有彻底的理论才有最充分的说服力，只有精通马克思主义理论才会掌握彻底的理论。真正巩固马克思主义在意识形态领域的指导地位，我们共产党人必须念好马克思主义"真经"，把马克思主义作为一门科学来探索、作为一门学术来研究，不断提高自己的学术水平。要认真学习马克思主义经典著作、掌握马克思主义基本原理，特别是要深入学习习近平新时代中国特色社会主义思想，在学懂弄通做实上下真功夫、苦功夫。马克思主义研究成果的含金量越高、学术性越强，就越有说服力。如果说在专业课领域的一个错误观点会影响学生的知识水平，那么，在马克思主义研究领域的一个错误观点则可能影响人的一生。在每一个重大理论和现实问题上，马克思主义理论工作者都必须旗帜鲜明、观点正确，而且具有学术含量，任何信口开河、打马虎眼都是行不通的。

天马行空，不知所云，不是学术性而是毫无价值的"废钞"。当前，对我国的马克思主义研究来说，真正称得上是学术研究工作的应具有双重特点：一是以问题为导向，立足现实，捕捉新时代坚持和发展中国特色社会主义遇到的重大问题。没有问题意识、不研究问题的所谓学术研究是没有价值的。二是对问题的研究、分析必须上升为理论。既然是理论，当然要运用概念，当然会有逻辑论证，排除概念和逻辑论证就不可能有理论分析。毛泽东同志在《整顿党的作风》中专门论述过什么是理论研究、什么是理论家的问题。他说："我们所要的理论家是什么样的人呢？是要这样的理论家，他们能够依据马克思列宁主义的立场、观点和方法，正确地解释历史中和革命中所发生的实际问题，能够在中国的经济、政治、军事、文化种种问题上给予科学的解释，给予理论的说明。"①可见，马克思主义研究既是理论的、又是实践的，既是政治的、又是学术的。理论与实践的统一，这就是我们共产党人提倡的学术性。

---

① 《毛泽东选集》第3卷，人民出版社1991年版，第814页。

占据真理和道义制高点的马克思主义

在纪念马克思诞辰200周年大会上，习近平总书记发表了高屋建瓴、视野宏大、思想深刻、内容丰富的重要讲话，阐明了一个非常重要的道理：马克思诞生已经200年，马克思的名字依然在世界各地受到人们的尊敬，马克思的思想依然闪烁着耀眼的真理光芒，为什么？因为马克思主义占据着真理和道义的制高点。习近平总书记指出："无论时代如何变迁、科学如何进步，马克思主义依然显示出科学思想的伟力，依然占据着真理和道义的制高点。"真理和道义结合并同处于当代制高点的论断，既是对马克思伟大光辉一生和伟大人格的精练概括，也是对马克思主义的科学性、人民性、实践性和开放性的本质特征及其当代价值的最好诠释。

真理制高点：科学与实践智慧的凝结

马克思主义创立已经170多年，按照有些人的说法，170多年前的思想早已过时了。这种看法根本不懂思想发展的规律，不懂真理的本性。黑格尔说过："伟大的灵魂——哲学史上的英雄们的身体，他们在时间里的生活，诚然是一去不复返了，但他们的著作（思想、原则）却并不随着他们而俱逝。"思想家的个体生命是有限的，但是他们的思想可以通过对象化的经典著作，为后人吸收、借鉴和继承。

真正的智慧不会因时间久远而失去智慧之光，经过实践检验的真理并不会因为古老而丧失真理的力量。时间的长短不是真理的尺度，而是真理和谬误的过滤器。没有长期存在的谎言，它总会被揭穿；但可以有古老的智慧和真理。中国的孔、孟、老、庄、荀、墨、韩非，以及程朱陆王，少则数百年，多则千年或两千年以上，但他们思想中的精华仍然是构成中华民族优秀传统文化的重要组成部分，至今仍然在为我们修齐治平、育德树人提供智慧。西方的文化也是如此。人们至今仍然从苏格拉底、柏拉图、亚里士多德、康德、黑格尔等的著作中吸取思想智慧。

在当今世界，马克思主义依然处于真理的制高点，因为它科学地回答了资本主义向何处去、人类社会向何处去这个历史之问、世纪之问、当代之问。

历史之问。在马克思主义产生之前，各种社会主义学说已经存在三百多年。它们反对剥削，追求公平正义的社会，积累了许多丰富的社会主义思想。但是它们没有从人类历史发展规律的高度，用历史唯物主义观点分析资本主义私有制和剥削制度存在的社会原因，更没有从社会自身发现承担社会主义理想的现实力量和实现途径。它们的历史观主要是抽象人性论和抽象人道主义，同情穷人，同情被剥削者，它们控诉不公平的社会，但寄希望于上层统治者和富人的善心。有的空想社会主义者还建立共产主义实验区，试图用示范的方式来推行自己的理想。马克思主义产生之前的社会主义思潮对社会主义思想的积累有贡献，尤其是空想社会主义，达到了社会主义思想的空前高度，但它们的积极作用与历史成反比。马克思在《共产主义和奥格斯堡〈总汇报〉》中说："《莱茵报》甚至不承认现有形式的共产主义思想具有理论上的现实性，因此，更不会期望在实际上去实现它，甚至根本不认为这种实现是可能的事情。"[1] 他还说："我们坚信，构成真正危险的并不是共产主义思想的实际试验，而是它的理论阐述。"[2] 马克思和恩格斯的伟大贡献正在于对共产主义的科学论证，从而回答了历经数百年的历史之问。

世纪之问。成熟的理论与成熟的社会关系不可分。19世纪上半叶资本主义在英国和法国以及稍后的德国的莱茵地区都得到发展，资产阶级和无产阶级的矛盾开始激化。法国里昂工人发动两次武装起义，英国发生工人的宪章运动，德国发生西里西亚的织工起义。19世纪上半叶提出的现实问题，是如何使处于自发阶段的工人运动，变为由科学理论指导的自觉运动。正是19世纪上半叶资本主义的发展和资产阶级与无产阶级矛盾开始激化，凸显了对科学理论的迫切需求。马克思主义是对世纪之问的回答。恩格斯1845年1月20日在致马克思的信中明确提出创立新理论的问题。他对马克思说："目前首先需要我们做的，就是写出几本

---

[1] 《马克思恩格斯全集》第1卷，人民出版社1995年版，第295页。
[2] 同上。

较大的著作，以便给许许多多非常愿意干但自己又干不好的一知半解的人以一个必要的支点。你的政治经济学著作，还是尽快把它写完吧，即使你自己还感到有许多不满意的地方，这也没有关系，人们的情绪已经成熟了，就要趁热打铁。"[1]正是世纪之问推动了马克思和恩格斯的科学探索，他们终其一生撰写了大量的马克思主义哲学、政治经济学和科学社会主义著作。尤其是马克思40年殚精竭虑数易其稿从事《资本论》写作。马克思和恩格斯以事实为依据，以规律为对象，以实践为真理标准创立了具有科学性、系统性的理论，即马克思主义。社会主义由空想变为科学，人类对美好社会的向往第一次置于现实的基础上。

当代之问。在当代世界，资本主义社会制度仍然是占主导地位的社会制度。20世纪下半叶，苏联解体、东欧剧变，社会主义在前进中遭到前所未有的挫折，马克思主义的威信也因而受到损害。资本主义社会向何处去，人类历史发展是不是终结于西方资本主义制度，十月革命开辟的航道是否永远冰封，马克思主义是否过时成为当代之问。西方一些政治家弹冠相庆，资本主义理论辩护士们卖力推销"普世价值"论和资本主义道路是世界唯一的文明大道论，大力宣扬十月革命创立的社会主义制度20世纪20年代没有被扼杀于摇篮中而死于社会主义历史发展的半途。世界社会主义运动转入低潮，马克思主义"过时论"甚嚣尘上。

马克思主义创立时是回答世纪之问。它源于那个时代又超越那个时代。真理的本性是超越时间限制的。资本主义社会是变化

① 《马克思恩格斯全集》第27卷，人民出版社1972年版，第18页。

着的社会，社会矛盾的表现形态在变、经济全球化水平和世界交往的深度在变、科学技术发展创新水平在变、工人阶级的生活处境和工作条件、蓝领工人与白领工人的比例在变，但资本主义的本性并没有变，就其社会基本矛盾的根本性质来说，与马克思曾经揭示的矛盾本质是一样的：资本主义制度是雇佣劳动制度，是贫富两极对立的制度。资本主义宣扬的抽象的自由、平等、人权并不能掩盖资本主义社会的不公平和非正义，不能掩盖发达资本主义国家的金融资本和财团对社会、对劳动者的统治，甚至对世界的支配和霸权。只要资本主义社会仍然是资本主义社会，只要世界仍然是资本主义占主导统治地位的世界，只要雇佣劳动制度和剩余价值仍然是资本主义剥削方式，只要贫富对立仍然是资本主义社会财富分配的现实，马克思主义的重大价值只会越发彰显。

资本主义始终无法摆脱危机和冲突。无论从当代国际金融危机、从美国"反华尔街运动"开始蔓延到美国各大城市，并引起西方发达资本主义国家不少大城市举行反对金融财团、反对贫富对立的抗议，都说明资本主义自我调节的能力是有限的。1%的人占有99%财富的社会，是不可能持续存在和发展的。资本主义社会并不像人们设想的那样充满活力和无限生机。沉迷于资本主义的自我调节和修复能力而宣扬马克思主义过时论，毫无根据。西方有的评论家把马克思主义称之为"当代资本主义的解码器"，这个评论是对的。

马克思主义之所以能占据真理的制高点，因为它是发展着的真理。马克思当年就明确宣布："我不主张我们竖起任何教条主义的旗帜"①，"我们就不是以空论家的姿态，手中拿了一套现成的新原理向世界喝道：真理在这里，向它跪拜吧！"②马克思主义主要是由马克思创立的，但马克思是奠基者，并非马克思主义科学体系的最终完成者和科学真理的结束者。马克思主义的发展永远不会终结，它在后继者与各国具体实际相结合中不断得到发展。

马克思主义的中国化，就是马克思主义在中国创造性发展的范例。毛泽东思想、邓小平理论、"三个代表"重要思想、科学发展观、习近平新时代中国特色社会主义思想，都是对马克思主义的继承和发展。有些理论家鼓吹中国改革的胜利，是西方新自由主义的胜利、是资本主义私有制的胜利。这是对马克思主义本质的曲解。当代中国马克思主义是发展了的马克思主义。发展了的马克思主义本质仍然是马克思主义。它与历史上的马克思列宁主义既一脉相承，又与时俱进。一脉相承的是，当代中国马克思主义坚持马克思主义基本原理，否则它就不属于马克思主义；与时俱进的是，当代中国马克思主义具有时代特色、民族特色、中国特色，是时代特征和民族特征的理论凝结，是马克思主义的创造性发展。当代中国的马克思主义，21世纪的马克思主义，就是马克思主义，是马克思主义中国化的伟大成果。

马克思主义与时俱进的本性，它的创造性、实践性和开放性是马克思主义永远占据真理制高点的内在机制。这种机制保证它

---

① 《马克思恩格斯全集》第1卷，人民出版社1956年版，第416页。
② 《马克思恩格斯全集》第1卷，人民出版社1956年版，第418页。

不会因为缔造者的离世后继无人而变为思想史上的过客，马克思主义的继承者、信仰者和实践者遍及全世界；也不会由于故步自封、思想僵化而被历史淘汰，被淘汰的只能是一些号称马克思主义实为教条主义或修正主义的"跳蚤"，而不是科学马克思主义学说。马克思主义的内生机制保证它不会成为思想史上的绝唱，而是越来越显示它的真理性。

道义制高点：全世界无产阶级和人类利益的理论代表

马克思主义占据道义的制高点，因为马克思主义没有特殊利益，不谋私利，不是某个集团或阶级利益的代表，而是为无产阶级和人类解放而斗争的学说，代表人类绝大多数人的利益和历史进步方向。思想史证明，凡是只代表统治者狭隘私利的学说总是不会长久的，因为特定阶级的统治不会长久；凡是反映人民利益的学说和智慧能够留传，因为人民是永存的。任何社会可以没有特定统治者，但不可能没有人民。马克思主义占据道义制高点，就是因为它代表全世界被压迫者和被剥削者的根本利益，比任何时代的进步学说都具有最广大的人民性。

马克思主义缔造者马克思的光辉一生，他的全部生活和理论研究就是占据道义制高点的典范。马克思首先是一位革命家，他毕生的真正使命是以各种方式参与推翻资本主义社会。马克思以一位无产阶级革命家的深情和以世界为己任的宽大胸怀，关心工人阶级的生活和斗争，关心妇女的社会地位和解放，他说没有妇女的酵素就不可能有伟大的社会变革，社会进步可以用女性的社会地位来精确地衡量；他关心被压迫民族和弱小民族的命运和革命斗争，他支持中国的太平天国运动，支持中国反对英法帝国主义以贸易为借口的侵略战争，谴责帝国主义对中国的无耻掠夺，对中国人民充满同情并对中华民族的觉醒和兴起寄予期待。

马克思的全部科学研究活动，不是为了成为一个学者，而是为无产阶级和人类解放研究锻造理论武器。无论是被反动政府驱逐被迫流亡，无论是遭遇子女夭亡之疼，无论是贫困和疾病的困扰，都不能动摇马克思理论研究的决心。为了揭示资本的秘密和资本主义社会发展的规律而从事《资本论》写作的马克思，由于肝病而"一直在坟墓的边缘徘徊"，但没有因此而停止研究。他在给朋友的信中说："我不得不利用我还能工作的每时每刻来完成我的著作，为了它，我已经牺牲了我的健康、幸福和家庭。"马克思嘲笑那些所谓"实际的"人和他们的聪明："如果一个人愿意变成一头牛，那他当然可以不管人类的痛苦，而只顾自己的皮。但是，如果我没有全部完成我的这部书（至少是写成草稿）就死去的话，我的确会认为自己是不实际的。"马克思的确像是为人间盗火而宁愿遭受宙斯惩罚的普罗米修斯，他认识到自己对无产阶级和人类所负的责任而牺牲自己的一切。这种力量是真理的力量，同时也是一种道义力量和道义的高度自觉。

在中国，中国共产党同样站在道义的制高点上。中国共产党把民族的复兴和人民的解放作为自己的革命目标，为了人民的利益，无数中国共产党人流血牺牲、英勇就义，是革命道德的楷模。毛泽东同志把"为人民服务"定为中国共产党人的宗旨。他在《为人民服务》中说："我们的共产党和共产党所领导的八路军、新四军，是革命的队伍。我们这个队伍完全是为着解放人民的，是彻底地为人民的利益工作的。"①在党的十九大报告中，习近平总书记对"以人民为中心"作了深刻论述，强调"必须坚持人民主体地位，坚持立党为公、执政为民，践行全心全意为人民服务的根本宗旨，把党的群众路线贯彻到治国理政全部活动之中，把人民对美好生活的向往作为奋斗目标，依靠人民创造历史伟业。"习近平总书记强调全面从严治党，把党内的腐败分子驱逐出去，就是保证中国共产党队伍的纯洁性，保证中国共产党是全心全意为中国人民服务的党，从而始终站在道义的制高点上。

共产主义：真理和道义结合的最高追求

共产主义对共产党人来说，既是历史发展的规律，又是理想和信仰。共产党人坚持共产主义理想和信仰是站在真理和道义的制高点上，因为它是建立在人类社会发展规律基础上，又最符合全体中国人民的根本利益。习近平总书记明确指出："学习马克思，就要学习和实践马克思主义关于人类社会发展规律的思想。马克思科学揭示了人类社会最终走向共产主义的必然趋势。马克思、恩格斯坚信，未来社会'将是这样一个联合体，在那里，每个人的自由发展是一切人的自由发展的条件'。"②

有些人对共产主义理想抱怀疑态度，有些共产党员信仰发生

---

① 《毛泽东选集》第3卷，人民出版社1993年版，第1004页。

② 习近平：《在纪念马克思诞辰200周年大会上的讲话》，《人民日报》2018年5月5日第2版。

动摇，因为他们不是从人类发展历史规律角度考察共产主义，从无产阶级和人类解放角度考察共产主义，而是把共产主义理解为我要什么就有什么的社会，是满足个人无限需要的社会，是天上掉馅饼的社会。这种"共产主义"当然渺茫，当然是"乌托邦"。共产主义是改变现存社会的活动和逐步建立的一种社会形态，而不是源源不断供给无限需要的现成魔盒。列宁在《国家与革命》中曾经批判过这种"乌托邦"理论。他说："从资产阶级的观点看来，很容易把这样的社会制度说成是'纯粹乌托邦'，并冷嘲热讽地说社会主义者许诺每个人都有权利向社会领取任何数量的巧克力糖、汽车、钢琴等等"[1]。列宁明确指出："没有一个社会主义者想到过要'许诺'共产主义高级发展阶段的到来，而伟大的社会主义者在预见这个阶段将会到来时所设想的前提，既不是现在的劳动生产率，也不是现在的庸人。这种庸人正如波米亚洛夫斯基作品中的神学校学生一样，很会'无缘无故地'糟蹋社会财富的储存和提出不能实现的要求"[2]。

作为人类社会发展形态的共产主义社会，不是无限满足消费的高消费社会，也不是人人可以不劳动就能恣意享受一切的懒人社会。共产主义社会是废除资本主义私有制即雇佣劳动制度，消灭阶级和两极对立、消灭剥削的社会。当然，废除资本主义私有制度不是废除个人对消费资料的占有。我们的住宅、我们的衣服、我们的大衣、我们种种日用品无论多么高级，它并不是用来

---

① 《列宁全集》第31卷，人民出版社1985年版，第92—93页。
② 《列宁全集》第31卷，人民出版社1985年版，第93页。

剥削他人的资本，而是生活用品。共产主义废除的是资本主义私有制，即废除以生产资料作为资本的雇佣劳动制度。共产主义社会是人自由全面发展的社会，因为消灭了阶级和阶级对立，因而也废除了把人终身束缚在旧的分工中，尤其是被束缚在自己并不乐意但仅为谋生而不得不从事的职业中。在共产主义社会，劳动时间可以大大缩短，自由时间大大延长。每个人都可以在最容易发挥自己的爱好、天赋和才能的领域中工作，而不必担心失业，人的潜能可以得到最有效的发挥。共产主义社会理想的实现，需要生产力的高度发展，需要物质财富和精神财富极大丰富，需要人的道德水平的极大提高。不从人类社会发展规律高度来理解共产主义，不从生产力和生产关系规律的角度来理解共产主义，就会把共产主义歪曲为无限满足个人需要，道德水平低下的庸人社会。

共产主义社会不仅是一种社会形态，而且是一种具有连续性的运动过程，是一个共产主义因素不断增长的过程。习近平总书记指出："人民对美好生活的向往就是我们的奋斗目标。我们要坚持以人民为中心的发展思想，抓住人民最关心最直接最现实的利益问题，不断保障和改善民生，促进社会公平正义，在更高水平上实现幼有所育、学有所教、劳有所得、病有所医、老有所养、住有所居、弱有所扶，让发展成果更多更公平惠及全体人民，不断促进人的全面发展，朝着实现全体人民共同富裕不断迈进。"① 实际上，这就是共产主义因素的积累，从总体目标说是在逐步朝

----

① 习近平：《在纪念马克思诞辰200周年大会上的讲话》，《人民日报》2018年5月5日第2版。

着共产主义目标方向前进，马克思和恩格斯设想的人类美好前景正在不断地在中国大地上生动展现。当然，中国现在仍然处在社会主义初级阶段，它不能不实行符合社会主义初级阶段的政策，从而具有初级阶段的社会特征。这是过程，而不是终点。不能把共产主义理想、目标和现行政策对立起来。一个坚定的马克思主义理论工作者，不能因为自己的生命短暂看不到共产主义社会的实现而发生理想和信仰动摇。我们每个人的生命是有限的，而达到发达社会主义和共产主义社会所需要的历史长度远比个人的生命长。如果我们的眼界受制于个体生命的长度，而非立足于马克思主义关于人类社会发展规律的理论的厚度和深度，往往是短见的、近视的。我们要把共产主义远大理想同中国特色社会主义共同理想统一起来、同我们正在做的事情统一起来，坚守共产主义的理想信念，像马克思那样为共产主义奋斗终身。

选择是哲学问题更是现实问题

选择，完整地说就是"自由选择"。选择性，说明人作为主体有意志自由。没有自由，当然没有选择。选择性，是人与动物活动的根本区别。马克思说过，"自然本身给动物规定了它应该遵循的活动范围，动物也就安分地在这个范围内活动，不试图越出这个范围，甚至不考虑有其他什么范围存在"，人不同，人能选择，"能这样选择是人比其他生物远为优越的地方"。①

选择，不同于自我设计。无论是叱咤风云，战功赫赫的军事统帅，或者伟大科学家、伟大学者，肯定没有一个事先能设计自己未来就是要当军事统帅、当什么样的伟大科学家、伟大学者，但他们有人生方向。在人生之路的岔口上，如何选择对人生往往具有决定性意义。古人所谓"临岐而哭"，就是在人生岔道上最容易迷途。伟大人物和他们的成就不是自我设计出来的，但他们在人生之路上作了正确的选择。

---

① 《马克思恩格斯全集》第40卷，人民出版社1982年版，第3页。

选择是一个哲学问题，更是一个现实问题。大到国家发展道路和民族前途命运，小到个人的人生之路，都存在选择问题。特别是当代中国青年面对社会巨大变革，选择问题尤为迫切与重要。市场经济条件下的职业选择问题，是青年人关心的问题，也是关系到每个青年人的问题。"我的事情我做主"，体现出中国当代青年张扬个性，重视自我选择，具有强烈的自我选择的能力、意志和决心。

　　社会主义市场经济的确立，给每个人，尤其是青年人提供了广阔的选择空间和自我做主的现实可能性，但也必须看到，它同时增加了自我选择的困难。因为自我选择的实现，往往是通过激烈的竞争实现的。在现实社会中，每个人是自己眼中的我，同时是别人眼中的你。都既是选择的主体，又是被选择的客体。社会就是由全体作为"我"的个人结合而成的有组织的集体。

　　选择中包括个体与社会的关系，而且社会对个人的选择力量，远远超过个人对社会的选择力量。我们常用的"历史的选择""人民的选择"，表明有比作为个人的"我"更大力量在选择"我"。人类历史上，大浪淘沙，多少曾经得意一时的人物终被历史抛弃，而有的人虽几经磨难多次失败最终获得成功，被历史认可，成为伟大人物。因为他们的选择与历史发展相向而行，自己个人的选择同时成为历史对个人的选择。

　　在我们社会中，你选择，是你在行使你的选择权；社会不接受你的选择，是行使作为无数的"我"被组织起来的社会选择权。没有他者即接受者，自我选择就是一句空话。

　　计划经济条件下学生就业只有分配，没有选择；市场经济只有双向选择，没有分配。分配，是非竞争的；选择，是竞争性的。人人如愿的选择，就不能叫选择。我们排除一切非市场力量，例如权力、关系等各种非市场因素的不合理介入，在市场经济条件下的被选择，有一种极其复杂的社会合力在起作用。这就是市场的力量。

市场经济像是大海。大海中游泳很自由，但没有人牵着你的手。你自己要学会在大海中游泳。我亲耳听到有些找不到工作的毕业生表示很羡慕老一辈的无可选择地被分配。他们现在有自由，又想逃避自由；有选择，又想逃避选择。过去那种在计划经济时代一个萝卜一个坑的时代，永远结束了。这是时代的进步，但这种进步不是没有代价的。这个代价，就是选择中的不被选择。

"我的事情我做主。"表现年轻一代的思想解放，自我奋斗精神，这很好，但决不能绝对化。绝对化，必然碰壁，必然陷于失望和苦恼。一定要习惯而且接受市场经济给个人选择带来的新变化。这种变化的积极方面，就是可选择的多样性与个人主体性发挥的宽阔空间。竞争性选择或者说选择性的竞争，往往会激发个人的潜能。当然竞争的强化，会带来生活的压力和紧张度。有些青年人往往会因为自己的某一种选择未能实现而陷于苦闷、烦躁、失望，个别人甚至绝望。其实，人生之路是宽阔的，不是只有一种选择才是最好的、唯一的选择。某一应聘的失利，不是人生的失败。市场经济的优越性就是给年轻人铺设了无数条道路，选择空间是多种的、广泛的。

选择中包含着价值。价值，说明在人的自觉的有意识的选择行为中，包含着动机、偏好、追求和目的。在人的有意识的自觉活动中，选择重要，但比选择更重要的是支配选择的理想、信仰和价值。只有理想和信仰才能使人的选择超越纯粹个人利益考虑，而把自己的选择放在更大的国家和民族视角范围内来思考。也只有理想和信仰的坚定，才不会动摇既定的正确选择。"既然选择了远方，便只顾风雨兼程。"人们从汪国真这句诗中读出的是选择中的方向性和坚定性。

在社会主义市场经济条件下，职业具有谋生手段性质。为争取更好的生活条件，为买房、为儿女教育而选择更有就业机会的专业，或更高的工资待遇的职业，这并没有错。中国共产党就是把为全体人民过上幸福生活作为自己的奋斗目标。但我们又不能把职业仅仅视为谋生手段，应该抱有比作为谋生手段更高的理想境界。雨果说："人有了物质才能生存，人有了理想才谈得上生活。你要了解生存与生活的不同吗？动物为了生存，而人则生活。"单纯以谋生手段作为选择职业的目的，爱因斯坦嘲笑地称之为"猪栏理想"。生存需要，是人与动物所共同的；生活目标，则是人之为人所独有的。如果只讲生存需要，而不讲生活目标和精神境界，则人回归动物世界。

职业选择既是具体职业问题，又有方向性问题。 社会主义理想和信仰并不是高悬于云端不食人间烟火的教条，它并不是要求青年人都变为禁欲主义者、变为苦行僧。社会主义理想和信仰就存在于人的实际生活和工作的价值导向中。在任何选择中都包括为什么这样选择的问题。没有一种选择是为了选择而选择的，都包含选择的目的。社会主义核心价值观是社会主义理想和信仰的凝结，它以一种无形的力量贯穿于我们的实际生活和工作之中。

我们以敬业、诚信、友善态度对待我们的工作和周边的人，在任何岗位上全心全意地搞好我们的工作，发挥创造性，心中有社会、有国家，碰到个人利益与国家利益矛盾时，首先考虑国家利益；在实际生活中，遵纪守法，有道德自律，就是以实际行动为建设富强、民主、文明、和谐的国家，建设自由、平等、公正、法治的社会作贡献。实践社会主义核心价值观的岗位在哪里？社会主义理想和信仰的立足点在哪里？就在我们的实际生活中，就在我们的工作岗位上，就在我们从事的职业中。

选择是自己的权利，责任则是选择必须承担的义务。马克思说过："没有无义务的权利，也没有无权利的义务。"[1] 选择与责任相联系。任何选择必须承担选择的责任。人应该为自己的选择负责。你选择当教师，就应该承担教师教书育人的责任；你选择医学，就应该承担救死扶伤治病救人的责任；你选择法学，就应该承担以法的方式维护社会公平和正义的责任。如果一个人选择一条与社会逆向而行的道路，必然承担这种选择的后果。

我们年轻的一代，在思想观念解放，在知识准备，在对新事物新技术接受和创新方面，在社会提供的各种条件方面，不用说与父母辈相比，即使与70后的人相比，都更具有优越性，面对多种多样的选择空间。可以选择出国留学，也可以自主创业、自由择业。可以选择充分发挥自己的爱好、专长和技能的职业。年轻一代获得了更大的自由选择空间，可也加重了自主选择者的责任。

---

[1] 《马克思恩格斯全集》第16卷，人民出版社1965年版，第16页。

你具有什么样的价值观，你就会做出什么样的选择；反过来说，你怎样选择，就表明你具有什么样的价值观。年轻人单纯把职业作为单纯谋生手段，只讲钱，什么都无所谓，就会陷入"有奶便是娘"的实用主义误区，有风浪乍起就会晕头转向。只有那些重视选择中的个人利益、个人生活改善，更重视原则、理想和信仰的人，才是真正理解选择与价值关系的人。价值观存在于如何选择之中，选择应该有正确的价值导向。有舵有帆之船，即使在风急浪高的大海中航行，也不会倾覆。

中国百年历史变革中的辩证法

历史高度决定思维深度。当代中国已进入中国特色社会主义新时代，站在历史新方位回顾中国近百年来伟大社会变革，反思中国从站起来、富起来到迎接强起来的历史过程，如高处之俯瞰来路，可以深刻把握中国历史变革的规律性。研究中国近百年变革的历史辩证法，可以提高我们坚持中国特色社会主义道路和习近平新时代中国特色社会主义思想的自觉性。回溯过去，展望未来，我们满怀信心地继续走在近百年奋斗筑就的历史之路上。

历史发展的连续性和转折

中国近百年历史，从纵向看经历了站起来、富起来到强起来的历史发展过程。各个阶段有其独特的历史内涵和历史使命。它们不可分割，一个阶段为下一个历史发展提供了前进的台阶并提出了新的有待解决的问题。

中国共产党领导的革命、建设、改革，既具有历史的连续性又有重要关头的伟大转折。连续性和转折构成中国近百年波澜壮阔、跌宕起伏、一个奋斗接一个奋斗的历史途程。贯穿这三阶段的主导思想就是习近平总书记在党的十九大报告中提出的"不忘初心，牢记使命，高举中国特色社会主义伟大旗帜，决胜全面建成小康社会，夺取新时代中国特色社会主义伟大胜利，为实现中华民族伟大复兴的中国梦不懈奋斗"。其指导思想是马克思主义和当代中国的马克思主义，而领导核心则是中国共产党。

"多难兴邦。"中国经历一个多世纪的民族苦难，在中国共产党领导的革命胜利后，终于站起来了。这有其历史必然性。马克思主义揭示的规律具有普遍性，但规律起作用的条件永远是具体的历史的。从普遍性角度说，生产关系改变的合理性，必须建立在生产关系不能容纳生产力进一步发展，而新的更高的生产关系已经在母胎中成熟的基础上；从具体性的角度说，由于各国社会的发展程度和历史条件不同，生产力需要发展到何种水平，生产关系才不能容纳它继续发展，这个条件是具体的历史的，并没有统一的标准。当代西方发达资本主义国家，生产力发展水平高，但它的生产关系仍有容纳生产力发展的余地，因而它们在一定程度和一定范围可以进行自我调节，这是西方发达国家虽然时时发生危机和冲突，但至今仍然没有发生马克思曾经预期的社会革命的原因。按照马克思主义对两个必然性规律的揭示，资本主义制度并非历史的终结，但社会变革的时间、方式和途径则要视各国具体条件而定。

中国革命必然性和合理性根据在于中国社会自身的社会基本矛盾，西方发达资本主义生产力的水平并不是衡量中国革命是否合理的标准。革命是具体的，发生革命的国家也是具体的。具体问题具体分析是辩证法的灵魂。旧中国生产力落后，但旧中国的生产关系更加腐朽，它严重阻碍生产力发展。毛泽东同志在《中国社会各阶级的分析》一文中指出："在经济落后的半殖民地的中国，地主阶级和买办阶级完全是国际资产阶级的附庸，其生存和发展，是附属于帝国主义的。这些阶级代表中国最落后的和最反动的生产关系，阻碍中国生产力的发展。"[1] 其突出表现就是中国自身的民族工业处于衰败的困境，民生凋敝，国弱民穷。而建立在这种落后的经济基础上的上层建筑，其政治代表是腐朽的统治者，而政府则是最腐败的政权。这就是经济文化落后的中国，发生革命却早于发达资本主义国家的原因。穷则思变。旧中国的穷，表明生产关系和上层建筑严重阻碍生产力发展。中国社会自身社会生产力与生产关系的矛盾、经济基础与上层建筑的矛盾的激化，才是中国革命必然性的内在根据。

中国的站起来不仅决定于社会基本矛盾的激化，还决定于有无革命政党和自觉的革命精神。马克思主义在中国的传播，中国共产党的成立，中华民族的文化传统都是中国革命的主体因素。中华民族这样一个有民族生命力和五千年传统文化的民族，当近代由于生产力与生产关系、经济基础与上层建筑矛盾如此尖锐且无法解决，致使中华民族陷入存亡绝境时，必然会从这种矛盾中产生一种相反的积极力量，产生历史杰出人物和运动，力挽狂澜，救民族败亡于水深火热之中。李大钊先生就曾经说过："历

---

① 《毛泽东选集》第1卷，人民出版社1991年版，第3—4页。

史的道路，不全是平坦的，有时走到艰难险阻的境界，这是全靠雄健的精神才能够冲过去的"。

中国之所以会产生中国共产党，中国共产党之所以能领导中国革命并取得胜利，正是社会矛盾的激化和自强不息的民族精神的结合。在中国共产党的领导下，在马克思主义和马克思主义中国化理论指导下，经历28年艰苦奋斗，成立了中华人民共和国。中华人民共和国的成立表明中国人民从此站起来了。新中国诞生的前夜，在中国人民政治协商会议第一届全体会议上发表的开幕词中，毛泽东同志对各位出席会议的代表说："我们有一个共同的感觉，这就是我们的工作将写在人类的历史上，它将表明：占人类总数四分之一的中国人从此站立起来了。"[1]

历史的辩证法往往表现为历史的连续性和因果性。如果没有中国革命的胜利，没有建立一个独立自主，摆脱半殖民地半封建地位的新中国，没有以中华人民共和国的成立为标志的中国人民站起来了，就不可能在几十年后出现规模宏大影响深远的改革开放，由站起来过渡到富起来的阶段。同样如果没有改革开放以来的巨大物质积累和经验积累，没有开辟中国特色社会主义建设的道路和理论，就不可能继续开启建立社会主义现代化强国的新时代。习近平总书记之所以强调中国革命的历史逻辑，就是因为站起来、富起来、强起来不可能跳过任何一个阶段。人们并不是随心所欲地创造历史，并不是在自己选定的条件而是在既定的，从过去承继下来的条件下创造历史。历史的发展具有连续性、内在

---

[1] 《毛泽东文集》第5卷，人民出版社1996年版，第343页。

关联性和因果制约性。

中国近百年的历史逻辑表明，没有站起来就不可能有富起来，没有富起来就不可能有强起来。我们应该从规律性高度理解它们的关联性。割裂对三个阶段连续性及其重大转折的理解，就不能理解中国近百年历史发展的辩证法。改革开放的伟大成就及其开辟的中国特色社会主义实践和理论新境界，已经通过事实本身证明了它是中国社会主义历史连续性中的又一次重大转折，也是世界社会主义运动史的伟大创举。

对站起来、富起来、强起来三个阶段的历史连续性和转折关节点的辩证理解，不仅关系到对改革开放前后历史的评价，而且关系到我们的历史观，关系到中国近百年历史的规律性和可理解性。任何把改革开放前后历史绝对对立起来的观点，都不可能理解改革开放是在什么基础上展开的。如果没有中国革命的胜利和社会主义基本经济制度和政治制度的建立，没有建立相对比较完整的工业体系，改革开放就缺少经济前提和政治前提。习近平总书记关于改革开放前后历史不能对立的观点，坚持辩证唯物主义和历史唯物主义，充满哲学智慧和政治智慧。他在党的十九大报告中指出："我们党团结带领人民完成社会主义革命，确立社会主义基本制度，推进社会主义建设，完成了中华民族有史以来最为广泛而深刻的社会变革，为当代中国一切发展进步奠定了根本政治前提和制度基础，实现了中华民族由近代不断衰落到根本扭转命运、持续走向繁荣富强的伟大飞跃。"

习近平总书记用飞跃来形容站起来的伟大意义，不是偶然的。中国革命的胜利，中华人民共和国的成立的确是中国近代史上的一次伟大飞跃，因为它为中国以后发展开辟了最美好未来的前景，而不是某些人描述的中国跌入了一个阴暗世界、悲惨世界、专制世界。极少数人刮起民国风甚至北洋风，称颂和留恋那个时代是不可取的。其实，连有见识的西方学者都承认改革开放前后不能绝对对立。英国学者斯蒂芬·佩里在回答环球时报记者提问时涉及这个问题。他说："有人试图将新中国分为邓小平之前和之后的时代，这样做太简单化了。改革开放之前的时代，我会说'没有毛泽东就没有现代中国'，中国之所以能在1978年实行改革开放，包含了之前很多年的努力和试验，例如如何保持中国的统一，如何应对贫穷、重大疾病及教育与医疗资源的匮乏等。没有这些铺垫，改革开放是不会在那个时间点发生的。"

三个阶段不可分割，还关系到我们如何看待中国现代化的问题。有些学者说，从洋务运动开始中国就踏上了现代化之路，是中国革命打断了这个进程。按照他们的观点，如果没有中国共产党和中国共产党领导下的革命，中国照样能够实现现代化。这是违背历史事实的妄说。在中华人民共和国成立之前的旧中国，在强大的帝国主义经济支配下，民族工业的生存和发展空间极其有限，根本谈不上中国自己的工业化。这一点，凡是读过茅盾《子夜》，知道主人公吴荪甫命运的人都能懂。没有革命的胜利，没有中国站起来的历史大转折，在一个没有国家主权、没有民族独立的中国要实现现代化，纯属梦想。四个现代化是在中国人民站起来后提出来的国家战略目标，全面建设社会主义现代化国家是在中国强起来后提出来的实现中华民族伟大复兴的重要内容。殖民化不是现代化。即使在有些被殖民的国家会出现一些新式工业和进行一定的基础性建设，那是服务于殖民者获取利益需要的工业和基础建设，而不是为了被殖民国家的现代化。中国有段时间曾出现过"如果中国被殖民三百年，早就现代化"的荒唐言论。现在还有人以不同方式继续发表这种谬论。这是根本不懂国家独立和现代化之间关系，更不懂社会主义现代化和社会主义制度不可分割关系的无知之言。一个被压迫民族，是不可能实现现代化的，正如戴着镣铐的人无法跳远一样。

从辩证法角度看，站起来、富起来、强起来是实现中华民族伟大复兴事业中的有机组成部分，不可分割，不能缺少其中任何一环。这是中国近代百年历史发展的辩证法，也是马克思主义和中国实际相结合理论创新的辩证法。

历史在解决老问题提出新问题中前进

马克思说过："世界史本身，除了通过提出新问题来解答和处理老问题之外，没有别的方法。"① 其实，中国近百年的历史规律同样如此。毛泽东同志在天安门正式宣布中国人民已经站起来了，解决了一个从维新变法到辛亥革命所没有解决的老问题，解决了长期纷争不休的中国向何处去、出路何在、是全盘西化还是中体西用的老问题。中华人民共和国的成立表明，解决中国出路问题不是维新、不是变法、不是改良，而是革命。只有以马克思主义为指导，从中国实际出发才能探求到中国的真正出路。习近平

① 《马克思恩格斯全集》第40卷，人民出版社1982年版，第289页。

总书记明确指出："中国先进分子从马克思列宁主义的科学真理中看到了解决中国问题的出路。"

站起来后，解决了中国出路何在这个老问题，又须面对如何收拾国民党丢下来的烂摊子，使中国很快摆脱一穷二白，能够在较短时间内富起来，甚至强起来的新问题。这是涉及经济、政治、文化多个领域建设的问题。这是中国站起来后的历史发展的必然要求，是中国共产党的历史使命，也是全体中国人民的热切期望。如果中国通过革命胜利只是在政治上站起来了，而不是对社会进行全面改造，开始朝富起来、强起来的方向前进，那何必革命呢？革命本身不是目的，而是实现中华民族伟大复兴的必经之路。

中华人民共和国成立后的头30年，是完成新民主主义革命，并向社会主义建设迈进的历史时期。从社会主义发展阶段来说，它是社会主义初级阶段中的始初阶段，必然具有任何事物在始初阶段所具有的不完善性和不成熟性。"其作始也简，其将毕也必巨。"这是规律性现象。中国社会主义建设是在一穷二白基础上，是在没有自身建设经验中摸索前行的。再加上曾经发生的"左"的错误，导致中国社会主义发展进入瓶颈期。其深层原因是社会主义建设实践自身提出的新问题：人民生活贫穷是社会主义社会吗？以阶级斗争为纲是社会主义建设的基本路线吗？中国社会主义能在计划经济和单一的公有制的基础上继续获得活力吗？改革开放不是偶然的，它是在一个历史转折时期，对前30年存在的问题和体制性缺陷寻找新的答案，有着深刻的经济、政治、社会和民意基础，符合中国社会主义发展的历史逻辑。

改革开放是中国特色社会主义道路上的伟大创举,是中国近百年历史的又一次重大转折。它开辟了中国社会主义历史发展的新局面,开辟了中国特色社会主义实践和理论创新的新境界。1976年10月粉碎"四人帮"从政治上扫除了继续前进的障碍,可思想往往落后于现实。从政治逻辑和思想逻辑辩证关系来说,政治格局的改变可以一夜之间实现,可思想解放更为困难。1978年关于真理标准问题的讨论起到了思想大解放的作用。正是在思想解放和实事求是思想路线恢复的基础上,中国社会主义发展重新获得了新动力和勃勃生机。

从历史逻辑来说,头30年的成就为进一步发展提供了前进的基础,而其中存在的问题和体制性缺陷又成为继续发展的障碍。这些障碍成为为什么要改革、改革什么,为什么要开放、如何开放所需要解决的新问题。什么是社会主义和如何建设社会主义,正是对前一阶段存在的问题的总体性的提问,而这个提问中包含经济、政治、思想和体制多方面丰富内涵的展开。放弃以阶级斗争为纲,转到以经济建设为中心,提出"一个中心两个基本点"的党的基本路线;由计划经济体制逐步转变到实行社会主义市场经济;由单一公有制转变到以公有制为主体多种经济成分共同发展,等等,中国经济发展获得了前所未有的新动力。正如习近平总书记指出的:"我们党深刻认识到,实现中华民族伟大复兴,必须合乎时代潮流、顺应人民意愿,勇于改革开放,让党和人民事业始终充满奋勇前进的强大动力。我们党团结带领人民进行改革开放新的伟大革命,破除阻碍国家和民族发展的一切思想和体制障碍,开辟了中国特色社会主义道路,使中国大踏步赶上时代。"①没有改革开放，也就没有现在的中国。

富起来，是对40多年改革开放成果的标志性概括。的确，改革开放使中国开始富起来，成为世界第二大经济实体，成为世界贸易大国，成为外汇储备最多的国家。富起来为中国特色社会主义进入强起来的新阶段提供了多方面的条件。如果没有改革开放积累的财富，我们不可能在国防、教育、卫生、社会保障，以及扶贫脱困方面投入大量资金。民生是立国之本，人民生活的富裕既是社会主义的硬实力，也是软实力，因为它体现了社会主义制度的优越性。可以说，富起来使站起来站得更牢。富起来，也使强起来成为可能。经济是基础，是综合国力最重要组成部分。中国改革开放成就是举世瞩目和公认的。我们用40多年走过了西方主要发达国家上百年才达到的大体相当的发展水平。

历史发展是辩证的，只要发展不要问题是不可能的。在站起来的阶段，我们解决了民族独立的问题，踏上了建设社会主义新中国的道路，但我们的人民生活还比较清苦，并且体制上也还存在诸多不完善之处和缺陷。这些问题，在富起来的阶段通过改革开放得到较好解决。但富起来有富起来的问题，我们开始在总体上摆脱贫穷，原有体制的弊端得到调整、新体制逐步建立，社会充满求富、奔富的活力。但在迅速发展中又积累了新的问题和新的矛盾，包括政治生态中贪污腐败现象多发、自然生态中环境破坏严重、文化生态中理想和信仰的缺失、社会生态中贫富分化悬

---

① 习近平：《决胜全面建成小康社会 夺取新时代中国特色社会主义伟大胜利——在中国共产党第十九次全国代表大会上的报告》，《人民日报》2017年10月28日第1版。

殊，等等。这些问题是埋伏在强起来之路上的隐患，必须在强国之路上得到解决。

积极破解强起来的新问题

不同阶段有不同的问题：穷有穷的问题，富有富的问题，强有强的问题。穷则多困，贫困阻碍生活的提高；富则易侈易骄，骄奢催生社会不良现象；强则多忌，会遭受来自外部对发展各种方式的遏制和阻挠。因此，强国之路不仅要解决富起来留下来的旧问题，还要面对强起来的新问题。习近平总书记强调："当前，改革发展稳定任务之重、矛盾风险挑战之多、治国理政考验之大都是前所未有的。我们要赢得优势、赢得主动、赢得未来，必须不断提高运用马克思主义分析和解决实际问题的能力，不断提高运用科学理论指导我们应对重大挑战、抵御重大风险、克服重大阻力、化解重大矛盾、解决重大问题的能力，以更宽广的视野、更长远的眼光来思考把握未来发展面临的一系列重大问题，不断坚定马克思主义信仰和共产主义理想。"①

习近平总书记提出人民日益增长的美好生活需要和不平衡不充分的发展之间这一新时代的社会主要矛盾，并且一再强调中国仍然处在社会主义初级阶段，就是因为我们发展不平衡不充分，富起来仍然是相对的。我们国土面积大，人口多，我们的国民生

---

① 习近平：《在纪念马克思诞辰200周年大会上的讲话》，《人民日报》2018年5月5日第2版。

产总值用14亿多人平均，排名在世界上还是相对靠后的。况且人民对美好生活的向往不能单纯用国内生产总值衡量，它的内容是多方面的。我们要贯彻新发展理念，坚持以人民为中心，抓住人民群众最关心的现实利益问题，不断保障和改善民生、促进社会公平正义，使改革成果更多更公平惠及全体人民，不断促进人的全面发展，朝着实现全体人民的共同富裕迈进，大力改善生态环境，坚持人与自然和谐共生，建设美丽中国。我们要大力提倡科技创新，把核心技术掌握在自己手里，避免受制于人，建设科技大国、文化强国。

按照历史辩证法，我们不能把站起来、富起来、强起来视为相互取代的历史阶段，而是后一阶段包括前一阶段的成果和继续解决前一阶段出现的问题。我们要充分认识中国近百年历史变革的伟大意义，它的确是中国几千年历史从未有过的大变化。但同时我们应该实事求是地承认，我们的"富"和"强"仍然是相对的。

历史不能简单相比，但历史经验可以借鉴。尤其是社会主义的历史经验更具有直接的可借鉴性。苏联从1917年十月革命到克里姆林宫红旗落地，时间为74年。俄罗斯在列宁领导下通过十月革命站了起来，英法美等14国军队的进攻没有把它扼杀在摇篮里。苏联在解体之前，当时也可算一个富国，因为它的国内生产总值约是美国的60%，考虑到它的人口，人均比我们现在要富得多。至于说强，苏联解体前是个强国，是世界上唯一能与美国相比肩的强国。美苏是世界上两个超级大国，是两霸。可谁也没有料到苏联解体，社会主义在苏联遭到失败。这表明一个社会主义国家，要站得牢、富得久、强得硬，必须坚持共产党领导，高举马克思主义旗帜，必须把马克思主义基本原理与本国实际相结合才能立于不败之地。否则一旦发生颠覆性错误，就会半途夭折。

习近平总书记对政治方向问题、对中国道路问题、对理想信仰问题非常重视。他一直教导我们要有忧患意识，要防止发生颠覆性错误。党的十八大以来，以习近平同志为核心的党中央以巨大的政治勇气和强烈的责任担当，提出了一系列治国理政新理念新思想新战略，出台一系列重大举措，推进一系列重大工作，解决了许多长期想解决而没有解决的难题，办成了许多过去想办而没有办成的大事，推动党和国家事业发生历史性变革、取得历史性成就。特别令人振奋的是习近平总书记非常重视党的建设，坚持社会革命和自我革命的统一。推动全面从严治党，毫不手软地反对贪污腐败。非常重视坚持马克思主义在意识形态领域中的指导地位，让马克思主义旗帜在中国天空高高飘扬。

世界并不平静，社会主义之路并不平坦，改革也不可能是绝对完美、绝对完善一次到位。解决老问题，防止出现新问题。改革没有句号，因为问题没有句号。每次新问题的解决，都使中国特色社会主义前进到一个更高的阶段，也是中国特色社会主义理论的新发展、新境界。这符合社会主义发展规律，恩格斯说过所谓社会主义不是一成不变的，而是经常变化和改革的社会。也符合《矛盾论》和《实践论》阐述的对立统一规律和实践与认识关系的规律。中国特色社会主义实践推动理论发展，而中国特色社会主义实践和理论都是在解决矛盾中前进的。

中国与世界的关系也受辩证法规律支配

中国从站起来、富起来到强起来的历史进程，不仅是中国历史的深刻变革，同时也是影响世界政治格局、世界历史进程的变革，是中国与世界互动关系性质的变革。

中国与世界的关系同样是受辩证法规律支配的。马克思1853年发表在《纽约每日论坛报》的评论文章《中国革命和欧洲革命》中，引用黑格尔"两极相联"的辩证观点，考察中国与欧洲的关系。当然，马克思的辩证法并不是黑格尔辩证法的简单照搬，而是建立在唯物史观基础上的。马克思说："在他（黑格尔：作者注）看来，'两极相联'这个朴素的谚语是一个伟大而不可移易地适用于生活一切方面的真理，是哲学家所离不开的定理，就像天文学家离不开开普勒或牛顿的伟大发现一样。"并说："'两极相联'是否就是这样一个普遍的原则姑且不论，中国革命对文明世界很可能发生的影响却是这个原则的一个明显例证。"[①]马克思的这个判断在当代中国的社会变革中得到最明显的证明。

中国是一个有五千年传统文化的文明古国。在以往几千年历史中，直到明代前期，中国在世界仍占有重要地位，向世界贡献了中国文明，也吸取了其他国家的文明成果。中国与世界的交往是和平的、互惠的。中国是爱好和平的国家。在近代西方资本主义产生以后向外侵略和殖民的时代，中国曾经遭受帝国主义列强的宰割和侵略，是受害者、被压迫者。西方列强在中国与世界关

---

① 《马克思恩格斯文集》第2卷，人民出版社2009年版，第607页。

系中，处于矛盾的主导方面。从站起来开始，中国逐步从世界的边缘走向世界的中心，但中国从不想称王称霸。毛泽东同志说过，中国应该对世界作出更大贡献。中国开始强起来后，这个方针没有变，也永远不会变。从2001年加入世界贸易组织到共建"一带一路"的倡议和构建人类命运共同体，都显示了作为踏上强国之路发展中的大国，中国虽然已经改变了近代在世界格局中屡遭侵略和挨打的地位，但不会走国强必霸的老路，而是同各国人民一道，积极构建人类命运共同体，不断为人类和平和发展作出新的贡献。中国坚持对外开放，促进了世界经济的发展，同时也发展了中国。中国的开放政策符合历史潮流，符合世界各国的利益。中国与世界的关系是互利共赢的良性互动的辩证关系。世界离不开中国，中国也离不开世界。

从社会规律认识伟大斗争

从规律的高度看待斗争，就不会陷于盲目的斗争；从斗争的高度看待规律，就不会消极无为，期待规律自动实现。

斗争是哲学概念，具有最普遍的概括性，是唯物辩证法对立统一规律中的重要范畴，也是马克思主义政党实现自身历史使命的必由之路。马克思主义强调的斗争不是盲目的斗争，而是在客观规律指导下人的能动性的高度发挥，它是有理有利有节的。与自然规律不同，社会规律不会自动形成和实现，其形成和实现均离不开人的实践活动。虽然革命是基于社会基本矛盾激化又无法解决所产生的规律性现象，但它何时发生、以何种方式发生、斗争的结局如何，都与人们在实践中对规律的认识和运用密不可分。从规律的高度看待斗争，就不会陷于盲目的斗争；从斗争的高度看待规律，就不会消极无为，期待规律自动实现。

历史是最好的教科书。读读中国近代史就会发现，鸦片战争以后，中国陷入内忧外患、亡国灭种的险境，山河破碎，民不聊生。"我自横刀向天笑，去留肝胆两昆仑"……许多志士仁人前仆后继、视死如归，其斗争精神永留青史。

中国共产党是用马克思主义武装起来的政党，始终坚持以马克思主义为指导，坚持从中国实际出发，不断提高认识规律的自觉性，发现了中国民主革命的规律，深化了对中国社会主义革命和建设规律的认识，特别是对中国特色社会主义建设规律的认识达到了新境界。以规律性认识为指引的实践经验，凝结为中国特色社会主义道路，升华为中国特色社会主义理论体系，转变为中国特色社会主义制度，形成为中国特色社会主义文化，其中就包括规律性认识结出的丰硕革命文化之果。中国共产党90多年的历史证明，只要我们的斗争实践符合规律，就能转危为安、夺取胜利；如果违背规律，就会招致挫折、由主动变为被动。

当今世界，经济全球化已成为必然趋势。习近平总书记指出，面对经济全球化带来的机遇和挑战，正确的选择是，充分利用一切机遇，合作应对一切挑战，引导好经济全球化走向。世界正处于大发展大变革大调整时期，这要求我们在面对单边主义和贸易保护主义的斗争中提高对人类社会发展规律的认识，全面深化改革开放。进入新时代，在我国社会主要矛盾发生转化的情况下，只有深化对社会主义建设规律的认识，才可能把握和增强改革的系统性、整体性、协同性。还应看到，在思想日益多元化和社会主义市场经济深入发展的条件下，执政党自身建设和自我革命面临着许多新情况新问题。任何信仰缺失和庸政、懒政、怠政的现象，都会严重影响党的先进性和纯洁性。必须深化对新时代共产党执政规律的认识，不断推进党的伟大自我革命。中国特色社会主义新时代，是成就辉煌灿烂、前途如日东升的时代，也是风险与机遇并存、挑战和发展相伴的时代。期待躺在安乐椅上过着逍遥岁月的想法，是同这个伟大时代格格不入的。只有不断深化对"三大规律"的认识，才能更好进行具有许多新的历史特点的伟大斗争。

实践没有止境，对规律的认识也没有止境。中国特色社会主义是人类历史上前所未有的伟大事业，我们不可能在各个领域完全达到对规律的自觉把握，这是一个逐步深化的过程。新时代，党员、干部应带头学习掌握辩证唯物主义和历史唯物主义的实践观、规律观、矛盾观，正确认识社会规律与伟大斗争的关系，防止经验主义和教条主义的干扰，在建设社会主义现代化强国、实现中华民族伟大复兴的征程上一棒接着一棒跑下去。

学会分析和解决问题的真本领

马克思主义哲学传入中国后，在革命、建设、改革实践中，都起到了世界观和方法论的作用。毛泽东同志说过："我们的任务是过河，但是没有桥或没有船就不能过。不解决桥或船的问题，过河就是一句空话。不解决方法问题，任务也只是瞎说一顿。"① 我们从毛泽东同志关于中国革命的对象、动力、阶段、途径等的分析，从毛泽东同志对中国革命战争的战略和策略的分析，抗日战争中对持久战问题的分析中，都能最深切地体会到马克思主义哲学作为世界观和方法论的巨大威力。邓小平理论、"三个代表"重要思想、科学发展观、习近平新时代中国特色社会主义思想，都非常集中地体现了马克思主义哲学作为世界观和方法论的作用。

中国特色社会主义理论体系是马克思主义哲学关于社会基本矛盾、生产力决定作用、人民群众是历史创造者等基本原理的创

---

① 《毛泽东选集》第1卷，人民出版社1991年版，第139页。

造性运用和发展。如果我们不能从解放思想、实事求是的思想路线中，从"实践是检验真理的唯一标准"讨论中，从以改革开放推动社会主义基本矛盾的解决中，从统筹推进"五位一体"总体布局、协调推进"四个全面"战略布局中，从以人民为中心的发展思想和新发展理念中，从新时代我国社会主要矛盾变化这一重大政治论断中，看到马克思主义哲学的世界观和方法论，就不能真正理解和把握中国特色社会主义的本质，树立"四个自信"，也不能真正认识到在困难中马克思主义哲学世界观和方法论具有逢山开路、遇水架桥的思维伟力。

习近平总书记十分重视马克思主义的指导作用，重视用马克思主义武装广大干部和党员，这其中就包括对马克思主义哲学的高度重视。习近平总书记对马克思主义哲学十分熟悉，从他的一系列重要讲话中都可以感受到马克思主义哲学的思想和智慧。习近平总书记善于运用马克思主义哲学的思维来阐述问题，他的许多来自生活的通俗话语包含着深刻的哲理。习近平总书记提出要树立几种思维，比如战略思维、历史思维、辩证思维、系统思维、创新思维、法治思维、底线思维等，都具有突出的哲学意蕴。习近平总书记十分注重思想方法和工作方法，比如坚持实事求是、坚持战略定力、坚持问题导向、坚持全面协调、坚持底线思维、坚持调查研究等基本方法，此外还有学会"弹钢琴"，善于"转盘子"，坚持"钉钉子"，牵住"牛鼻子"等具体方法，其中都蕴含着马克思主义哲学智慧。

现在各级领导干部特别是高级干部的文化水平都很高，大专文凭普遍，硕士、博士也已经不是"稀有品"。这当然是大大的好事。但是，干部水平并不是仅仅取决于文化和学历高低，极为重要的一点还在于他们的思维方法和工作方法。你是个什么样的干部，你的才智和能力如何，老实说并不取决于你手中的文凭，也不完全取决于你有多少知识，而是取决于你的世界观和思维方法，即你如何思考、如何工作。哲学素质是领导干部的重要素质。要思维必须运用概念，必须有思维方法。经验证明，仅仅是读书多、知识多的人并不一定有智慧。毛泽东同志说过，我们的眼力不够，必须借助望远镜和显微镜。马克思主义哲学特别是辩证法就是我们的"望远镜"和"显微镜"，它使我们看得远些，看得深些。因此，要学习一些基本的马克思主义经典著作，特别是哲学著作，比如《共产党宣言》《反杜林论》《国家与革命》《矛盾论》《实践论》等。

辩证法作为思维方法非常重要。当前，我们面对的社会各种利益关系十分复杂，任何片面性都会添堵添乱，激化矛盾。我们一定要准确把握客观实际，真正掌握规律，处理好新时代坚持和发展中国特色社会主义的各种重大关系。比如，两点论与重点论的统一是辩证思维中一个至关重要的思维方法。只知"两点"而无重点，就推动不了全局；有重点而无"两点"，就如同下棋，过河卒子拼命向前而无后续部队，结果满盘皆输。要坚持以重点突破带动整体推进，在整体推进中实现重点突破。再比如，协调发展是辩证思维中应有之义。不协调就是失衡，失衡就如同缺轮汽车，不能开；而没有发展的所谓"协调"，就是彼此拖后腿。因此，必须重点推动区域协调发展、城乡协调发展、物质文明精神文明协调发展，推动经济建设国防建设融合发展，不断增强发展整体性协调性。如果党员领导干部不学习马克思主义哲学，不懂辩证法，不善于分析矛盾、化解矛盾，老是搞形而上学片面性，耳聋眼花，那就会东倒西歪，什么任务也完成不了。

马克思主义哲学也关乎我们的信仰和工作能力问题。例如，量变到质变的道理似乎学过哲学的人都懂，但不见得都能把它转变为智慧。有的人一听说巩固和建设好社会主义需要几代人、十几代人，甚至几十代人坚持不懈地努力奋斗，就以为目标很遥远，就发生信仰动摇。其实，它的远近取决于我们每代人的努力。新时代中国特色社会主义正在建设中，只要我们方向对头，齐心协力，速度就快，目标就近；否则就会更慢更远。如果背道而驰，则永远达不到目的。所以，社会主义建设中的远近快慢问题，离开辩证思维方法是理解不透的。从具体工作来说，对这条量变到质变的道理，不同的人的理解和把握可能大相径庭。有的人能敏锐地注视着工作中的微小变化，促进和加速有益的量的积累，防止不利的因素，及时化解矛盾。有的人在矛盾积累到突然爆发之前，还是视若无睹。事物是变化的，在量变阶段往往不易觉察。量变是狡诈的、平静的、迷惑人的，但总有征兆可寻。一个人在工作中能见微知著、防微杜渐，有远见卓识，就能把量变到质变的哲学原理变为实际的智慧。反之，量变与质变的条条背得再熟，也只能打零分。

马克思主义哲学的实践观、群众观、阶级观、发展观、矛盾观等，都是马克思主义哲学中的重要原理，而与时俱进、创造性、科学与价值的统一等，都是马克思主义哲学的本质特性，在学习时都必须特别重视。

学好哲学，终身受用。各级干部应认真学习马克思主义哲学，把它化作自己的思维方法和工作方法，使自己的头脑变为充满智慧的头脑，使自己成为有真本领的能发挥先锋模范作用的好干部。

"问题导向"思想方法的精髓

搞马克思主义哲学的人，应该重视学习历史。

任何一个哲学概念抽去它的历史内容，都是僵死的。我们要重视历史学习，但更要重视正确的历史观。历史当然是很重要的，但历史提供的是经验和教训，而不是现实问题的答案。

历史是镜子，不是尺子

历史是镜子，可供借鉴。古人云：以铜为镜，可以正衣冠；以史为镜，可以知兴替。历史可以成为镜子，但不是尺子，不是衡量现实的标准。以古量今，往往会陷入以古非今、今不如昔的泥潭，成为"九斤老太太式"的人物。

历史的发展总体趋势是进步的，虽然不是直线，包含曲折，但总体来说，人们的生活方式、道德观念和风俗习惯，是与文明的发展相伴相随的。今之所是，昔之所非；昔之所非，今之所是。以历史为镜子，我们能学到很多东西；以历史为尺子，我们会失掉很多东西。

传统文化提供的是思想和智慧，而不是现实问题的答案。我们要重视传统文化，包括儒家的学说。我自己也喜欢读点孔孟老庄、唐诗宋词。我的体会是，传统文化提供的是思想和智慧，不是为后人预备的现成答案。

我们不可能从《论语》中直接找到如何建设中国特色社会主义的回答。所谓"半部论语治天下"，也只是讲封建社会中如何为君、为臣以及如何做人的道德标准，而不是治国方针。

只有当代人才能解决当代人的问题。因为我们面对的问题是当代的问题，而不是古代的问题，不是古人他们时代的问题，而是我们自己时代的问题。我们就生活在这个时代中，必须直面这些问题。

"问题导向"很重要

"问题导向"很重要。问题的导向并不是我们现在才提出来的，而是马克思早就提出来的。马克思在《莱茵报》第137号刊论《集权问题》中提出：历史本身除了通过提出新问题来解答和处理老问题之外，没有别的方法。

他还说，问题就是公开的、无畏的、左右一切个人的时代的声音；问题就是时代的口号，是它表现自己精神状态的最实际的呼声。我们学习马克思和恩格斯的著作会发现，他们的全部著作，没有不是为解决他们时代的大问题而作的。

那么，我们面对的现实问题的答案存在于哪里？我认为，问题的答案只能存在于现实的问题之中，而不是存在于书本之中。问题中就包含回答问题的答案，否则就不会出现这个问题。

但是，答案不是直观的，不是信手拈来的，需要调查，需要研究，需要理论思考，而且需要实践检验。提出问题需要研究，回答问题更需要研究。

马克思不可能预计到中国社会主义建设过程中会碰到什么问题，也不可能为我们解决问题留下锦囊妙计，但却为我们提供了捕捉问题、发现问题和解决问题的基本的理论和方法。

可以这样说，马克思主义提供的是科学思维方法，传统文化提供的是智慧和启发，历史提供的是经验和教训，这三者必须结合，其中科学思维方法最为重要。离开马克思主义指导，历史经验和教训难以总结；离开马克思主义指导，传统文化的精华与糟粕则难以分清。这就是"问题导向"思想方法的精髓。

历史规律高于历史经验和教训

历史的经验和教训很重要，但人类能不能从历史中真正得到经验和教训？

列宁在《哲学笔记》专门摘录过黑格尔在《历史哲学》中关于人类不可能接受历史教训的话。黑格尔说，经验和历史告诉我们，各个民族及政府都没有从历史中学到什么，也从来没有按照从历史中所能吸取的那些教训进行活动。

对此，列宁称赞"非常聪明"，要读者"注意"。为什么？因为能否吸取历史经验和教训，取决于那个阶级为了什么目的总结经验教训。

比如我国古代历史上，历代新王朝都注意为前朝修史，探讨兴亡得失，探讨苛政和失去民心必然导致灭亡，提倡以民为本，本固邦宁，知道水可载舟，亦可覆舟。虽然很多皇帝都以此教导储君，可是照样地改朝换代，照样有末代皇帝，照样会以人民为牛马。

在封建社会中，"民贵君轻"是写在书本上的，不管哪个皇帝都很难真正做到以民为本，因为剥削制度的本质、统治和被统治关系，决定了他们不可能真正施仁政、行王道，不可能真正爱民如子。

在中国古代社会里，任何一个封建王朝都是从取得政权时开始轻徭薄赋，到后来逐步苛捐杂税、敲骨吸髓；并不是所有的皇帝都是坏皇帝，不是他们不懂前朝灭亡的教训，而是他们的阶级统治和阶级利益决定了他们不可能接受历史的教训，总以为自己是例外。

按照马克思主义观点看，历史规律永远高于历史经验和教训。不管你接受不接受历史教训，历史规律都会照样起作用。马克思主义是把历史经验和教训上升到历史规律性的高度来认识的，是用阶级分析观点来分析阶级社会的历史的，是从"历史周期率"的高度来观察历史中王朝的兴亡得失的。

对我们来说，历史的重要性、历史经验和教训的重要性正在于其中包含历史的规律。我们是历史唯物主义者，重视历史发展规律。我们学习历史，也是重视其中包含的历史规律。离开历史规律，学习历史就变成了看历史故事。

不仅要重视历史，而且要重视传统文化

以马克思主义作为指导，不仅要重视历史，还要重视传统文化。中国传统文化，博大精深，源远流长，无比丰富。但必须认识到，传统文化只能为我们提供智慧和教导，而不能提供如何解决现实问题的答案。

拿历史来说，中国有作为的皇帝如汉武帝、唐太宗等，并非因为以儒治国才把这些王朝建设成为中国封建社会声名显赫的王朝的。我这样说，丝毫没有贬低儒家学说的意思，也没有贬低孔夫子伟大的意思。

我只是说，儒家学说中有许多理想的东西，有许多好东西，儒学中的精华构成我们中华民族精神的重要内容，可那些大都是理想，是教导，是智慧。它存在于我们中华民族的精神血脉之中，并不是封建社会的实际政策。孔子到处游说，当政者没有人听；孟子游说，宣传仁义，也是到处碰壁，没有人听；历代一些大儒也都是思想家，而不是当权者，他们不可能推行他们的理想。当政者并非儒者，儒者也不一定能当政。"内圣外王"只不过是一种"圣君贤相"的中国式"理想国"。

老实说，如果真正出现一个大儒当皇帝，那么他实行的政策也不可能超出封建社会许可的范围，也超不出维护他作为统治阶级的利益范围，因而不可能实现儒学描绘的理想社会。"为天地立心，为生民立命，为往圣继绝学，为万世开太平。"这是儒者的抱负，是信仰，是理想。但它是在封建社会中的儒者根本不可能实现的使命。

儒家经典中那些光辉的思想是教导，是提供智慧和道德修养的文本，而作为实际政策在封建社会中很少真正能得到实现。实际政策必然是那些最有利于巩固封建社会制度和稳定统治阶级利益的东西。作为道德和人格的培养，儒学培养了不少杰出人才，而作为实际政策，真正为百姓的东西，真正"富之、庶之、教之"的治国方针，则是难以实行的。有利于巩固君权和封建制度的东西倒容易实行，因为它符合统治者的需要，统治者也着力推行。

今天，仍有不少学者在津津乐道封建社会农村的乡绅统治以及族权、祠堂在维护农村社会秩序中的作用。这些恰恰是把儒学中有利于为君而非为民的一面，化为巩固基层统治的方式。社会主义革命肯定要破坏这些旧东西，建立新的社会秩序和治理方式。

在守正创新中坚定文化自信

牢固树立文化自信，必须坚持"守正创新"。

守正，最核心的内容是要坚持马克思主义在意识形态的指导地位，坚持中国共产党对文化工作的绝对领导，坚决贯彻中国共产党制定的文化政策。我们的各级意识形态主管部门都要坚定贯彻落实党的路线和方针政策，自觉认识到自己在意识形态领域中肩负的守正创新的责任，反对任何官僚主义和形式主义。只管发文件而不管检查落实的官僚主义，只管热热闹闹做表面文章而不管实效的形式主义，都有百害而无一利。

守正，既要求各级意识形态主管部门的领导要有守正的坚定性，也要求要有政策观念和领导艺术。意识形态领域是知识分子，包括高级知识分子最为集中的领域。知识分子由于职业和工作方式的特点，最看重的是"自我创造"，最倾心的追求是"学术自由""创作自由"和人格的"独立和尊严"。我们应该理解这种要求的正当性和合理性。但又不能任凭错误思潮在这种正当要求掩盖下沉渣泛起。"左"掩盖下的右，和右掩盖下的"左"，一种倾向掩盖另一种倾向，在意识形态领域并不罕见。这要考验领导者的水平和领导艺术。意识形态部门的工作不是一种单纯的行政工作，而是思想工作，是做人的工作。既要尊重知识分子，满足知识分子的合理要求，充分调动其积极性，繁荣发展中国的哲学社会科学和文学艺术，又要正确引领，对错误思潮开展严肃的批评教育和斗争。"宽"与"严"、"紧"与"松"，这是意识形态领域中的一个多种矛盾结成的"扣"，要使这个"扣"不变成"死结"，必须讲究领导艺术，既有原则性又有灵活性。缺乏灵活性，则妨碍发挥思想创造性，无助于哲学社会科学和文学艺术的发展；放任自流，让各种错误思潮自由传播，就会危及文化安全，从而危及我们的社会主义制度。

要区分政治问题和学术问题。学术观点应该提倡"双百"方针。对在课堂上挑战"四项基本原则"的观点应该进行批评、教育和坚决斗争。现在高校"告密"和"告密者"成为少数人炒作的热词。面对几十、几百人的课堂本无密可言。课堂本不是教员的私人领地，而是面对学生教书育人的公共空间。如果有的学生对教员的讲课内容有不同看法，可以向老师提出，或者以不同的方式向院系或学校反映。教师有教师的权利，学生也有学生的权利。如果说，不管大是大非，学生只有一律照单全收保持沉默，不能有不同的看法，这种要求极不合理。"告密""告密者"历来为人所不齿，这个称号最容易丑化学生，并最容易激发对所谓纵容学生告密制度的痛恨。我想起了黑格尔的哲学短文《谁在抽象思维》，说贩卖臭鸡蛋的小贩完全不提臭鸡蛋而从头到脚编排顾客的不是。用"告密""告密者"称呼反映问题的学生，而有些评论者也以谴责学生和学校来凸显自己占领道德制高点。甚至有人危言耸听，说高校教师是"高危职业""人人自危"，给人一种唯恐天下不乱的感觉，实在令人生疑。我真诚希望维护正常的教学秩序，培养风清气正的教风和学风。老师认真传道授业解惑，学生尊师重教，建立和谐的师生关系。

既要守正，还要创新。关于文化创新的规律，毛泽东同志提出了六字箴言：继承、借鉴、创造。"我们必须继承一切优秀的文学艺术遗产，批判地吸收其中一切有益的东西，作为我们从此时此地的人民生活中的文学艺术原料创造作品时候的借鉴。有这个借鉴和没有这个借鉴是不同的，这里有文野之分，粗细之分，高低之分，快慢之分。所以我们决不能拒绝继承和借鉴古人和外国人，哪怕是封建阶级和资产阶级的东西。但是继承和借鉴决不可以变成替代自己的创造，这是决不能替代的。"[1]毛泽东同志讲的是文学艺术，但它对人文社会科学具有普遍的适用性。

文化创新必须基于继承和传承。在空地上可以建筑大楼，在文化废墟上不可能创新和发展文化。魏征在《谏太宗十思疏》中说，"求木之长者，必固其根本；欲流之远者，必浚其泉源"。固本培元，则根深叶茂；浚源疏河，则源远流长。我们只要懂得中国的文化发展史，就会信心百倍。因为我们的祖先确实为我们留下了丰富的思想遗产，而且在历代传承中得到创新发展。

继承中国传统文化，往往会碰到拦路虎说中国封建社会的思想是封建的，不能继承。关于这个问题，毛泽东同志有过回答，

---

[1] 《毛泽东选集》第3卷，人民出版社1991年版，第860页。

封建社会的东西并不等于都是封建的东西，其中有不少包含人民性的东西，即使是封建的东西也要分析。我们只要读读屈原的《离骚》中的"长太息以掩涕兮，哀民生之多艰"；柳宗元在《送薛存义之任序》中，痛斥官吏，为百姓鸣不平；黄宗羲在《原君》中直指皇帝为"独夫"，矛头直指君主专制。这些思想，其深度至今仍然闪闪发光。

在哲学的创新中，这种误解更多。有些学者认为坚持马克思主义的基本观点会冲淡中国传统文化的丰富性和合理性，特别在中国哲学领域最忌讳最厌烦的是唯物主义与唯心主义区分。例如，它们不愿意承认王阳明"心学本体论"中包含某些唯心主义成分。因为它们有个传统看法，如果承认唯心主义成分就是对它的否定。王阳明的"人心是天渊，心之本体无所不该"，致良知就是将此障碍窒塞一齐去尽，回复本心。王阳明的"知行合一"是"致良知"，是回归本心的途径。冯友兰先生也说，宋明理学中有三派：气学是唯物主义，理学和心学是唯心主义。唯心主义不能简单等同于错误，按列宁的标准阳明心学属于聪明的唯心主义。它继承中国儒学道德伦理特性，强调"除私去蔽""回归本心"，反对私欲窒心，失去做人的本分。这对道德培养、道德自律有积极意义。现在的"阳明心学热"，从道德修养角度来说有可取之处，因为当代人的物欲和功利主义太重，轻视道德修养，宣传"阳明心学"有正心诚意补错纠偏之功。正是在这个意义上，习近平总书记把共产党人的党性修养称之为"共产党人的心学"，强调"知行合一"。但与王阳明强调的回归本心，向内用力不同，共产党人的知行合一就是理论与实践的统一，是认识世界和改造世界的统一，是共产主义的理想信念与自己行为的统一。社会主义核心价值观的培育不能脱离中国特色社会主义实践，不是回归本心发现固有的良知，而是要接受理想和信念的教育与培养，并且在实践中经受考验。习近平总书记在中央党校（国家行政学院）中青年干部培训班开班式上发表重要讲话时强调："广大干部特别是年轻干部要在常学常新中加强理论修养，在真学真信中坚定理想信念，在学思践悟中牢记初心使命，在细照笃行中不断修炼自我，在知行合一中主动担当作为，保持对党的忠诚心、对人民的感恩心、对事业的进取心、对法纪的敬畏心，做到信念坚、政治强、本领高、作风硬。"在我看来这是对"阳明心学"的合理吸取和改造，也可以看作是对中华优秀传统文化进行创造性转化和创新性发展的一个范例。我们对中国传统文化最重要的是在继承基础上进行创造性转化和创新性发展，而不是简单附会和类比。这是一项重要而极具学术性的工作。

要创新，必须反对文化民粹主义。中华民族是爱好和平的民族。我们不主张"东方文化优秀"论，更不会搞"中国中心"论。我们不会重复明清曾经发生过拒绝西方文明的无奈和错误。事实上，改革开放40多年，中国介绍西方的文化远远超过西方介绍中国的文化。中国人对西方的了解也远远超过西方一些人对中国的了解。在全面深化改革开放中，我们还将通过文化交流吸收借鉴人类文明优秀成果。我们派遣的留学生之多也是世界上少有的。我们主张世界文化多样性，提倡文化交流互鉴，反对"文明冲突"论。我们的"一带一路"倡议就不仅是经济合作共同发展，而且也是一种文化交流的最好渠道。我们相信，在文化交流互鉴中批判借鉴世界其他文化的有益成果对于我们的创新是有价值的。

当然，在处理本土文化和外来文化关系上不可能是简单的拿来主义。我们对外来文化的吸收与传播，取决于两个因素：一个是外来文化优秀性，一个是我们社会的需要和可接受性。社会文化需求与人的营养需要一样，都是吸取有利于自身健康的因素。当中国儒家文化处于主导地位时，在汉代开始印度佛教传入并在唐代达到高潮。儒学入世情结深，佛教的传入有其社会需要，尤其是对那些功名失意的士大夫和官海浮沉的官僚阶层，比较有吸引力，也最易被他们所接纳。到近代，中国最缺少的是科学技术，西学为用的思想最易接受，但科学与民主的思想与中国封建制度难以契合。在中国解决道路和根本制度问题之前，中国首先需要解决的是如何推翻旧的制度，寻找一条新道路，即中国向何处去的问题。这就是为什么马克思主义在中国的传播比五四新文化运动倡导的科学民主，对先进的革命知识分子更具有吸引力的原因。尽管别的什么主义也曾在中国传播，但都是雨打梨花，好景不长。社会需要是文化吸收的过滤器，不经过社会这个过滤器，文化的传播只能是暂时的，更不用说生根发芽。马克思主义之所以生根发芽，并实现马克思主义中国化，其原因正在于此。正是有了马克思主义在中国的广泛传播，才有了中国共产党成立和中国革命的胜利，才使科学技术得到迅猛发展，才使社会主义民主在新的制度下得以生根发芽，并且随着中国道路和制度建设不断完善得到新的更大发展。

要守正创新必须坚决贯彻以人民为中心的原则。坚持以人民为中心是守正，因为人民是历史创造者，是社会主义社会的主人，这是马克思主义的基本观点。背离这个原则，守正无从谈起。同时，以人民为中心又是创新的动力和源泉。中国文化的创新，包括哲学社会科学和文学艺术，脱离人民，自拉自唱，终究走不出房门，至多是自己的小圈子里，或者微信群里相互点赞。

文化上无知、无助，这是一些人对人民群众在文化领域中作用的看法。这种看法当然是错误的。无论古今中外，伟大思想家、文学家、艺术家对文化的个人贡献值得我们尊敬。但是人民生活是一切思想文化的源泉，没有人民的实践和他们在实践中积累的智慧，也就不可能有伟大的文化产品。马克思说："哲学家并不像蘑菇那样是从地里冒出来的，他们是自己的时代、自己的人民的产物，人民的最美好、最珍贵、最隐蔽的精髓都汇集在哲学思想里。"[1]马克思关于哲学所说的话适用于作为观念形态的思想文化。"最美好、最珍贵、最隐蔽的精髓"就存在于人民的普通的日常生活或激烈的斗争生活中，存在于生活中的真善美与假丑恶的斗争中。只是这个"最美好、最珍贵、最隐蔽的精髓"并非人人可见、人人能见。哲学家、思想家、文学家之所以是哲学家、思想家、文学家，正在于他们有善于思维的哲学头脑，有善于捕捉生活之美的审美眼光。他们越是深入人民生活，越是能发现别人看不到体会不到的人民生活中的"最美好、最珍贵、最隐蔽的精髓"。看到人民的伟大才能成就他自身的伟大，人民性可以说是一切思想文学艺术的通灵宝玉，得之者生，失之者死。

在文化领域，人民大众不只是生活的源泉，不只是从根本立

---

[1] 《马克思恩格斯全集》第1卷，人民出版社1995年版，第219—220页。

场和价值观上决定文化产品的优劣高低，事实上，人民同样是文化创造的参与者。他们虽然不是传世的文化典籍的作者，但在物质和非物质文化领域，普通的人民群众往往占有最突出的主导地位。精美的石雕、木塑、泥塑，各种传统的工艺、手艺，给人类文化留下了许多珍贵的瑰宝。他们是没有留下姓名的木匠、石匠、泥瓦匠、裱匠，绣工、织工手艺人。我们引以为豪的敦煌石窟、龙门石窟，以及隐藏于天下名山中的许多寺庙建筑、江南园林，其建造者大多是普通的劳动者。我们不仅要牢记那些著名思想家和他们留下的经典，我们同样要记住那些生活在底层对人类文化作出贡献的无名无姓的普通百工技艺人。我们的故宫博物院中，除了名人字画外，还有作为国宝的青铜和各种名窑瓷器，一般没有人知道制作者是谁。在人类文化领域，如果我们排除非物质文化遗产就不可能构成人类的文化。而在这一领域中大多是民间的高手名匠，只要读读柳宗元的《种树郭橐驼传》《梓人传》都能明白这个道理。"高手在民间"，这是在研究文化自信时决不应该忘记的。

在移动互联网时代，守正创新当然包括传播渠道和方式的创新。在当代，传播方式的快捷、便利，受众之多是前所未有的。如果主流意识形态不能掌握新媒体，而是拱手让出这个重要阵地，将会使主流意识形态的传播陷入前所未有的困境。

发现"一切历史变动的最终原因"

  历史唯物主义的创立是马克思对历史观的变革，这是恩格斯提出来的，他在《卡尔·马克思》一文中说，马克思"在整个世界史观上实现了变革"。变革的核心，就是关于"一切历史变动的最终原因"的发现。马克思根本扭转了以往一切历史唯心主义从思想中、从政治变动中寻找历史变动最终原因的观点，从而形成了与之根本不同的历史观。

  我们说唯物主义历史观的创立是历史观的根本变革，并不是否认历史上某些思想家在历史观领域取得的成就。实际上，在马克思主义历史观产生之前，在中外思想史上都曾包含有历史观上的合理因素。中国传统文化中有丰富的民本主义思想，例如"民惟邦本，本固邦宁"，"水可载舟，亦可覆舟"，以及史记《货殖列传》中的经济思想，等等；西方资本主义时代的一些经济学家、历史学家和空想社会主义者也谈到过阶级和阶级斗争问题。但真正在社会历史观中实现变革的是历史唯物主义，因为它不是停留在现象层面，也不只是论述某些因素，而是揭示社会历史发展的普遍规律，形成系统的唯物主义历史观。在《德意志意识形态》、《政治经济学批判》的"导言"和"序言"中，在恩格斯晚年著作和关于历史唯物主义的通信等中，马克思和恩格斯对社会存在与社会意识、生产力与生产关系、经济基础与上层建筑的关系，对社会形态变化的规律和动力、上层建筑的反作用、人民群众与杰出个人在创造历史中的作用，等等，都有明确的规律性论述。在学习历史唯物主义时，我们一定要掌握社会发展规律的思想。承认不承认社会发展有规律，这可不是一个普通的学术问题；不承认社会发展规律，历史唯物主义就不能成立。

历史规律是客观的。在社会生活中，凡是阶级社会必然存在阶级斗争；凡是生产关系严重妨碍生产力发展，就迟早会发生变革生产关系的革命；凡是工业化过程，必然表现为农民不断转化为工人，农村缩小、城市扩大的过程；凡是城市化过程，都必然会发生住房不断拆迁，城市中心高楼化，相对贫困人口边缘化；凡是过量印发纸币，就会发生通货膨胀、货币贬值。无论美国如何强大和富有，并握有印钞票的权力，但只要不断量化宽松印纸币，同样会导致通货膨胀，并向世界输出通货膨胀。美联储也无法废除这条规律。历史规律是任何力量都无法废除的。一个国家可以废除许多条法律，但不可能废除任何一条社会规律。人可以利用规律，但必须首先认识和服从规律。

学习历史唯物主义，必须反对种种错误的历史观点。要反对以重写历史之名，污蔑英雄人物的历史虚无主义。每个国家、每个民族都崇敬自己历史上的英雄人物。任意贬低自己民族的英雄人物，是民族的自我损毁。鲁迅曾指诽谤者为叮在战士身体上的"苍蝇"。

要区别历史唯物主义的规律论和"历史决定论"。马克思和恩格斯没有使用过"历史决定论"的提法，但他们承认在社会结构或历史发展过程，在诸多因素中会有一种因素，与其他因素相比，起着最终决定作用。历史唯物主义的创立，说到底就是在历史中发现这种起决定性作用的因素。马克思说过，不是人们的意识决定人们的存在，相反是人们的存在决定人们的意识。恩格斯也说过，根据唯物史观，历史过程中的决定性因素归根到底是现实生活的生产和再生产。他们的话中都出现了"决定"这个用语。很显然，这里的"决定"作用不是否认历史事件和历史人物会存在偶然性，而是指从宏观角度看，社会结构和历史发展中决定性因素是物质资料的生产与再生产，因而社会发展是有规律的，而不是任意的。这与具有宿命论性质的所谓"历史决定论"是根本不同的。历史唯物主义重视人的选择活动，但任何选择都不能逆历史潮流而动，与历史规律相背而行。

要划清历史唯物主义与"经济决定论"的界线，应该科学地全面地准确地理解历史唯物主义关于经济最终决定作用的原则。历史唯物主义强调的是生产方式作为社会存在和发展的基础作用，而不是单纯追求国内生产总值，因为国内生产总值表现的不是经济发展的全面指标。当然这不是轻视国内生产总值在中国特色社会主义经济中的地位和作用。在中国特色社会主义建设中，经济建设起着基础性作用。以经济建设为中心不能变，它既体现了历史唯物主义关于经济是社会发展基础的基本原理，也是我国实现发展必须坚持的重要原则。在社会发展中，从来不是单一的经济因素起作用，而是多种因素起作用。但历史唯物主义不是多因素论，因为它在多种因素中肯定其中有起主要决定作用的因素是构成社会存在的经济基础。恩格斯说经济是中轴线，其他影响因素归根结底是围绕经济这个中轴线上下发生作用。以经济建设为中心的思想，符合历史唯物主义关于社会基本矛盾及其运动规律的观点。

历史合力下中国的道路选择

　　在人类历史上，迄至十月革命开辟社会主义制度之前，资本主义社会曾经是最进步的社会形态，给人类带来了高度发达的生产力、新的科学技术和不同于封建专制制度的现代国家政权。资本主义力图按照自己的面貌创造出一个新世界。那么，为什么中国没有选择和不可能选择资本主义，而是最终走上社会主义道路呢？

　　西方是资本主义制度的发祥地。虽然从历史来看，西方国家的经济发展长期远远落后于中国，但首先进入资本主义社会的却是一些西方国家。当西方进入资本主义社会，中国正处在封建社会由强而弱、由盛转衰、由衰到败的时期。从明代中叶开始，西方一些耶稣会教士在华传教时曾带来一些西方的科学技术，康熙乾隆两位皇帝对西方科学技术也表现了一定兴趣，但终究只是为了个人消费和好奇，而没有成为国家政策。中国仍然挟几千年发展的成果而以天朝上国自居。当时没有对科学技术产生需要的社会化大生产，整个社会占主导的仍然是农业生产方式。虽然《清明上河图》显示出宋代城市经济发展的繁华景象，虽然明代中叶以后江南地区商品经济也很发达，但经济构成仍然是农业和手工业产品，或与日常生活密切相关的茶和盐，而非工业品。康熙乾隆时期的繁荣已经是清朝的黄昏。此后日益像《红楼梦》后四十回描写的荣宁二府，露出后半世的光景。百足之虫死而不僵，当政者没有危机感。中国封建社会自身的没落、人们思想守旧、政治腐败的内在因素，与西方资本主义的兴起和向外扩张结合形成的历史合力，完全阻断了中国社会缓慢自发地走向资本主义社会的时机和可能性。无论是变法维新，还是师夷长技以制夷，以及各种改良主义方案，都无法挽救中国沦入半殖民地半封建社会的历史命运。

在自己国内貌似文明的资本主义，在海外表现得极其野蛮。西方资本主义社会的建立和向世界的扩张与殖民，使其他国家逐步变为殖民地或半殖民地国家。中国也没有逃脱这个命运。资本主义向外殖民和入侵往往以传播文明与开展贸易为先导，或以传播上帝福音为掩护，其发家史并不光彩，伴随的是军事入侵的炮舰政策，以及敲骨吸髓的不平等条约。在资本主义主导的世界中，发达与落后、强与弱的国际关系在进行重组。

历史规律是不以人们的意志为转移的。世界卷入资本主义体系的过程，是以资本和廉价商品征服落后国家的过程，也是血与火的殖民过程。但资本主义在掠夺别国财富、富足自己的同时，也促进了被压迫民族的觉醒和反抗，播下了革命的火种。马克思恩格斯在有关中国的论文中对此有过极其深刻而有预见性的判断。马克思在《鸦片贸易史》中写道："一个人口几乎占人类三分之一的大帝国，不顾时势，安于现状，人为地隔绝于世并因此竭力以天朝尽善尽美的幻想自欺。这样一个帝国注定最后要在一场殊死的决斗中被打垮：在这场决斗中，陈腐世界的代表是激于道义，而最现代社会的代表却是为了获得贱买贵卖的特权——这真是任何诗人想也不敢想的一种奇异的对联式悲歌。"[①]并且预言："过不了多少年，我们就会亲眼看到世界上最古老帝国的垂死挣扎，看到整个亚洲新纪元的曙光。"

清王朝的腐败，西方帝国主义国家的侵略，中国先进知识分子的觉醒、人民的反抗——这种合力的作用，既注定了中国封建社会的解体，又激起人们对中国向何处去的探索。尤其是马克思主义的传入，中国共产党的成立，历史上杰出的革命人物和思想家登上中国的政治舞台，由此产生了新的合力运动。这种合力，已经不再是腐朽的清王朝和种种守旧力量与西方帝国主义入侵者的合力，而是以马克思主义为指导的中国共产党为新的历史主体的一方，与以帝国主义、封建主义和官僚买办资产阶级为另一方进行斗争而构成的新合力。中国既已出现新的历史主体，就必然出现新的道路的探索。

一是革命之路——农村包围城市。"怅寥廓，问苍茫大地，谁主沉浮？"1925年秋，毛泽东同志独自在长沙橘子洲头，眺望着万山红遍、层林尽染的岳麓山；俯视着漫江碧透、百舸争流的湘江；头顶上是鹰击长空，脚边是鱼翔浅底。看着万类霜天竞自由的壮丽景色，发出了"谁主沉浮"的疑问，这是对中国发展道

---

① 《马克思恩格斯选集》第1卷，人民出版社2012年版，第804页。

路的探索之问。

中国共产党1921年已经成立了，走革命之路已经决定，但具体的道路如何走，仍是一个有待解决的问题。巴黎公社和十月革命武装起义的方式不符合中国国情。中国是一个农民占绝大多数，城市反动统治势力相对雄厚的国家。农村天地宽广，统治薄弱，尤其是军阀混战，省界之间"三不管"的地方不少。毛泽东同志带领队伍上井冈山，从此开始了农村包围城市，最后夺取全国胜利的革命道路。这条道路不仅符合中国国情，也符合中国农民革命的传统。中国农民革命都是开始于农村。我们党团结带领人民找到了一条以农村包围城市、武装夺取政权的正确革命道路，进行了二十八年浴血奋战，打败日本帝国主义，推翻国民党反动统治，完成了新民主主义革命，建立了中华人民共和国，实现了中国从几千年封建专制统治向人民民主的伟大飞跃。

在历史发展中，革命往往是新制度的助产士。资产阶级革命如此，无产阶级革命更是如此。如何看待革命，是一个人政治价值观的集中表现。马克思、恩格斯肯定资产阶级在历史上曾经起过非常革命的作用，肯定法国大革命的历史进步性。但是以启蒙思想家的自由、平等、博爱为理想的法国大革命，并没有得到普遍的自由、平等、博爱。恩格斯在《反杜林论》中这样描述："这个理性的王国不过是资产阶级的理想化的王国；永恒的正义在资产阶级的司法中得到实现；平等归结为法律面前的资产阶级的平等；被宣布为最主要的人权之一的是资产阶级的所有权；而理性的国家、卢梭的社会契约在实践中表现为，而且也只能表现为资产阶级的民主共和国。"①由此可见，马克思、恩格斯坚持朝前看，承认资产阶级曾经起过的积极作用，但也明确指出资产阶级革命的弱点，他们明确号召："让统治阶级在共产主义革命面前发抖吧。无产者在这个革命中失去的只是锁链。他们获得的将是整个世界。"②

中国革命胜利的实践证明，真正解决中国向何处去的问题需要革命，而不是告别革命。革命自然不是铺满鲜花的浪漫之路，而是改变旧制度和推动社会前进所必需的。中华民族伟大复兴正是从中国共产党人领导的革命和革命胜利开始的。

二是建设之路——独立自主和自力更生。中华人民共和国成立70多年的历史，是成就卓著辉煌灿烂的70多年，也是艰苦探索并在改革开放实践中开辟中国特色社会主义道路的70多年，是具有历史连续性又包含重大转折的70多年。只有坚持实事求是和唯物辩证法的历史观，才能在饱含曲折的历史迷雾中厘清发展的主线。

中华人民共和国成立表明中华民族站起来了，开始踏上建设社会主义的新历程。中国革命是伟大的，但革命以后的路程更长。中国共产党坚持独立自主和自力更生，在辽阔的中国国土上，在一穷二白的基础上开始逐步建设雄伟的社会主义大厦。中国人民的爱国主义精神和高昂的社会主义建设热情，像火山喷发。独立自主、自力更生本质上也是一种合力，它依靠党的领

---

① 《马克思恩格斯全集》第26卷，人民出版社2014年版，第20页。
② 《马克思恩格斯选集》第1卷，人民出版社2012年版，第435页。

导，集全国人民之力，调动各种积极因素形成一种无坚不摧、无难不克的力量。

闭关锁国并非我们进行社会主义建设的国策。毛泽东同志1949年6月15日在新政治协商会议筹备会上的讲话中明确提出："中国人民愿意同世界各国人民实行友好合作，恢复和发展国际间的通商事业，以利发展生产和繁荣经济。"①可是西方尤其是美国在军事企图失败后，长期采取封锁禁运制裁政策，在政治上企图孤立中国，在经济上企图困死中国。封锁禁运是一种阻力，同时也能激发一种反作用力。毛泽东同志豪迈地说："封锁吧，封锁十年八年，中国的一切问题都解决了。中国人死都不怕，还怕困难吗？"②正是在中国共产党领导下，举全国之力，在30年不到的时间里改变了工业极端落后的面貌，建立了比较完整的工业体系和国民经济体系。"两弹一星"标志着国防现代化迈出了坚实步伐。在前进和探索中，我们有过错误，但成绩是巨大的。邓小平同志对此作过公正的评价："我们尽管犯过一些错误，但我们还是在三十年间取得了旧中国几百年、几千年所没有取得过的进步。"③

三是复兴之路——中国特色社会主义道路。历史存在因果关系的链条。中国革命的胜利、社会主义建设的成就，为开辟中国特色社会主义道路奠定了基础。历史的发展会有曲折和挫折，当然也会有跳跃。挫折往往是跳跃前的下蹲。中国特色社会主义道

---

① 《毛泽东选集》第4卷，人民出版社1991年版，第1466页。
② 《毛泽东选集》第4卷，人民出版社1991年版，第1496页。
③ 《邓小平文选》第2卷，人民出版社1994年版，第167页。

路就是这种曲折后的一次飞跃。党的十一届三中全会就是新的飞跃的集结号。它在前30年取得的成就基础上，通过总结经验教训，举起了中国特色社会主义旗帜，踏上了改革开放道路。这是一条富民富国之路，也是强军强国之路。在中国特色社会主义道路中发挥巨大作用的仍然是历史的合力。中国特色社会主义道路是中国共产党领导和群众实践的合力，是在共同理想信念凝聚下的合力。经过40多年的改革开放，我们在中国特色社会主义道路上取得了举世瞩目的成就，不仅成为世界第二大经济体，而且不少领域在世界上也名列前茅。

我们仍然面对着国内外风险挑战明显增多的复杂局面，但这阻止不了中国特色社会主义前进的步伐。在习近平新时代中国特色社会主义思想指引下，站在新起点上中国的开放大门只会越开越大。中国是顺历史潮流而动，而不是逆潮流背道而行。中国将以更加开放的姿态出现在世界舞台上。当然改革开放和自力更生不是对立的。饭碗要端在中国人民手里，我们要掌握核心技术并大力推进科技创新。进一步改革开放所凝聚的新合力，将更快地推动朝着党中央确定的实现中华民族伟大复兴的中国梦既定目标前进。

中国的发展是和平发展。新中国成立前一百多年的历史是饱受侵略战争之苦的历史。中国人民对侵略战争带来的灾难有着最为深刻的痛苦记忆。中国是个爱好和平的国家，这不是因为我们致力于解决国内发展问题，无暇他顾；也不是因为我们的科技和军事实力还不如某些西方大国，无力争霸；而是因为我们的历史文化中没有扩张的基因，我们的文化是"和"的文化，我们的国家是社会主义性质的国家。外交是内政的延续，而内政则决定于国家制度的本质。我们的国家性质决定我们是爱好和平的国家。在《习近平谈治国理政》中，就有专章论及"推进中国特色大国外交"，习近平总书记在论述中明确提出"坚持国际关系民主化，坚持和平共处五项原则，坚持国家不分大小、强弱、贫富都是国际社会平等成员，坚持世界的命运必须由各国人民共同掌握"，强调"要坚持合作共赢，推动建立以合作共赢为核心的新型国际关系"。

"国强必霸"的逻辑不适合中国。社会主义社会和资本主义社会是两种不同的社会制度。资本主义制度的成长和发展的历史，是与向外扩张的历史相重叠的。两种制度，两种逻辑，两条发展道路。"国强必霸"是资本主义社会的丛林法则，而"和平发展"则是社会主义社会的发展法则。翻开马克思、恩格斯的著作，翻开马克思主义中国化的著作可以看到，从来就没有任何向外扩张的理论，没有发动对外侵略战争的理论。西方少数鹰派政治家和精英宣传它们制造的"中国威胁论""中美必战论"，为制造中国企图与美国争霸和"中国威胁论"寻找历史根据。中国和平发展的历史，戳穿了这个谎言。中国和世界各国的平等贸易和友好交往，都显示了作为踏上强国之路的发展中大国，中国是维护世界和平与发展的重要力量。

当下最鲜明的时代特色，就是中华民族伟大复兴战略全局和世界百年未有之大变局的历史交汇。习近平总书记在江西考察时指出："领导干部要胸怀两个大局，一个是中华民族伟大复兴的战略全局，一个是世界百年未有之大变局，这是我们谋划工作的基本出发点。"处在这个历史交汇点上的中美两国关系，对世界和平与世界新格局形成有举足轻重的关系。中美应该建立的是互利共赢的关系。和则两利，斗则两伤。我们有一千条理由和美国搞好关系，但这不单纯决定于我们。中国有句俗话：一个巴掌拍不响。极限施压必然引起强烈的反作用力量。它只会更加凝聚中国人民维护中国特色社会主义道路的决心。这种力量的强度可能出乎始作俑者的意料。

我想起了毛泽东同志在长证途中写的《念奴娇·昆仑》。其中下阕是："而今我谓昆仑：不要这高，不要这多雪。安得倚天抽宝剑，把汝裁为三截？一截遗欧，一截赠美，一截还东国。太平世界，环球同此凉热。"那可是1935年，是红军最困难的时期。这是何等的世界观、人类观和博大胸怀。

历史唯物主义与当代中国

坚持以历史唯物主义观察当代中国，必须有个现实的立足点，这就是中国共产党领导下正在进行的中国特色社会主义伟大实践。只有立足火热社会实践，我们才能在理论上站稳脚跟，才能深刻把握历史规律和中华优秀传统文化的精髓，才能满怀信心地面向未来。

重视历史，掌握中国历史发展规律

重视历史是马克思主义历史观的本质要求。习近平总书记在中国文联十大、中国作协九大开幕式上的重要讲话中指出："坚定文化自信，离不开对中华民族历史的认知和运用。历史是一面镜子，从历史中，我们能够更好看清世界、参透生活、认识自己；历史也是一位智者，同历史对话，我们能够更好认识过去、把握当下、面向未来。"

当代中国与历史中国有着内在连续性。要把握中国社会发展方向，必须重视中国历史。历史规律存在于历史过程之中，而不是存在于历史过程之外。为什么中国历经5000多年发展没有中断，王朝虽然更替但仍然沿着既有的历史轨道发展呢？因为中国自秦朝确立起中央集权的郡县制以后，"书同文，车同轨，量同衡，行同伦"，中央始终处于全国政治治理的中枢地位。反观，汉高祖刘邦分封同姓王和异姓王，为吴楚七国之乱埋下祸根。历史经验证明，中央集权的郡县制符合疆域辽阔、人口数量庞大、少数民族众多的中国实际。州郡县的设置名称和管辖地区可以变，但中央集权的郡县制度治理模式不能变。这是中国历史没有因王朝更替发生长久分裂的重要制度保证。

历史智慧也存在于历史之中。中国历代王朝成败兴亡，一治一乱的经验和教训表明，治国之道在于制和治，治在制，乱亦在制；治在良治，乱在恶治。乱之后出现治，因为乱，人心思变，求稳求治，治，符合人心民意；久安之后出现乱，因为人亡政息，懒政惰政，失人心忤民意，这同样包含教训，不能安而忘危。历史唯物主义者重视历史规律包括重视历史治乱的经验教训。毛泽东同志提过，善于总结经验，是我们党自信的表现，"对历史经验进行了总结，对当前的形势和前途都有明确的认识，因此我们有巩固的信心"。习近平总书记也从中国特色社会主义实践出发，强调"历史是一面镜子，鉴古知今，学史明智"。重视历史、研究历史、借鉴历史是中华民族5000多年文明史延续下来的一个优良传统。当代中国是历史中国的延续和发展。新时代坚持和发展中国特色社会主义，更加需要系统研究中国历史和文化，更加需要深刻把握人类发展历史规律，在对历史的深入思考中汲取智慧、走向未来。

继承中华优秀传统文化，坚定道路自信

中华文化博大精深。历代文化名人之多，如思想之高峰；文化经典之多，如智慧之大海。中华民族5000多年文明史所积淀的深厚历史文化传统，滋养造福了无穷后代，为整个人类文明也作出了重大贡献。当然，由于封建社会后期统治者闭关锁国、夜郎自大，中国屡次错失富民强国的历史机遇。鸦片战争之后，中国更是一次次被经济总量、人口规模、领土幅员远远不如自己的国家打败。近代史上，我国落后挨打的重要原因之一就是科技落后。实际上，西方工业革命以后，我国的科学技术水平同西方资本主义国家的差距逐渐加大，社会科学亦是如此。政治经济学、法学、社会学、人类学、政治学等学科多是从西方逐步引进。

中华人民共和国成立以后，我国科学技术的发展不断取得新成绩，哲学社会科学也以马克思主义为指导，不断朝着彰显中国特色、中国风格、中国气派的方向前进。这充分证明与中华民族5000多年的文化积累相比，近代的落后只是暂时的曲折，这不能成为民族文化自卑的理由。只要推翻旧的社会制度，建立中国共产党领导的社会主义制度，科技落后的状况完全能快速改变。当然，我们仍然要向西方学习先进的科学技术。文化交流，文明互鉴，是人类进步的规律。

我们要重视中国传统文化，尤其是优秀的传统文化。传统文

化同历史不可分，是一种历史性存在。孔孟老庄、魏晋玄学、程朱陆王，明清之际的著名思想家的思想光芒，构成了一部中国思想史或文化史。而要使传统文化发挥作用，必须使它成为具有连续性的文化传统，使它的精髓一直能传到当代，在现实中起作用。传统文化影响作用大小取决于它在多大程度上变成一个民族的文化传统。传统文化是历史的，而文化传统则是现实的，它不只是论文或专著，更是真正融入我们民族的血脉之中，成为我们生活方式、思维方式和价值观的重要构成因素。文化传统使一个国家的传统文化和当代文化串联在一起，真正成为一种血脉关系，成为一种源流关系。如果传统文化不能成为文化传统，那就是文化发展的中断，血脉阻塞，得了文化血栓症。坚持以马克思主义为指导的中国共产党之所以如此重视中华优秀传统文化的创造性转化和创新性发展，是因为它是当代文化的孵化器，有利于社会主义先进文化的弘扬。"求木之长者，必固其根本；欲流之远者，必浚其泉源"。传承和弘扬中华优秀传统文化是一项固本培元的文化工程。

对当代人而言，优秀的文化传统是其思想成长的肥土沃壤。文化土壤非常重要，《歌德谈话录》中记载了歌德关于文化土壤重要性的深刻论述。歌德说，"如果一个有才能的人想迅速地幸运地发展起来，就需要有一种很昌盛的精神文明和健康的教养在他那个民族里得到普及""我们都惊赞古希腊的悲剧，不过用正确的观点来看，我们更应该惊赞的是使它可能产生的那个时代和那个民族，而不是一些个别的作家"。

中国特色社会主义制度建设中的文化与文明

　　党的十九届四中全会审议通过的《中共中央关于坚持和完善中国特色社会主义制度、推进国家治理体系和治理能力现代化若干重大问题的决定》（以下简称《决定》），是新时代指导中国特色社会主义建设的纲领性文献。《决定》的一个显著特点，是坚持以马克思主义为指导，立足社会主义的本质要求，力求使制度优势转化为制度文明即实际的制度建设和实际的治理效能。《决定》中总结的中国特色社会主义制度的13个显著优势，如坚持党的集中统一领导，坚持人民当家作主，坚持全面依法治国，坚持共同的理想信念、价值理念、道德观念，弘扬中华优秀传统文化、革命文化、社会主义先进文化等一系列制度，都无不包含马克思主义的制度文化，实际上是一种不断完善的制度文明。

　　文化和文明含义存在交叉，但可以区别。文化属于上层建筑，是观念，是思想。文化是文明的灵魂，而文明则是一种社会的实践形态，它不限于上层建筑，而是表现整个社会发展的水平。当制度的构建作为一种观念和理想时则属于文化；当制度文化对象化为现实的制度，即属于制度文明。文明不是单纯的观念而是现实社会状态，是衡量一个社会全方位发展程度的尺度。社会的发展不仅表现为文化的发展，还表现为文明的进步。

　　中国传统文化中的民本主义是政治文化，但中国封建社会没有真正构建完备的人本主义的制度文明。中国封建社会有丰富的民本主义思想文化，但很少有真正的民本主义制度。孟子说的"民为贵，社稷次之，君为轻"是一种饱含政治智慧的民本主义思想或理念，但封建社会的制度并不是按这个理念设计的。封建社会制度的本质是君贵民轻、官贵民贱的等级制度，不仅政治制度，包括礼仪和服饰甚至衣着颜色都是表示等级的，封建社会全部制度最根本的是维护君权。得人心者得天下，民为邦本、本固邦宁同样是一种深刻的民本主义理念，但它也是思想文化理念，在封建社会并没有形成相应的制度文明。因为封建社会并没有制定一套民为邦本、本固邦宁的制度保障，虽然也有赈灾、救荒、治水等措施，但对总体制度而言并不占重要地位。

笔者以为，中华优秀传统文化的创造性转化和创新性发展应该超越解释学范畴，真正把中华优秀传统文化的精华转化并渗透到我国制度文明建设中。党的十九届四中全会审议通过的《决定》就包含着这种创造性转化和创新性发展。以习近平同志为核心的党中央明确提出坚持以人民为中心的发展思想，就吸收借鉴了传统的民本主义思想精华，并通过包括政治制度和法律制度的建构真正保证坚持以人民为中心的发展思想得到贯彻。如果没有制度保证，以人民为中心就只是一个理念，一种理想，称不上制度文明；如果没有由"天人合一"的文化观念创造性地转化为生态文明建设，没有真正变成环保法和环保制度，就无法达到生态文明。总之，文化是一种观念，优秀文化是"应该如此"的理念；而文明则是制度化的现实，是文化观念的社会化、实践化。无论你到任何一个国家，不可能直接看到文化，文化是内在的思想精神，但你能看到城市的建设布局、建筑风格、交通秩序、人民的道德表现、乡村的风貌、风俗人情和生态环境，这些都构成了文化内化其中的城市文明和农村文明。正因如此，我们不能根据资本主义宣传的普世价值来判断资本主义的制度文明，而必须立足于资本主义社会的制度现实。恩格斯曾经对资产阶级启蒙思想家关于资本主义制度的理想和资本主义制度文明的现实进行过对比："同启蒙学者的华美诺言比起来，由理性的胜利建立起来的社会制度和政治制度竟是一幅令人极度失望的讽刺画。"

立足当代，继承传统

在历史、当代、未来相互衔接的历史之流中，我们的立足点应该放在哪里？当然是立足当代，立足中国特色社会主义伟大实践。重视历史、重视历史经验和历史规律，这是马克思主义历史观。并不是所有哲学家、政治家都是如此。历史的客观性决不能理解为人们会同样看待历史，会同样看待历史经验，会同样吸取历史教训。不同的阶级从历史中看到的东西、吸取的东西并不都是一样的。各自从自己的窗口往外瞧，看到的是不一样的街景。中国共产党人重视历史经验，反复强调以史为鉴，因为共产党人是马克思主义者，是为了中国的社会主义现代化建设需要和中国人民的幸福而研究历史，尊重历史经验。党的十九届四中全会审议通过的《决定》就深入总结了新中国 70 年来建设社会主义的实践经验，探索出了求"中国之治"的"长治久安"之策。

历史唯物主义观点和意大利哲学家克罗齐的"一切历史都是当代史"的看法不同之处在于，马克思主义承认历史是既成事实，它是不可改变的。历史就是历史，是那个时代的人的实践活动，并非是当代人的实践活动。但如何看待历史则不同，它永远属于不同时代的人。能改变的不是历史事实，而是不同时代的人对历史的评价。也就是说，改变的是历史观，而不是历史事实本身。除非发现新的历史材料可以纠正前人对事实记载的错误。而纠正事实错误，也是在表明历史更接近事实，而不是远离事实。

对传统文化的吸取也是一样。文化土壤再肥沃但结出什么样的果实，取决于你播下什么样的种子，由什么样的人来耕耘。并不是在中国传统文化基础上必然会结出中国特色社会主义这样的果实。没有马克思主义在中国的传播并与中华优秀传统文化相结合，没有中国共产党人的奋斗，就不可能结出中国特色社会主义之果。毛泽东同志在1945年发表《两个中国之命运》，来反对蒋介石的《中国之命运》。毛泽东同志说："在中国人民面前摆着两条路，光明的路和黑暗的路。有两种中国之命运，光明的中国之命运和黑暗的中国之命运。""或者是一个独立、自由、民主、统一、富强的中国，就是说，光明的中国，中国人民得到解放的新中国；或者是另一个中国，半殖民地半封建的、分裂的、贫弱的中国，就是说，一个老中国。"[①] 国民党人和中国共产党人当然是同文同种，都是中国人，可以说面对的是同样的历史、同样的文化，可走的路完全不一样，结的果也完全不一样，因为他们对待历史和文化的态度与目的完全不一样。

我们的立足点是当代现实，指导思想是马克思主义。历史事

---

① 《毛泽东选集》第3卷，人民出版社1991年版，第1025、1026页。

实是客观的，传统文化作为事实具有客观性，可如何对待历史和传统文化则取决于当代人的历史观和价值观。列宁在《我们拒绝什么遗产？》一文中，反驳俄国的自由主义民粹派攻击俄国布尔什维克抛弃俄罗斯的文化遗产，断绝与俄国传统的关系。列宁的基本观点是，认定什么是优秀遗产，如何对待遗产，不同的政党是不同的。但是，历史和文化并不因不同的人采取不同的立场而失去它的客观性。历史的规律是客观的，之所以称为"铁的规律"，是因为违背历史规律必然会受到惩罚；文化也是一样，优秀的传统文化总是能给人们以智慧滋养。凡是抛弃历史和优秀文化的人，最终都会被历史和文化所抛弃。历史上曾经风云一时的人物，与历史潮流背道而行后，无不变成向隅而泣的可怜虫。

中国共产党尊重中华优秀传统文化，尊重我们祖先创造的优秀成果。传统文化和现实的关系不是"因为"和"所以"的关系，而是我们现在所做的一切与优秀文化遗产在思想上息息相通、一脉相承、交相辉映。事实上，以人民为中心、人与自然和谐共生等，都是体现社会主义本质，体现中国共产党作为马克思主义政党的本质追求的重要理念，从根本上说都是根源于社会主义生产方式和社会主义制度发展的要求，根源于中国共产党的性质和使命。正因这样，中国共产党能掌握中国历史发展规律，在实践中能对中华优秀传统文化进行创造性转化和创新性发展。不能反过来说，因为我们的文化中有这些思想，我们才实行这些政策。如果不弄清这个问题就会忽视现实基础，认为我们现实中的创新都是古已有之。

历史唯物主义基本原理强调："每一历史时代的经济生产以

及必然由此产生的社会结构，是该时代政治和精神的历史的基础。"马克思和恩格斯分析问题的立足点都是立足现实，都是用现实的需要来说明对历史和传统的继承，而不是用历史和文化传统来注解现实。习近平总书记提出构建人类命运共同体的理念，是根据社会主义制度的本质和当今世界多极化、反对霸权主义的政治格局提出的重要理念。这个理念体现的是社会主义制度的本质。社会主义本质就是和平，就是关注人类利益。社会主义的外交政策是由内政决定的，我们的社会性质决定我们必定主张和平，推动构建人类命运共同体。当然，我们传统文化中的天下一家、协和万邦、大同世界，和我们现在的政策在文化思想上是相通的，但不是相同的。相通是思想联系，相同则是翻版。思想相通有助于我们从古人智慧中得到启迪。

中国特色社会主义建设是以问题为导向的。问题从来就存在于现实之中，问题解决的方案也存在于现实之中。一代人有一代人的问题，一代人有一代人的使命。《决定》的出台是立足新时代中国特色社会主义建设实践的现实需要。历史传统和文化传统因素对坚持和完善中国特色社会主义制度、推进国家治理体系和治理能力现代化有重要借鉴作用，但中国特色社会主义制度的坚持和完善，国家治理体系和治理能力现代化的推进，最根本的是基于新中国成立以来，我们坚持以马克思主义为指导，坚持中国共产党的集中统一领导，坚持在社会主义建设实践中确立的社会主义生产方式。历史因素和传统文化因素只有在有了这些基础以后，才能发挥思想相通、一脉相承的作用，才能融入现实的中国特色社会主义制度建设之中。

马克思主义的本质特性和当代价值

　　党的十八大以来，习近平总书记主持中央政治局多次进行以马克思主义理论为主题的集体学习，先后学习了历史唯物主义、辩证唯物主义、马克思主义政治经济学的基本原理和方法论，当代世界马克思主义思潮及其影响、《共产党宣言》及其时代意义。我们党把系统掌握马克思主义基本理论作为看家本领和必修课，就是因为马克思主义是科学的、人民的、实践的、不断发展的开放的理论，它既具有历史价值又具有无可替代的当代价值，不仅回答了各种社会主义学说无法解决的资本主义向何处去的历史之问和当时的时代之问，也是我们解决当代中国问题和观察当代世界走向的理论指南，是中国共产党人的定海神针。

　　自恩格斯逝世后，尤其是苏联解体、东欧剧变后，马克思主义受到很多攻击，形形色色的马克思主义"过时论"不绝于耳。这些言论尽管花样翻新，但万变不离其宗：否定马克思主义的科学性、人民性、实践性和发展开放性，以便"理直气壮"地否定马克思主义的当代价值。因此，如何把握马克思主义的本质特性，关系到如何看待马克思主义的当代价值，关系到在实践领域尤其是意识形态领域能不能真正念好马克思主义"真经"。

科学性、人民性、实践性、发展开放性

马克思主义是科学的理论。马克思主义的科学性在于它是以事实为依据、以规律为对象，以实践作为检验标准的理论。以事实为依据是科学性的前提。任何科学，无论是自然科学还是社会科学，都必须建立在事实的基础上，违背事实的所谓理论只能是臆测甚至是谬论；马克思主义最重视事实，但不停止于事实，而是从事实中总结出规律，这就是实事求是，规律性是马克思主义科学性的核心内容；而且马克思主义以实践作为认识是否具有真理性的标准，在实践中检验自己的理论，以保证自己理论的科学性。

马克思主义具有强大的、不可遏止的时代吸引力。它从19世纪40年代西欧工人运动中的一个小小学派，发展到席卷全球，成为当今信奉者最多、力量最强、影响最大的思想体系，根本原因在于：它把科学性和革命性内在地不可分割地结合在这个理论本身中。马克思主义是科学的理论又是革命的理论。它的产生本来就是为了无产阶级革命需要。不主张革命的"马克思主义"根本不是马克思主义，而是打着马克思主义旗号的"跳蚤"。从马克思主义产生到现在，马克思所期待的革命任务并没有完结，是进行式而非完成式，因此，是否承认马克思主义的科学性和革命性的结合，是判断真假马克思主义的试金石。

革命的内涵非常丰富，方式多种多样。并非只有用暴力推翻旧政权才叫革命。中国共产党是执政党，也是革命党。中国共产党仍然要进行革命，包括社会革命和自我革命。改革开放是革命，清除在新的条件下滋生的腐败和种种不良现象是革命，从严治党是革命，甚至改造旧时代遗留的不文明现象移风易俗也是革命。有革命就有斗争，没有斗争的革命是空谈。当然，斗争不是残酷的无情打击，而是通过合适的斗争方式，解决矛盾，推动社会革命和自我革命在正确的轨道上运行。

马克思主义是人类历史上最具人民性的理论。马克思主义的创立者马克思和恩格斯毕生使命就是为人类解放而斗争。他们为了改变人民受剥削受压迫、探索人民解放道路而创造的马克思主义理论必然具有人民性，必然是为人类解放而斗争的理论。习近平总书记指出："马克思主义是人民的理论，第一次创立了人民实现自身解放的思想体系。马克思主义博大精深，归根到底就是一句话，为人类求解放。"[1]马克思主义理论工作者队伍中不应该有脱离人民、藐视人民的"精神贵族"，而必须把人民性作为自己理论研究的推动力量和宗旨。历史证明，无论中外，也无论是文学艺术还是社会理论，凡是反映人民疾苦，为人民鼓与呼的作品都具有永久的价值。屈原"长太息以掩涕兮，哀民生之多艰"、杜甫"安得广厦千万间，大庇天下寒士俱欢颜"和范仲淹"先天下之忧而忧，后天下之乐而乐"，至今仍然为人们所吟诵，就是因

---

[1] 习近平：《在马克思诞辰200周年大会上的讲话》，《人民日报》2018年5月5日第2版。

为它们的人民性。任何反对人民的作品，即使可以流行于一时，但终究会湮没在历史的尘埃中，不可能成为传世之作。

马克思主义的人民性和阶级性是统一的，因为人民中的最大多数就是普通的工人、农民和知识分子。马克思主义的阶级性由于它具有极广大的人民性，它和科学性具有内在的统一性，把人民性、阶级性、科学性对立起来是错误的。马克思主义越是符合人民利益越具有真理性。因为它突破历代剥削阶级和为剥削阶级服务的学说的狭隘眼界，能够毫无偏见地、科学地认识世界。马克思主义所关心的是一切人的真理，而不是个别人的真理。即使无产阶级上升为社会的领导阶级，马克思主义也不会丧失它的人民性，转变为所谓的"官方意识形态"。因为中国共产党并不谋求也没有自己的特殊利益，而是将自己的执政作为向无阶级社会、向共产主义社会迈进的方式，因而马克思主义能永远保持它的人民性，而不会像掌握政权以后的资产阶级的社会理论那样，由反对封建主义逐步变为单纯的为自己阶级利益的合理性作论证的"辩护理论"。

有些资产阶级理论家，以马克思主义的人民性和阶级性为借口，而否认马克思主义的科学性。其实阶级性和科学性是不同的。阶级性是就它的社会功能说的，即代表哪个阶级的利益、为绝大多数人服务还是为少数人服务；而科学性是指它的认识价值，即它对现实反映的正确程度。在阶级社会中，不管自觉与否，一种社会理论都从属于特定的阶级。如果科学性和阶级性相互排斥，阶级社会中全部关于社会的理论都只能是谬误。即使是剥削阶级，当它处于革命时期，它的理论代表可以在一定范围和一定程度上进行比较客观的探讨，因为这符合他们的阶级利益；相反，当它上升为统治阶级以后，它的阶级利益和对社会问题的科学探讨之间，存在不可调和的矛盾。英国古典政治经济学的历史证明了这一点。当英国和法国的资产阶级夺取了政权，无产阶级的斗争直接威胁到他们的利益时，才"敲响了科学的资产阶级经济学的丧钟"。其实，当代资产阶级理论最具阶级性，由于它的阶级性与人民性相违背，因而往往掩饰自己的阶级性，标榜所谓客观、公正、纯学术、价值中立。

马克思主义是最具实践性的学说。马克思主义的创立就是为改造旧世界的实践而产生的。马克思的名言："哲学家们只是用不同的方式解释世界，而问题在于改变世界。"[1]在《德意志意识形态》中，对何谓改变世界作了明确的阐述："实际上和对实践的唯物主义者，即共产主义者来说，全部问题都在于使现存世界革命化，实际地反对和改变事物的现状。"[2]实践不仅是改变世界的行动，也是推动理论发展的动力。实践本性决定马克思主义必然是具有发展开放性的与时俱进的理论体系，从而保持它具有当代价值，不会因僵化而过时。早在1843年，马克思在致卢格的一封信中，就公开声明反对树立任何教条主义的旗帜，嘲笑那种认为一切谜语的答案都在哲学家们的写字台里，愚昧的凡俗世界只需张开嘴来接受绝对科学的烤松鸡的看法。后来，恩格斯在《反杜林论》中，对企图创造最终真理体系的德国大学生们，尤其是对

---

① 《马克思恩格斯全集》第3卷，人民出版社1960年版，第6页。
② 《马克思恩格斯全集》第3卷，人民出版社1960年版，第48页。

杜林，进行过猛烈的批判。在恩格斯看来，如果人类在某个时候达到只需运用永恒真理，而不必再发现新的真理的地步，那就意味着历史和认识已经停止在一点上，这是非常荒谬的。可以说，马克思主义科学体系具有发展开放性，如同张开着的口袋，随时通过概括新的经验使它得到发展和充实，因而它永远具有当代性。作为马克思主义创始人的马克思和恩格斯，对自己理论从来持开放态度，终其一生都在不断地总结新经验，以与时俱进的态度对待自己的理论。

历史上不少学派，随着缔造者的逝世而逐步走向没落。马克思主义不会这样。因为马克思主义不仅是一种学说，而且是一种运动。马克思主义的本质特性，它的科学性、人民性、实践性和发展开放性，使得即使马克思和恩格斯虽已经离世，但世界上千千万万马克思主义的追随者、信仰者、实践者以面对自己时代问题为导向，推进马克思主义，永远保持马克思主义的当代价值。在中国，毛泽东思想、邓小平理论、"三个代表"重要思想、科学发展观、习近平新时代中国特色社会主义思想，就是按照马克思主义的本质特性，与时俱进创造性地发展马克思主义的鲜活体现。

马克思主义的历史价值和现实价值

一种理论的当代价值决定于它的真理性含量，决定于它是否蕴含与时俱进的理论张力，特别是决定于它的本质特性和内容是否符合时代的需要。在马克思诞辰200周年时，中国共产党举行了隆重的纪念大会，习近平总书记发表了重要讲话，热情洋溢全面深刻地总结了马克思的伟大贡献，不仅是表达中国共产党人对作为伟大历史人物马克思的敬意，而且重申马克思主义的当代价值："两个世纪过去了，人类社会发生了巨大而深刻的变化，但马克思的名字依然在世界各地受到人们的尊敬，马克思的学说依然闪烁着耀眼的真理光芒。"为什么？就是因为马克思主义是具有当代价值的科学的、人民的、实践的、不断发展的开放的理论。

马克思主义的当代价值不是一个抽象的命题，而是有事实为证。它的本质特性和当代价值就存在于当代中国现实之中，中国的巨大成就以无可辩驳的事实证明马克思主义的本质特性迸发的理论力量。马克思主义是中国共产党立党之本，中国民主革命胜利之基，中国社会主义建设成就之源，中国改革开放和现代化建设之罗盘。中国从站起来、富起来到强起来的进程中，贯穿一条理论红线，就是坚持马克思主义和马克思主义中国化。中国革命、建设、改革所取得的胜利，就是马克思主义在中国的胜利。今天，我们处在最需要马克思主义的时代，最需要具有创造性的当代中国马克思主义人才的时代，也是马克思主义者能够充分展现才华的时代。可是我们有些人，包括有些马克思主义理论工作者，目光短浅，缺乏理论自信和理论自觉，往往丢掉真经沉醉于向西方取经。西方先进的东西，包括思想和文化，我们应该学习，但贵"洋"轻"马"，贵西轻中，逃离马克思和马克思主义，绝不是一个马克思主义者应有的态度。

马克思主义的当代价值不仅体现在中国，也体现在当代西方的思潮中。资本主义在经历了几百年发展的"黄金时代"，经历过苏联解体、东欧剧变的狂欢时代，在20世纪下半期，尤其是最近几十年，他们自豪的所谓民主制度已经破绽百出，在2008年国际金融危机之后，社会冲突和经济危机的阴影，像一把悬在资产阶级政客头上的达摩克利斯之剑。人们对资本主义社会自身矛盾的认识逐渐清晰，马克思主义的当代价值日益彰显。中国特色社会主义的兴起，更是展现了马克思主义的吸引力。2014年法国经济学家托马斯·皮凯蒂的著作《21世纪资本论》，对资本主义制度存在的合理性提出质疑；2019年西班牙《起义报》发表资本主义正走向失败的署名文章，指出民主制正走向瓦解，革命性变革在加速，社会主义优势在凸显；社会主义思潮在西方一些青年中得到某种共鸣。毛泽东同志当年说，"星星之火，可以燎原"。马克思主义在西方可不只是星星之火。马克思主义产生于西方，有很深的理论渊源和社会基础。总会有一天，马克思主义的当代价值会以人们不可预测的形式在西方展现。

真正体会马克思主义的当代价值

马克思主义包含一系列基本原理，这些基本原理是客观规律的反映，是经过实践检验的具有真理性的理论，是支撑马克思主义作为科学体系的"四梁八柱"。

马克思主义基本原理具有普遍性，但普遍性程度各不相同。马克思主义哲学原理，揭示的是自然、社会和人类思维的普遍规律，它构成马克思主义中具有最大普遍性的规律；马克思主义的经济学说，作为广义经济学，揭示了人类社会经济发展的普遍规律，作为狭义经济学，揭示了资本主义社会的经济规律；马克思主义的社会主义学说，则是关于无产阶级的解放条件和规律的学说。

马克思主义基本原理，分属马克思主义哲学、马克思主义政治经济学和科学社会主义理论，又从属于马克思主义学说整体，彼此从理论上相互支撑，相互渗透，不可分离，统统属于马克思主义基本原理。例如辩证唯物主义和历史唯物主义关于唯物主义和辩证法、关于实践的基本原理，历史唯物主义关于人类社会发展规律的原理、关于生产力和生产关系、经济基础和上层建筑矛盾运动规律的原理、关于社会形态更替规律和世界历史理论的原理、关于人民群众是历史创造者以及关于正确处理人与自然关系的原理、关于人的全面发展的原理等；科学社会主义中关于社会主义取代资本主义的必然性和无产阶级与人类解放条件的一系列原理，其中包括社会主义建设学说、政党建设学说、关于人民民主的学说；政治经济学关于资本主义经济发展规律的诸多原理，都是我们必须认真学习、认真研究、认真把握的基本原理。

掌握马克思主义基本原理，不仅要分别掌握其原理，而且要把马克思主义作为一个不可分割的整体，懂得它们之间如何在理论上在逻辑上相互支撑。马克思主义哲学作为世界观和方法论，为整体的马克思主义提供世界观和方法论基础；如果从马克思主义政治经济学和社会主义学说中，拒斥马克思主义哲学的世界观和方法论，拒斥唯物主义和辩证法，拒斥历史唯物主义，就会沦为非马克思主义的经济学说，而所谓社会主义学说也不可能是科学社会主义学说。同样，无产阶级解放和人类解放是马克思主义社会主义学说追求的最终目标，也是贯穿马克思主义哲学和经济学说的主题和使命。如果马克思主义哲学不为无产阶级解放和人类解放服务，它就失去作为无产阶级解放大脑的功能，就不再是马克思主义哲学，而是思辨哲学、经院哲学。如果马克思主义的经济学说离开了这个主题，就往往会成为新自由主义经济学的附庸。事实上，劳动价值论与剩余价值论不仅是马克思主义的经济学说，它也完全深入历史唯物主义和科学社会主义学说之中。离开它，历史唯物主义和科学社会主义中许多重要原理就会由于没有经济学依据而失去它的科学性。列宁关于马克思主义是"一块整钢"的说法，是完全正确的。

马克思主义基本原理是对客观规律的理论概括。只要基本原理所揭示的普遍规律起作用的条件仍然存在，马克思主义基本原理就仍然有效。马克思主义基本原理虽然具有某种相对稳定性，但由于马克思主义永远面对自己的时代，而不是面对既有的结论，马克思主义基本理论同样要与时俱进，要根据新的问题，总结新经验，得出新结论，以新的原理代替个别过时的旧原理。发展基本原理，不能是对基本原理的任意否定，甚至对基本原理采取虚无主义态度。随着实践发展和时代需求，从对新的实践概括中，从马克思主义经典文本的深入研究中，可以发现和增添新的基本原理，也有些过去被认定为基本原理的东西在实践证明中并不具有普遍性。因此，基本原理同样是发展的、变化的。在中国特色社会主义建设中，关于构建社会主义市场经济、关于社会主义基本制度的构成、关于政府和市场的关系，特别是习近平新时代中国特色社会主义思想中，都包含着对马克思主义基本原理的新发展。

读马克思主义经典、悟马克思主义原理

马克思主义理论工作者必须既研究马克思主义经典，又研究马克思主义基本原理。经典如同富矿，原理则是蕴藏其中的宝石；经典是参天大树，原理则是树上的智慧之果。要真正准确掌握马克思主义基本原理，必须认真学习马克思主义经典著作；读马克思主义经典著作并非为读而读，重要的是着重掌握其中的基本原理。

在马克思主义经典文本中可以明显发现，凡属马克思主义的基本原理，都是在他们著作中不断重复出现的包含规律性内容的论述。只要认真学习马克思和恩格斯的经典文本，就可以在他们的著作中处处发现其中包含的辩证法、历史唯物主义、劳动价值论、剩余价值论以及"两个必然"等理论，无一不是立足于对客观规律的把握。资产阶级及其理论家们本能地反对社会规律的客观性，必然反对马克思主义基本原理。承认社会发展有规律，等于承认自己的阶级和制度的暂时性、过渡性，和必然让位于更加进步的社会。

中国共产党把马克思主义当成"真经"，正因马克思主义的本质特性是客观规律的反映。中国共产党人强调规律，强调我们应该掌握共产党执政规律、社会主义建设规律、人类社会发展规律。没有规律性的认识，就不可能创立中国特色社会主义理论。

我们的道路自信、理论自信、制度自信、文化自信，都是建立在规律性认识的基础上的。

　　一个真正的马克思主义者，决不会把马克思和恩格斯文本中的每句话奉为金科玉律，也不会期望马克思主义经典作家为他们逝世后的一切新问题留下锦囊妙计。马克思主义的当代价值，从根本上说在于它为我们提供了作为科学认识与实践活动的世界观和思维方法。有人说，既然如此，我们何必学习经典著作、学习马克思主义基本原理，直接掌握马克思主义的立场、观点、方法岂不是更省事。这是对马克思主义作为世界观和思维方法的误解。马克思主义的立场、观点、方法存在于何处？就存在于经典著作中、存在于马克思主义基本原理中。不坚持马克思主义的人民性和阶级性，能站稳人民立场吗？！不坚持唯物主义，能真正实事求是吗？！不坚持辩证法，能进行辩证思维吗？！不坚持历史唯物主义基本原理，能以人类历史发展规律的观点观察当代、观察世界吗？！不能，不可能。一句话，马克思主义的科学性、人民性、实践性和发展开放性，正是作为本质特性存在于马克思主义经典著作和基本原理之中。一个人根本不研读马克思主义经典，不掌握马克思主义基本原理，只能落得空谈所谓立场、观点和方法。

　　我们要反对从经典中寻章摘句，直接寻找现实问题的答案，或把马克思主义经典中的某句话或某条基本原理作为衡量现实运动正确与否的不变尺度。原理具有普遍性，而我们实际面对的都是具有特殊性的对象，因此，在运用马克思主义时，必须依据时间、地点、条件，具体问题具体分析，才能得出正确的结论，这可不是把马克思主义基本原理当成标签贴上就能了事的，必须牢记马克思主义的本质特性，把马克思主义基本原理内化为立场、观点、方法，才能得心应手，真正把马克思主义变为世界观和方法论。

高校思政课教师的社会责任

在实际生活中，各行各业的人都有自己的社会责任。他们的社会责任就是他们的工作目的。一个厨师钻研烹饪技术，提高厨艺，一个木工提高工艺，制造最好的家具，一个理发师研究发型，提高技术，皆为使顾客满意和高兴。诸如此类，不胜枚举。可以说，各行各业的从业者都知道自己的工作岗位、自己承担的责任。作为高校人文社会学科的教员，我们不是同样应该履行自己的社会责任吗？德国哲学家费希特写过一本书《论学者的使命》，谈的就是学者的社会责任问题。学者不一定都当教员，但教员应该兼备学者的品格，懂得自己的社会责任。

高校是意识形态工作的前沿，教员是坚守前沿的战士。战士不可不作为或乱作为。

说高校是意识形态工作前沿，十分确切。高校肩负着学习研究马克思主义，培育和弘扬社会主义核心价值观，为实现中华民族伟大复兴的中国梦提供人才保障和智力支持的重要任务。梁启超的《少年中国说》、毛泽东的《青年运动的方向》、习近平总书记在北京大学演讲中关于"人生的扣子从一开始就要扣好"的名言，都是论述青年重要性的。高校有2000多万在校学生，接受各个层次的专业教育，每年都有几百万应届毕业生。他们是未来中国的精英，不仅专业水平重要，政治立场、价值取向更重要。他们的状况如何，与未来中国前途和命运息息相关。我们的大学生代表中国的未来。未来的中国，掌握在他们的手中。我们一定要让半个多世纪以前杜勒斯的"魔咒"落空。

如果说，高校是意识形态工作的前沿，那教员就是坚守前沿的战士。战士当然是个比喻，说明责任重大，而非要金刚怒目。当我读到孔子《论语》中"乡愿，德之贼也"时，有点吃惊。在我的印象里，孔圣人一贯主张温良恭俭让，可他却如此旗帜鲜明地反对不分是非的乡愿作风。孔子终究是圣人，他并不过激。他既反对"乡愿"，又说"过犹不及"。由此我想到，我们处在意识形态领域前沿，如果不作为或乱作为，则祸害无穷。但又要有水平，道理一定要讲清、讲明、讲透。空话、大话、套话，无济于事，甚至适得其反。战士的水平决定于枪法，而我们的水平决定于是否能有的放矢。

人文社会科学必须坚持马克思主义指导。指导不是取代，也不可能取代。专业问题是专业性问题，马克思主义不可能越俎代庖。

高校的意识形态工作，应该是整个人文社会科学各个专业的共同任务。人文社会科学不同专业，各有自己特有的研究对象和学科内容，但又有共同点，即任何人文社会科学的专业都有一个指导思想问题，不可能非意识形态化，不可能价值中立。历史学有历史观问题，新闻学有新闻观问题，文学艺术有文艺观问题，社会学有社会观问题，如此等等。"观"，是全局性问题，是关系这门学科的基本立场、价值取向、研究方法和结论的客观性问题。可以说，"观"是人文社会科学的灵魂。

在社会主义中国，人文社会科学必须坚持马克思主义指导。我们强调的是指导。指导不是取代，也不可能取代。任何一门具体的人文社会学科都有自己领域中的专门学术问题。各专业的学术问题，应坚持"双百方针"，进行自由平等的学术探讨。坚持马克思主义指导，不是拒斥学术探讨，更不是以马克思主义基本原理取代各门学科的学术问题的研究和结论。专业问题是专业性问题，马克思主义不可能越俎代庖。从根本上说，巩固马克思主义在人文社会科学的指导地位，就是强调人文社会科学工作者要自觉坚持马克思主义的世界观和方法论，坚持正确的政治导向和价值取向。只要这样做，我们的人文社会科学工作者就能坚守自己的"一亩三分地"，或者说在自己的专业领域中守住意识形态前沿。

思想政治理论课的功效，不能仅仅归结为思想政治理论课的问题。它要求人文社会各学科的相互配合，不能各吹各的号，各唱各的调。

在高校，思想政治理论课教学可以说是前沿的前沿，这是由这门学科的内容和任务决定的。这门课直接讲授的就是马克思主义和当代中国马克思主义，任务重大、艰巨而且困难。在某些专业课教员看来，思想政治理论课没有学术含量，是"卖膏药"的，这是由学科壁垒形成的误解。我可以负责任地说，这门课的

285

学术水平要求，绝不比其他专业课低。马克思主义是一个博大精深的科学理论体系，能够结合中国实际，能够结合社会问题，把马克思主义基本理论讲正确、讲深讲透、讲出新意，并不容易。我一生在高校从事马克思主义哲学教学工作，深知其中艰辛。

思想政治理论课的功效，不能仅仅归结为思想政治理论课的问题。它要求人文社会各学科的相互配合，不能各吹各的号，各唱各的调。但更重要的是，它同时是一个社会性问题。我们处在发展最快的年代，是各种社会矛盾凸显、叠加和纠结的年代，又是一个开放的、信息高度发达的时代，学生能从各个方面得到信息。这些信息既有正面的，也有负面的。尤其是社会生活中存在的一些负面问题，不可能不影响到学生。但我们无法避免学生通过各种渠道接收到来自外界的信息。教师无力解决社会存在的问题，清除引起不满的社会阴暗面；也没有什么魔法让学生闭目塞听。杜绝学生从不同的渠道受到影响，在互联网时代几乎不可能。但教师有教师的责任，我们既要增强自身使命感，守住高校这个意识形态的前沿；又要有能力守住这个前沿。责任是使命，能力是水平。所谓能力，就是要讲清道理。

不要回避现实，要敢于面对问题。一定要抓住问题，把道理讲到学生的心坎里去。

在讲课中，要着重提高学生的辨别能力，知道如何分辨是非对错；要培养能分辨是非对错的立场、观点、方法，培育学生的社会主义核心价值观。这不是给学生一桶水，而是给学生舀水的勺，可以使学生终生解渴。当然也要结合课程有关章节，以理论结合实际的方式，对学生们关心的重大社会问题，讲明白、说清楚。不要回避现实，要敢于面对问题。我以为，凡是问题都是可以分析的，可以在理论上找到答案的，否则就不是问题。问题总是与问题的回答相关，而回答会有是非对错。关键在于我们要研究，而且有些问题要发挥集体的力量共同研究，这就需要创新团队。经验证明，照本宣科、教条式灌输，往往事倍功半，甚至会使学生产生拒斥心理和逆反心理。一定要抓住问题，把道理讲到学生的心坎里去。如水灌园，泽及根底，把讲课当作一门艺术。

要守住高校这个意识形态的前沿，教员本身应该有过硬的政治素质，如果自己东倒西歪，不可能要求学生站直；再则必须提高自己的理论水平，"以其昏昏，使人昭昭"不可能。意识形态问题的争论中有理论问题，既不是文人相讥，更不是村妇吵架；在对社会问题的分析和解释中，同样存在理论问题，存在真理与谬误问题，不是各是其是，各非其非。意识形态领域的斗争，很大程度上表现为不同话语权的争夺。而话语权并非制造概念，其背后是由不同理论支撑的；对社会问题的观察和解释，同样存在理论问题。

思想政治理论课当然要着重进行基本理论教育，进行正面的、积极向上的教育。要让我们的学生看到我们的先烈创业之不易，看到中华民族伟大复兴的光明前途。这绝不是西方某些别有用心的人诬称的"洗脑"。马克思主义理论课是讲是非、讲道理的。"凡是存在的都是合理的"，不是马克思主义的观点。马克思主义本质上是批判的、革命的，它的批判锋芒指向与社会主义本质不符合的东西、与人民根本利益不符合的东西、与中国共产党的本质不符合的东西。马克思主义必须能对某些不合理的存在之所以仍然存在、如何改革，给予科学的、合情合理的解释。这才是理论教学。理论是有感召力、有感情、有感染力的，真理是能打动人的。只有理论才有说服力，只有创造性的理论才具有最充分的说服力。马克思曾说："理论只要说服人，就能掌握群众；而理论只要彻底，就能说服人。"[①]对此我们耳熟能详。

一个压制自由、民主、人权、法治的国家，最终必然失败。但我们必须理解，自由、民主、人权、法治不是抽象的"共名"，不是单纯的概念，而是有实际内容的。

在课堂上，不可能不涉及当代中国政治和理论中的重大争论，因为学生就生活在社会中。在物资匮乏的年代，人们最关心的是填饱肚子的问题。当国家开始走出贫困，人们越来越关注自由、民主、人权、法治等问题。这种关心与追求本身是合理的，但其中存在复杂的政治问题和理论问题。就我所读到的文章来说，公开主张在中国要走西方资本主义道路的学者不多见。虽然有个别人宣称，"只有资本主义才能救中国"，但和者实寡。尽管如此，在自由、民主、人权、法治等问题上仍不时会有杂音。这些观点，对我们一些没有政治经验和生活经验的年轻学生会产生影响。

在当今世界，任何一个国家，任何一个领导层都不能拒绝自由、民主、人权、法治。这应该是现代国家的共识。一个压制自由、民主、人权、法治的国家，最终必然失败。但我们必须理

---

① 《马克思恩格斯选集》第1卷，人民出版社2012年版，第9—10页。

解，自由、民主、人权、法治不是抽象的"共名"，不是单纯的概念，而是有实际内容的。它的内容决定于一个国家的社会形态的性质、社会经济发展水平和民族的文化传统与现实。我们可以理直气壮地说，社会主义社会的本质是维护广大人民的自由、民主、人权、法治。中国共产党几十年来武装斗争，不少革命先烈就是为建设自由、民主、人权、法治的新中国而浴血奋斗。在社会主义建立以后，中国共产党的任务就是要创造条件逐步实现原来奋斗争取的东西，并使其逐步走向更高的水平。

我们并不讳言，路并不平坦。在"左"的路线下，我们有过"文化大革命"等错误，这个教训应该牢记。改革开放以来，在保障人民的自由、民主、人权、法治方面我们在逐步改进。特别是近十年来，尤其是党的十八大以来，倡导依宪、依法治国，在法制建设方面取得了可喜成绩。尽管仍然存在不尽如人意的问题，但我们正在朝前走。罗马不是一天建成的，也不是一个人建成的。

社会主义法治建设，在社会主义社会的历史上是史无前例的。如何处理党的领导与依法治国的关系、如何有效地实现人民当家作主、保障人权和自由，既有理论问题，又有实际政策措施问题，应该欢迎任何建设性意见和批评。我们要向学生说明白，历史唯物主义者并不否定西方资本主义制度在自由、民主、人权、法治上取得的成就。《共产党宣言》中肯定，"资产阶级在历史上曾经起过非常革命的作用"。恩格斯在《自然辩证法》中也曾经赞扬"给资产阶级的现代统治打下基础的人物"的启蒙精神。毫无疑问，资本主义制度比起封建社会的专制、等级、特权、人治是历史的进步。但当代资本主义的现实与资产阶级先驱者的启蒙主义的理想，并不完全符合，恩格斯甚至说它是启蒙主义的"华美诺言"的"讽刺画"。我们可以借鉴和吸取西方的自由、民主、人权、法治中的积极因素，但我们反对把它说成是普世的、唯一的模式。"革命输出论"是错误的，"民主输出论"难道就正确吗？

停留在第一层面，即要自由、民主、人权、法治而不管它的实质内容。这会落入"普世价值论"的圈套。一定要同时深入第二个层面，即要什么性质的自由、民主、人权、法治。

正因为这样，我们一定要向学生指明，不能停留在第一层面，即要自由、民主、人权、法治而不管它的实质内容。这会落入"普世价值论"的圈套。一定要同时深入第二个层面，即要什么性质的自由、民主、人权、法治。我们不能抽象地提问题：你要不要自由？在当代世界，没有人不要自由，甘愿被奴役的人是没有的。可要什么样的自由，却大相径庭。马克思说过，"自由确实是人的本质，因此就连自由的反对者在反对自由的现实的同时也实现着自由"。他还说，"没有一个人反对自由，如果有的话，最多也只是反对别人的自由。可见，各种自由向来就是存在的，不过有时表现为特殊的特权，有时表现为普遍的权利而已"。[①]

自由人人需要，关键是谁的自由、什么样的自由。应该懂得区分谁的自由和什么样的自由、多数人的自由和极少数人享受的自由。西方在这个问题上存在双重标准，这暴露了它们的虚伪

[①] 《马克思恩格斯全集》第1卷，人民出版社1995年版，第297页。

性。在中国，只要有人敢于在"自由"问题上对社会主义叫板，就被冠以"斗士"，受到"热捧"，是非对错已经无关紧要。把这种人称为"民主斗士"，实在缺少理性思考，有点太离谱！我们要防止个别人在群众对自由、民主、人权、法治的正当要求中夹带私货，甚至意有所图。我相信，把问题像剥葱似的层层剥开，一定能讲清、讲透。这是马克思主义理论工作者的理论责任。

谈历史的价值评价与道德评价

历史的价值评价包括很广泛，但核心是历史人物和历史事件的道德评价。在社会生活或历史的写作中不可能排除道德的评价，不可能像气象预报员报告天气一样。因为社会历史是人的活动，你面对这些事不可能没有感情的参与。所谓客观性，只是对事的要求，而评价往往具有倾向性。事实的绝对客观性很难，但必须提出事实的客观性要求，否则就没有历史科学。但价值评价的中立性是不可能的。在处理两者关系时，价值评价的对错是非应该以是否以事实为依据作为判断。凡是与事实不符的所谓评价，往往是主观的偏见。如果历史不具客观性，那历史书写的根据是什么呢？历史评价必须以事实为依据。

不能拘于小节而无视大节

历史人物的道德评价，不能拘于小节而无视大节，或者说苛求私德而忘却公德。英国历史学家爱德华·卡尔在他那本名噪一时的《历史是什么？》中反对把道德评价引入历史研究。他说："毋庸置疑，当今已不要求历史学家对其笔下人物进行道德的审判。历史学家的立场与道德家的立场不必一致。亨利八世或许是一位坏丈夫，却是一位好国王。"这当然可能，正如希特勒是杀人魔王，可与爱娃情深爱笃，难道希特勒能称为道德高尚吗？卡尔也知道完全排除道德评价在历史研究中的地位是不合适的，因此他加上一个条件："只有当前一种品质对历史事件产生影响时，历史学家才会对他的这一性格发生兴趣。假如他的道德过失像亨利二世一样对公共事务并没有产生多大的明显影响，历史学家则不需要关注这个问题。不仅恶行如此，而且美德也是如此。巴斯德和爱因斯坦在私生活方面是人们的榜样，甚至是完美的榜样。但是，假设他们是不忠的丈夫、狠心的父亲、寡廉鲜耻的同事，那么会削弱他们的历史成就吗？"这个说法有道理。历史学家不应关心与历史事件无关的私德，可当他们的残忍、暴虐与反历史的罪行结合在一起时，道德评价则是正当的，是清算罪行的一部分。二战后的东京宣判，既有战争罪行的事实依据，也有对战争罪犯反人类罪的道德谴责。

牟宗三先生在《历史哲学》中说："历史判断既非道德判断，亦非科学方法之下的知识判断。道德判断足以抹杀历史，知识判断则是把事理之事物理化使之成为非历史（此若用之于处理文献材料是恰当的）。但光道德判断固足以抹杀历史，然就历史而言，无道德判断亦不行（道德在此不能是中立的）。盖若无道德判断，便无是非。所以在此，吾人只就道德判断与历史判断两者之对比而融合之而皆予以承认。"对历史作过杰出贡献的人物，也会涉及道德评价问题。这种评价是重公德而不能拘小节。道德瑕疵不能掩盖他们的历史贡献。人无完人，金无足赤。对历史杰出人物道德的过分苛求，把历史变为道德教科书不是研究历史的正确方法。

中国古代历史观和历史书往往把道德评价摆在首位："别嫌疑，明是非，定犹豫，善善恶恶，贤贤贱不肖。"朱熹认为读历史书也应该如此："读史当观其大伦理、大机会、大治乱得失。"王朝兴亡盛衰得失当然不能系于统治者一人之道德水平，但王朝兴替盛衰转变中的大机会、大治乱得失，在历史研究中确实具有重要价值，而统治者的个人道德因素在其中的作用也值得总结。这个意见无疑具有相当的历史观察敏锐性。儒家学说突出历史事件和历史人物的道德评价，其重要意义是突出历史研究的人文价值，重视历史研究中事件和人物评价的道德评价，可以避免历史事实单纯实证主义研究的不足。

聚焦时代需要和时代背景

对伟大人物的理解不能单纯聚焦于他个人，而必须是他的时代需要和文化背景，这样我们才能理解他何以产生、为什么会产生。就伟大人物个人研究个人，不可能真正理解个人，因此必须提出个人与时代的关系。既然是历史人物，对他们的评价当然不能离开历史。伟大历史人物就是历史的一部分。对历史人物的评价也就是对这一时期历史的评价。邓小平同志在讲到对毛泽东同志的评价时说："对毛泽东同志晚年错误的批评不能过分，不能出格，因为否定这样一个伟大的历史人物，意味着否定我们国家的一段重要历史。"①习近平总书记同样指出："对历史人物的评价，应该放在其所处时代和社会的历史条件下去分析，不能离开对历史条件、历史过程的全面认识和对历史规律的科学把握，不能忽略历史必然性和历史偶然性的关系。不能把历史顺境中的成功简单归功于个人，也不能把历史逆境中的挫折简单归咎于个人。不能用今天的时代条件、发展水平、认识水平去衡量和要求前人，不能苛求前人干出只有后人才能干出的业绩来。"②

钱穆先生在《国史大纲》中对秦始皇有过公正评价。他说："秦并六国，中国史第一次走上全国大统一的路。""秦政府对统一事业，亦大有努力，举其要者，如废封建行郡县。""巡行郡邑，筑驰道。统整各地制度风俗。开拓边境，防御外寇。此皆为完成大一统的新局面所应有之努力。大体言之，秦代政治的后面，实有一个高远的理想。秦政不失为顺着时代的要求与趋势而为的一种进步的政治。"钱先生虽对儒家文化的倡导最力，但并没有步历代儒者一笔抹杀秦始皇的仁义道德论的历史观。

李斯实为秦国开国功臣，为二世所杀，李斯死后不久秦国灭亡。后世在读《史记·李斯传》时，只会感到他是个惯于权术的阴谋家。可是在梁启超先生看来，"李斯的功业很大，创定秦代的开国规模；间接又是后代的矩范"，"汉代制度，十之八九，从秦代学来"。梁先生说："李斯是一个大学者，又是头一个统一时代的宰相，凭他的学问和事功，都算得上历史上的伟大人物，很

① 《邓小平文选》第3卷，人民出版社1993年版，第284页。
② 习近平：《在纪念毛泽东同志诞辰120周年座谈会上的讲话》，《人民日报》2013年12月27日第2版。

值得表彰一下。"

胜利者不受道德约束的观点是不正确的

道德判断是由判断主体的道德观念决定的。单纯道德评价的最大局限，是它以道德规范为尺度评价历史人物的行为，而不顾及这种行为长远的历史影响和作用。几乎没有一个开创时代的人物，没有道德瑕疵，能经得起纯道德的审判。开创汉王朝的刘邦是个流氓式的人物，而唐太宗李世民的贞观之治，交口赞誉，是历史上的英明之主，可他逼父杀兄，通过"玄武门"之变而登上皇位，并不符合儒家孝悌的道德。明太祖朱元璋第四子燕王朱棣，以藩王的身份，叔父的辈分，夺取侄子建文帝的帝位，符合儒家道德标准吗？可明成祖修《永乐大典》、郑和七下西洋、五出漠北，算得上是明朝不辱太祖的有为之君。尽管朱棣得位诛杀齐泰、黄子澄、方孝孺，灭其族，其中因受方孝孺牵连而死和充军者无数。至于诛杀旧臣被杀自杀者甚多。建文旧臣，尤其是方孝孺的道德气节为人赞赏，明成祖对忠于正统的明旧臣的处置，显出残忍，但并不影响对他历史地位的总体评价。

历史人物无须道德评价，胜利者不受道德约束的观点是不正确的。但道德评价必须是第二位的，它不能置历史人物的历史功绩于不顾，将之作为唯一的评价标准。我们不能把道德的批判变为道德的审判，把历史研究变为道德的法庭。尤其不能以错误的道德作为评价标准。如果以儒家的孝悌爱民为标准，我可以说，在中国历史上没多少皇帝在道德上是合格的。秦皇汉武、唐宗宋祖，一代天骄成吉思汗，终究是历史的英雄人物，哪一个符合儒家的道德标准？他们的英名在事业的辉煌，而不在所谓的道德高尚。晚唐诗人皮日休写有《汴河怀古》："尽道隋亡为此河，至今千里赖通波。若无水殿龙舟事，共禹论功不较多。"这是对隋炀帝荒唐生活恶评中的一种较客观的肯定。

防止完全以道德作为评价历史人物的唯一标准

儒学中有许多重要的历史人物评价思想，值得我们吸收借鉴。但是我们应该防止完全以道德作为评价历史人物的唯一标准，以道德论是非。不仅历史人物难以如此评价，即使对文学诗歌也难以评价。我们可以朱熹评杜甫《乾元中寓居同谷县作歌七首》诗为例。朱熹说："杜陵此歌七章，豪宕奇崛，诗流少及之者。顾其卒章，叹老嗟卑，则志亦陋矣。人可以不闻道哉！"按孔颜乐处的标准，谋道不谋食的标准，杜甫叹老嗟卑的意境当然不高。可儒家的道德标准不能是评人的唯一标准，更不能是评价诗歌的标准。有人反驳朱熹的评论是道学家的过苛之论，因其未遭杜甫当时的境遇而已。李清照为宋代首屈一指的女词人，本为赵明诚的夫人，后赵死，因《云麓漫钞》说清照改嫁张汝舟，与张交恶，对簿公庭。宋人笔记中不少记载此事，因而影响对李清照的评价。虽然不得不赞其词，但不耻其人。这种道德评价是儒家式的，以所谓个人道德取代文学成就。道德化的批判在中国小说中更是常见，包括名著如《三国演义》这样的传世小说。《三国演义》中对曹操的评价突出的是奸和诈，而对刘关张突出的是仁和义，诸如"挂印封金""华容道"。曹操统一北方的事功和文学上杰出成就的历史功绩都被一笔勾销。

历史价值评价包括道德评价，但不能归于道德评价。例如资本主义社会代替封建社会，工业生产方式取代农业生产方式，工业化城市化市场化的进程，会伴随传统道德与价值观念的变化、人际关系的变化，其中主导方面是社会进步，同时也是社会某些方面的后退。人类不能因此阻止历史的脚步，重新回到封建社会回到温情脉脉的所谓"人情社会"。历史进步要付出代价，但代价论不能变成辩护论，这就要在保持社会进步方向的同时，克服历史进步的消极面。

历史价值评价着眼点，就是历史的大方向和历史的进步。从事伟大变革的历史人物，如果他的行为推进社会进步，就是肯定性评价；如果站在历史潮流的反面阻碍历史进步，就是否定性评价。在这个社会历史进步方向问题上，历史评价的尺度就是历史发展自身的大方向，而不能以道德评价取代历史评价。